社会企业的政策
创新与扩散

邓国胜 关珊珊 成鸿庚 等著

商务印书馆
The Commercial Press

图书在版编目(CIP)数据

社会企业的政策创新与扩散/邓国胜等著.—北京:商务印书馆,2023
ISBN 978-7-100-21837-5

Ⅰ.①社… Ⅱ.①邓… Ⅲ.①企业管理—社会政策—研究 Ⅳ.①F272

中国版本图书馆 CIP 数据核字(2022)第 216436 号

权利保留,侵权必究。

社会企业的政策创新与扩散
邓国胜　关珊珊　成鸿庚　等著

商 务 印 书 馆 出 版
(北京王府井大街 36 号　邮政编码 100710)
商 务 印 书 馆 发 行
北京中科印刷有限公司印刷
ISBN 978-7-100-21837-5

2023 年 1 月第 1 版　　开本 880×1230　1/32
2023 年 1 月北京第 1 次印刷　印张 10¼
定价:68.00 元

序

这两年，身边不少朋友开始关注社会企业，讨论社会企业相关问题。什么类型的企业算社会企业？社会企业的价值和作用是什么？社会企业在乡村振兴中能发挥什么作用？中国乡村发展基金会（原中国扶贫基金会）作为社会企业的实践者和探索者，在这十几年里，先后创办了两家社会企业，分别是中和农信和善品公社，我们对社会企业的认识也是一个从浅到深的过程。

中和农信是2008年创办的，为农户提供小额贷款服务，解决农户贷款难题。截至2019年年底，中和农信已经在全国20个省份345个县落地实施，累计600多万农户从中受益，贷款余额112亿元，户均余额2.6万余元。项目成功吸引红杉资本、世界银行集团国际金融公司、蚂蚁金服等投资机构成为战略投资者。2016年，中和农信在中国慈展会社会企业认证中获得"金牌社会企业"称号。

我们创办的另外一家社会企业是善品公社，帮助农民建立合作社，改变传统的小农户一家一户的经营方式，帮助农民生产高质量的农产品。善品公社为好产品进行品牌背书，帮助农民把农产品卖出合理价格，实现合理的收益。目前善品公社已经在100多个县建立了138家合作社，认证项目农户4万多户，认证生产基地超过30万亩。善品公社在2018年成都市首届社会企业评审中被认定为首批社会企业。

社会企业最开始引起我们的关注，是因为它解决了我们的一个现实问题。我们创办中和农信公司的时候，还不知道有所谓社会企业的概念，我们创办中和农信公司的原因很简单，就是因为当时只有以市场主体的形式才能解决我们的小额信贷项目融资、团队稳定发展等瓶颈，更好地为农户提供金融服务。但是按照当时一般的理解，公司就是为投资人赚钱的工具，创办公司的目的就是赚钱，一个专门从事扶贫的公益基金会为什么要创办公司呢？是不是有什么见不得人的利益或目的？为了向利益相关者说明我们创办公司的正当性和必要性，我们往往要花费很多口舌和时间，给我们的工作带来了很多压力和沟通成本。直到后来接触到社会企业的概念，我们才知道原来用企业的方法解决社会问题，早已成为国际通用的社会创新方法，这一概念很好地回答了我们创办公司的合理性问题，缓解了我们的沟通压力。

从中和农信到善品公社，我们从不知道社会企业概念，到了解它的内涵、研究它的机制，到有意识地运用这一工具解决社会问题，是一个认识不断加深的过程。在十几年的探索过程中，我们不断学习、实践社会企业的方法，对于社会企业的边界和意义，我们也有了更深刻的理解。

在长期的本土实践中我们体会到，社会企业就是以解决社会问题、创造社会（公益）资本为目标的现代企业。社会企业作为社会目的企业，既与普通企业、公益组织有着密切联系，又与普通企业、公益组织有着清晰的识别界限，主要包括三个方面：第一，社会企业必须要以解决社会问题、创造社会（公益）资本为创办目的（之一）。第二，社会企业的运营模式，必须是通过提供产品或服务，从市场上获得可持续发展资源，而不能仅仅靠政府补助和社会捐赠。只有有能力生产产品或提供服务并赢得市场的认可，这才是真正的企业。第三，也是最重要的一点，就是在股权层面，从股权设计层面确保社会企业的社会使命不漂移。

作为一种社会创新，第一，社会企业直接为弱势群体服务，解决社会问题，这个是社会企业存在的目的、追求的目标，也是它存在的价值；第二，社会企业积累公益资产，创造社会（公益）资本，通过企业的方式为公益资本实现增值。社会企业本质上就是现代企业和现代公益组织两种机制的结合、取长补短，既能一定程度上缓解企业无限追求利润引发社会问题的弊端，又可以改善公益慈善事业力量不足、可持续性不强的问题。社会企业这种兼顾社会目标和发展可持续性的特性，不仅可以在乡村振兴中特别是联农带农发展产业方面发挥有效作用，而且能在完善社会分配机制、促进共同富裕中发挥独特的作用。

社会企业在中国只有十多年的发展历史，作为一个新生事物，在社会上大部分人还没有认识到它的价值的时候，有一群人先看到了它的潜在价值，不断推动它的发展。特别可喜的是，一些地方政府认识到了社会企业的价值，陆续出台了系列政策措施，鼓励社会企业的发展。2011年，北京市在《中共北京市委关于加强和创新社会管理全面推进社会建设的意见》中，提出要"积极扶持社会企业发展，大力发展社会服务业"，这是全国首个涉及社会企业的省部级文件。2022年，北京市社会建设工作领导小组又印发《关于促进社会企业发展的意见》，提出了一系列促进社会企业发展的具体措施，标志着北京市社会企业发展进入了一个新阶段。成都市高度重视社会企业的作用，2017年9月成都市委市政府发布《关于深入推进城乡社区发展治理建设高品质和谐宜居生活社区的意见》，首次提出"鼓励社区探索创办服务居民的社会企业"。2018年4月，成都市政府办公厅下发《关于培育社会企业促进社区发展治理的意见》，有力地推动了社会企业在成都乃至四川的发展。广东深圳、佛山等地也推出了相关社会企业政策，并尝试开展社会企业认证工作。

作为社会企业实践的先行者，中国乡村发展基金会深刻理解社会企业对我国公益慈善事业发展、对促进共同富裕社会建设的潜在价值和发展中的痛点，深感有责任在继续做好社会企业具体实践的同时，携手各界有识之士，推广社会企业理念，推动社会企业发展。2021年5月，中国乡村发展基金会设立"创新与社会企业促进中心"，建立团队开展社会企业倡导与推动工作。希望与有共同愿望的地方政府、企业和社会组织等伙伴合作培育和孵化更多的社会企业，让社会企业在乡村振兴中，在共同富裕社会建设中扮演更重要角色，发挥更大作用。

面对当下社会各界对社会企业还缺乏认知和共识的现状，我们认为，有必要联合研究机构和专家学者，共同研究总结我国社会企业的政策创新与扩散及社会企业在国外的立法情况，这些经验的总结与梳理，无论是理论层面，还是实践层面，对社会企业的推动和发展都具有重要的意义。为此，中国乡村发展基金会联合高校研究机构的专家学者开展了社会企业领域的系列课题研究，首期形成了《社会企业的政策创新与扩散》和《各国社会企业立法译汇》两项重要研究成果。这两项研究成果的出版，是中国乡村发展基金会推动社会创新与社会企业发展的一个新进展，也是我国社会企业理论建设的新贡献。

《社会企业的政策创新与扩散》一书通过对社会企业社会性、

市场化两大特征的深入分析探讨，为社会企业身份识别提供新思路，为社会企业政策创新与传播扩散提供新路径。此外，本书建立了社会企业市场营商环境评价分析体系，从政务环境、市场环境、金融环境、法治环境、创新环境、慈善环境等维度构建评价指标，为社会企业在地方的扩散提供新的参考，是社会企业实践研究的重要创新。

正如书中指出"未来社会企业一定能够展现出应有的活力，成为乡村振兴和实现共同富裕的重要助推剂"，这也是我们所希望看到的场景。在乡村振兴中用社会企业的方法，一方面可以充分发挥企业的机制，实现产业的可持续发展；另一方面在企业发展的同时，因为有社会企业的机制，可以最大程度地保证农民的利益。无论是从中央的政策理解，还是从我们的切身实践，都可以得到一个结论：社会企业在乡村振兴中，尤其是在乡村产业振兴中大有可为。

回顾中国乡村发展基金会十余年的实践探索，我们逐渐意识到，社会企业的推广和发展离不开政策的鼓励和扶持，社会企业的制度化有赖于各界共同努力。本书的出版，对于促进我国社会企业立法和社会企业生态建设，具有十分重要的意义。

最后，我谨代表中国乡村发展基金会，对编著团队取得的工作成果和付出的巨大努力表示诚挚的祝贺和衷心的感谢！并向为推动社会企业做出不懈努力的各界同仁表示崇高的敬意！

刘文奎

中国乡村发展基金会执行副理事长

2022 年 9 月 22 日于北京

目　录

1. 绪论 ·· 1
   1.1 研究背景 ·· 3
   1.2 研究意义 ··· 19
   1.3 研究内容与研究方法 ··· 21
2. 国内外社会企业发展现状 ·· 25
   2.1 国际社会企业政策推进的经验 ····························· 25
   2.2 中国社会企业的发展特点 ··································· 78
   2.3 小结 ·· 166
3. 我国社会企业政策创新与扩散现状 ··························· 170
   3.1 我国社会企业的制度化进程 ································ 170
   3.2 我国社会企业政策创新与扩散的地方经验 ·············· 175
   3.3 小结 ·· 196
4. 我国社会企业政策创新与扩散的动力机制与影响因素 ··· 202
   4.1 政策创新与扩散的理论基础 ································ 204
   4.2 社会企业政策创新与扩散的动力机制 ···················· 212
   4.3 社会企业的政策创新与扩散的影响因素 ················· 223
   4.4 小结 ·· 242
5. 我国社会企业的营商环境评价 ·································· 244
   5.1 社会企业营商环境指标体系构建 ·························· 245

i

   5.2 社会企业营商环境指标体系的权重模型 ················ 254

   5.3 全国 50 强城市社会企业营商环境指数合成与分析 ··· 261

   5.4 社会企业营商环境整体评价 ································ 290

   5.5 小结 ··· 300

6. 结论与建议 ·· 304

   6.1 主要结论 ··· 304

   6.2 政策建议 ··· 309

后记 ·· 312

1. 绪论

中国的现代化是一种超越式的叠加态,需要在快速吸收赶超和内向挖掘基础上守正创新,这种用几十年时间完成西方发达国家几百年完成的工业化历程,高度"时空压缩"的现代化,在人类历史上绝无仅有。改革开放以来,各大领域迅捷式发展成果所昭示的制度优势和治理效能世界瞩目,尤其是在反腐倡廉、教育事业、产业发展与新兴经济、脱贫攻坚和乡村发展等方面取得了卓越的成效。然而,效率与公平是发展周期律永恒的矛盾,进入 21 世纪以来,人类社会不断在拥抱不确定性过程中持续向前发展,生态污染、经济危机、社会不公平、社区冷漠、乡村凋敝、道德滑坡等大小问题层出不穷,中国式现代化是追求全体人民共同富裕、物质文明和精神文明协调发展、人与自然和谐共生,强调"以人民为中心"和"人的全面发展"的现代化,防止和克服西方传统现代化伴生的两极分化、物质主义膨胀、生态恶化等种种弊病是其应有之义。

治国之道,富民为始。2021 年 8 月 17 日,中央财经委员会第十次会议强调,要"在高质量发展中促进共同富裕,正确处理效率和公平的关系,构建初次分配、再分配、三次分配协调配套的基础性制度安排"。我国已转向高质量发展阶段,高质量发展要求转换经济发展方式、社会治理方式和社会分配方式,追求结构优化、低碳绿色、创新高效、全面共享的发展质量,宏观政策的走向势必带来整体制度变迁的逐步触发，从而引发微观层面上组织模式的深层次调整。社会企业从诞生伊始便作为一种变革的力量存在，尽管在商业模式运用以及社会目标实现双重维度上与市场或社会领域的组织有相似之处，但是其拥有区别于以往商业组织与慈善组织行动模式的组织形式，从而在回应残障人士就业、公平贸易、生态环境、社区治理、乡村振兴等社会问题上，具有持续性、共治性、公平性等优势。共同富裕不是劫富济贫，而是有差别地共享发展成果，社会企业是区别于以往企业履行社会责任的创新方式，运用独特的商业模式，以解决社会问题、促进社会公平为目标，天然地与共同富裕的内在要求相契合，并且能够成为制度体系中实现效率与公平兼顾的治理工具。

在过去的十几年内，社会企业在中国取得了初步的发展，在教育、医疗、乡村振兴、养老、社区治理等领域发挥了积极的示范性作用，在一些地方已成为政府提供公共服务的合作伙伴之一。

不过，2014—2017年，中国每年新成立的"自觉意识"社会企业数量均维持在245家左右的水平，其速度和规模都面临发展的瓶颈[①]。社会企业的政策环境和政策创新，作为其生态系统中至关重要的一环，对于社会企业最大程度地发挥其社会价值、经济价值和环境价值，形成规模效应，都有着关键性的作用和影响。近年来，北京、成都等地方政府纷纷启动扶持和培育社会企业的政策探索，但是我国的社会企业政策研究明显滞后于实践，且尚未形成国家层面的社会企业立法和支持政策，社会企业政策体系构建问题亟待解决。本研究立足于我国经济改革转型、社会创新变革的时

---

① 邓国胜："中国社会企业与社会行业调研总报告"，见北京社启社会组织建设促进中心、南都公益基金会，《中国社会企业与社会投资行业调研报告》，第22页。

代背景，基于政策扩散的动力和机制研究，拟解决以下四个问题：我国社会企业政策体系的动态议定过程是怎么样的？影响我国社会企业政策横向和纵向扩散的因素有哪些？各地支持社会企业发展的营商环境有何差异？将社会企业政策纳入国家和地方政策议程何以可能？

为科学严谨地反映我国现阶段社会企业政策创新扩散的样貌及其规律，了解目前国内社会企业的政策支持环境，特别是创新政策的扩散过程，课题采用案例研究法和指标体系构建方法，从国内外社会企业发展经验、国内培育扶持社会企业发展的政策过程以及典型城市社会企业营商环境评价等研究内容入手，致力于研究如何有效地推动社会企业创新政策的扩散，将社会企业政策嵌入到国家和地方治理体系中去，为各级地方政府提供政策学习经验。我们希望这一研究将有助于完善我国社会企业的政策法规，促进社会企业在我国健康有序发展，更好发挥社会企业在社会治理现代化和扎实推动共同富裕之中的作用。

1.1 研究背景

1.1.1 社会企业的概念与类型

全球社会企业的发源可以追溯到1844年"空想社会主义者"欧文等人创办的英国罗奇代尔公平先锋社，该社按股集资开设商店、建立工厂，为社员提供就业机会并按股分红。20世纪80年代以来全球化浪潮和新公共管理的革命，为社会企业的兴起提供了新的契机。1996年，致力于推动欧洲国家社会企业研究的欧洲社会企业研究网络（European Research Network on Social Enterprise）正式成立。2002年，英国推出了一系列能促型社会企业政策，旨在促进社会企业在英国的发展。2004年，英国立法确立了社会企业的法律地位[①]。此后，除欧美发达国家外，日本、韩国、新加坡等亚洲国家也陆续推动社会企业的实践和发展。2007年，韩国正式颁布《社会企业促进法》，以公司为社会企业的主要组织形式，以提供就业岗位为主要政策目标[②]。同年，新加坡在社会青年体育部设立社会企业委员会，并发布《社会企业委员会报告》[③]，政府通过大量宏观政策引导社会企业迅速发展。2008年，日本经济产业省发布《社会企业研究会报告书》对社会企业进行官方界定[④]。实际上，社会企业不单单是发达国家的专利，发展中国家也开始大力发展社会企业，试图通过社会企业方式解决本国面临的社会难题。例如，诺贝尔和平奖获得者尤努斯先生早在20世纪70年代就针对孟加拉国的贫困问题创立了面向农民提供小额贷款业务的格莱珉银行，并致力于在全球范围推动小额信贷类社会企业的发展。2009年，泰国在总理内阁办公室成立了社会企业促进委员会，设计战略和政策项目鼓励国内社会企业发展[⑤]，非洲还倡议成立了南非非

[①] 赵萌："社会企业战略：英国政府经验及其对中国的启示"，《经济社会体制比较》，2009(04)：135—141。
[②] 金仁仙："中日韩社会企业发展比较研究"，《亚太经济》，2016(06)：99—103。
[③] 李健："政府如何促进社会企业发展？——来自新加坡的经验"，《经济体制改革》，2016(05)：19—24。
[④] 俞祖成："日本社会企业：起源动因、内涵嬗变与行动框架"，《中国行政管理》，2017(05)：139—143。
[⑤] 李健："创造社会企业生态系统：泰国发展社会企业的经验和启示"，《南京社会科学》，2018(09)：76—82。

洲社会企业家网络以及东非社会企业网络,致力于创造共同就业机会,推动社会企业的发展。

我国在历史上也存在类似的组织,如明清时期的义田,民国时期张謇创办的大生纱厂,毛泽东同志创办的文化书社[①]。改革开放以来,我国也有类似社会企业的探索。例如,1996年世界银行在秦巴山区扶贫项目中创设的小额信贷项目,在2000年交由中国扶贫基金会接管,并获准在贫困地区推广试点。2008年,中国扶贫基金会在当时小额信贷部的基础上组建了中和农信项目管理有限公司,其成立初衷就是为弱势人群提供小额信贷,帮助其发展生产、提升收入。不过,真正让社会企业这个概念进入中国肇始于2004年北大刘继同教授翻译的一份《社会企业》报告[②]。随后,社会企业的概念受到社会的关注。2009年,英国大使馆文化教育处在友成企业家扶贫基金会等机构的资助下,开启社会企业家技能项目,培养了一大批具有社会企业家精神的群体。此后,一些符合社会企业特征的社会组织或企业往往被行业贴上"社会企业"的标签,而之前无意识的社会组织或企业也开始转变为有"自觉意识"的"社会企业",即自己意识到自己属于社会企业,有行业身份认同。

(1)社会企业的定义

社会企业实践给诸多国家的各个领域带来了一种可复制与财务可持续的公益模式,也给一些商业企业和公益组织的转型与变革带来了新的机会。然而,社会企业的定义无论在国际上,还是在

---

① 刘金如:"新民学会与马克思主义在湖南的传播",《湘潭大学学报》(哲学社会科学版),2007(01):87—91,132。

② 丁开杰:"从第三部门到社会企业:中国的实践",《经济社会体制比较》,2007(02)。

我国均未达成共识,在有限共识基础上出现了多元化实用主义的概念内涵。从各国官方的文件看,有的国家强调的是社会企业的社会目标。例如,英国贸易工部给出的定义中更强调社会企业的社会目标,其盈利再投放到所在业务本身,而不是为了股东和所有者赚取最大利润①;有的国家强调为弱势群体提供就业,例如,芬兰的工作整合型社会企业(WISE)认为,社会企业就是"以商业原则生产商品或服务,以获取利润为目的的公司,但是至少30%的雇员是劳动力市场上的弱势群体和长期失业者"②;有的国家强调社会企业的特定法律形式,如拉脱维亚认为社会企业是"章程中确立了创造社会福利目的的协会和基金会,以及具有社会目标的宗教组织"③;有的国家是复合型定义,即从事商业活动的同时还为弱势群体创造工作机会。例如,韩国的社会企业定义认为社会企业就是从事商业活动并不断为弱势群体提供就业,以提高本地居民生活质量为社会目标的组织④。不同的社会企业认知形成了不同国家社会企业的法律形式,各国基本上从组织目标、收入来源、利润分配、资产处置、治理结构框定社会企业的标准⑤。

学界对于社会企业的认知则呈现出激烈交锋状态。社会企业最早在欧洲和美国两地兴起,欧洲学者的社会企业定义更加强调

---

① DTI (2002), *Social Enterprise: A Strategy for Success*, HM Government, London.
② 王世强:"社会企业的官方定义及其认定标准",《社团管理研究》,2012(06):38—41。
③ 贺一:"社会企业概念浅析",《赤峰学院学报》(汉文哲学社会科学版),2013,34(06):66—68。
④ 金仁仙:"韩国社会企业发展现状、评价及其经验借鉴",《北京社会科学》,2015(05):122—128。
⑤ 李健、卢永彬、王蕾:"组织法律形式、政策工具与社会企业发展——基于全球28个国家的模糊集定性比较分析",《研究与发展管理》,2019,31(01):1—9,66。

组织内部的民生决策和团体利益的优先性,强调确保社会企业的社会目标;而美国学界的社会企业定义则偏向于非营利组织的市场化方式,更强调社会企业的创新性和可持续性。随着社会企业实践的铺开,学界对于社会企业的认知进入了"丛林化"时期,出现了各式各样的定义。以迪斯和奥尔特(Dees and Alter)为代表的社会企业光谱学派从组织类型角度区分了社会企业与纯慈善组织和纯商业组织的差异性,先后开发了社会企业光谱组织模式比较框架以及可持续性平衡社会企业光谱[1]。欧洲 EMES 社会企业学派则通过经济、社会、治理三个维度定义社会企业。以创新创业为代表的社会创新学派则认为社会企业是社会企业家精神的产物,强调社会企业是社会企业家为解决社会问题创造出来的组织形式[2]。不少中国专家学者也尝试对社会企业进行定义,例如,时立荣认为社会企业必须具备以企业战略和社会目的为共同目标特征,在组织运行上表现为同时具有公益性和经营性[3]。舒博认为,社会企业就是由社会责任感而非利润驱动,由公民自愿组成的,以创新精神和商业行为整合资源,来解决社会问题或者提供公共服务和产品,旨在实现社会目标和公益理念的社会经济组织[4]。一些实务工作者也结合工作体会,提出了自己的见解。例如,中国扶贫基金会执行副理事长刘文奎认为,"社会企业应至少同时满

---

[1] Dees, J. G. (1998), "Enterprising Non-Profits," *Harvard Business Review*, 76(1): pp.54-66.
[2] 张楠、关珊珊:"社会企业共识构建:对社会企业类型学的综述与分析",《中国非营利评论》,2020,26(02):93—114。
[3] 时立荣:"我国非营利组织中社会企业的生成与发展",《经济社会体制比较》(增刊 2),2007(11)。
[4] 舒博:《社会企业的崛起及其在中国的发展》,天津人民出版社 2010 年版,第 47 页。

足以下三个条件:第一,社会企业必须明确设立的目的和初衷是解决社会问题;第二,社会企业是一个企业,必须用市场的方法通过销售产品或服务来获得可持续的收入来源;第三,在社会企业股权结构中,社会公益资本股权比例不低于三分之一"[①]。然而,任何社会企业的定义似乎都具有"本地性",需要结合各国社会发展的现实依据进行细致判别。毕竟社会企业是一个新生事物,如前所述,各国根据自己的国情和认知,对社会企业的定义千差万别。不过,尽管人们关于社会企业的定义千差万别,但对于社会企业的本质属性,还是有较高的共识:一是社会企业成立的初衷是为了解决社会问题,而非为了营利。当然,为了确保社会企业使命不发生漂移,需要有制度的保障。例如,在组织的章程中明确组织的公益目标,或在社会企业的股权结构中,公益组织的股权比例足以保证组织的使命不发生漂移。二是社会企业必须采用市场方式运营,能够为社会提供市场认可和需要的产品或服务,其收入主要来自于市场,而非捐赠或政府资助。唯如此,社会企业才能具备自我造血的能力,能够实现财务的可持续性。

(2)社会企业的类型与特征

社会企业实践的内涵丰富性导致其组织类型的多样化特征。广义上来说,社会企业活跃在农业发展、社区服务、金融投资、医疗

[①] 刘文奎:《乡村振兴与可持续发展之路》,商务印书馆2021年版。刘文奎认为,社会公益股份保持不低于三分之一比例,有三个必要作用:第一,在治理层面上保证企业的社会公益目标不偏离不漂移。我国现行的公司法规定,重大事项必须要经过代表三分之二以上表决权的股东同意,如果社会公益股份低于三分之一,在公司治理中就没有足够的话语权保证公益目的不偏离。第二,以法定形式确保不少于30%的利润用于社会公益事业,保证企业创造的相当部分财富用于增加社会公益资产,保证它的公益属性。第三,保持了足够的股权空间,可以最大限度地吸纳私人资本的力量来解决社会问题,扩大社会效益。

健康等各个领域,各个领域中的社会企业依靠灵活性的商业模式获得持续发展,因此,社会企业在多元化的分类标准下呈现出多种多样的应用类型。按照社会企业活跃的领域和提供产品划分,社会企业可以划分为金融机构型社会企业、乡村振兴类社会企业、社区类社会企业、教育类社会企业、医疗类社会企业、养老类社会企业、残障类社会企业等。从行业领域出发划分社会企业类型实际上是根据社会企业解决社会问题所在的领域进行的,不同的社会领域产生不同的社会问题,社会企业基于这些行业领域在可持续经营中发现并解决这些领域内的社会问题。按照社会企业的法律身份划分,各国社会企业制度对社会企业身份进行了划定,如合作社、非营利组织、公司等形式的社会企业,社会企业的法律身份主要是影响了社会企业获取合法性资源的便捷性。按照社会企业的商业模式划分,奥尔特(Alter)根据社会企业的使命和商业目标的混合类型,根据社会目标和经济目标的融合程度认为社会企业可以划分为嵌入式、整合式、外部式类型[①]。中国学者从更为细致的社会企业商业模式组成出发,认为社会企业可以划分为项目型、嵌入型、成熟型、潜在型[②]。

总之,关于社会企业类型划分的依据还处于不断完善过程,社会企业这一创新组织形式集中在组织目标、收入分配、内部治理、组织创新等维度拥有与一般的非营利组织和商业组织不一样的特征,其广泛存在于各行各业中,以灵活多变的商业模式创新保证三重目标的有效实现,从而服务于各个国家和地区的社会问题解

---

① Alter, K. (2007), "Social Enterprise Typology," *Virtue Ventures*, LLC.
② 刘志阳、金仁旻:"社会企业的商业模式:一个基于价值的分析框架",《学术月刊》,2015,47(03):100—108。

决,致力于善治与发展。

1.1.2 社会企业发展面临的困难与挑战

第一,社会企业在我国面临合法性困境。 目前社会企业在我国还没有特定的法律形式,只能在少数地区通过认证而非注册产生,这就为社会企业的发展带来了一定的法律障碍。目前社会企业主要有两种注册形式:一是在市场监督管理局登记注册为企业,二是在民政部门登记注册为社会组织。据第三次中国社会创业专项调查报告数据,如图1-1显示,截至2021年,47%的社会企业采取工商注册方式,29%的社会企业采取民政注册方式,并且18%采取两种兼用的注册方式存续,还有6%尚未进行注册①。社会企业若登记为工商企业,一方面无法享受可能的税收优惠,另一方面,组织形式不能体现社会企业的社会使命,不能合理约束,也缺乏社会认同,容易导致社会企业出现使命漂移的风险;若采取非营利组织形式,会面临登记困难、利润分配和市场行为限制,最终可能导致动力不足,难以实现可持续发展。这种法律地位与实际属性的不对等一方面可能会增加组织运营的成本,另一方面容易混淆公众视线,使其对社会企业的社会属性和身份产生怀疑。另外,没有法律身份不仅意味着无法获得相应的法律和政策支持,还意味着不能得到国家和政府的有效监管与合理引导,容易出现"浑水摸鱼"的社会企业,从而导致监管上的漏洞,进一步影响社会企业和非营利组织的公信力。

---

① 上海财经大学商学院社会创业研究中心与深圳市社创星社会企业发展促进中心开展的社会创业调查报告。

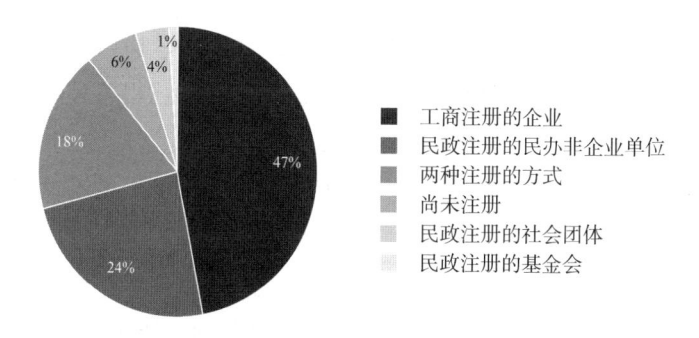

图 1-1　2021年社会企业注册方式（N=560）

注：图表来源于上海财经大学商学院社会创业研究中心与深圳市社创星社会企业发展促进中心开展的社会创业调查报告。

第二，社会企业在我国社会认知相对较低。由于社会企业走入我国视野的时间较短，且最初是由公益领域实践者引入，因此社会企业的概念在我国目前也只是在公益领域接受度较高，还没有被广泛的政策制定者、企业界、投资界及一般公众了解。并且由于现有理论和组织实践中，社会企业的混合性属性，处于非营利性和营利性之间的"模糊边界"，这也在一定程度上阻碍了公众对社会企业的理解。根据中国慈展会相关数据统计，一线城市（北京、上海、广州和深圳）的社会企业数量较多，杭州、成都、苏州、昆明等二线城市的活动也在增加。可见在大城市集中的原因是这些城市相对发达，创新创业氛围浓厚带来的认知清晰催生了社会企业的相对较快成长，同时经济、文化环境和配套政策支持较多给予其持续发展土壤。

第三，社会企业的内部治理困境。混合性是社会企业的本质属性，社会企业运营中也存在多元制度逻辑。因此，社会企业不仅需要平衡商业目标和社会价值创造之间的关系，协调社会价值和经济价值的创造，社会企业还往往面临不同利益相关者的不同需求，而这些需求往往是相互竞争且存在冲突的。因此，这种目标的双重性和制度逻辑的混合性极易使得社会企业的内部治理不稳定并陷入使命漂移的困境，并且常常在财务资源、人力资源、绩效评估时面临多重挑战。这在一定程度上比同行业商业组织或社会组织更需要社会企业家精神，同时也给社会企业在"使命与活命"的矛盾纠结中带来更大压力。

第四，社会企业普遍面临生存与发展的资金瓶颈。社会企业的资金瓶颈主要体现在融资难和商业收入难两个方面。社会企业的"市场定位"其实同传统的非营利组织和传统的商业组织不同，更像是在"夹缝中"寻找生态位，对于社会企业家的市场运营能力和战略规划能力要求很高。而且，由于其社会使命优先的特性，也很难吸引到传统的商业投资，只能从政府和基金会等渠道寻求资金支持，但又面临种种资金使用上的障碍。因此能否在市场中获得可持续收入变得尤为重要。

一般初创型社会企业面临很大的资金压力，因为缺乏资金，社会企业又往往将有限的资金投入到项目和运营中，忽视了自身能力建设问题，又会对长远发展不利。

总之，社会企业目前在国内的运营困境远不止这些，还会面临文化认同障碍、行业基础设施不完善、自身能力建设不足、人才储备不足、缺乏企业家精神等困难和挑战。因此，如何完善社会企业政策支持体系，构建技术合理且满足国内现实需求的整合性政策框架，是一项重要且紧迫的课题。

1.1.3 社会企业与共同富裕的契合式发展

共同富裕是社会主义的本质要求,是中国式现代化的重要特征,在高质量发展中实现共同富裕是中国共产党的初心和使命。中国共产党创业历程就是一部共同富裕的奋斗史,马克思共同富裕思想是中国特色共同富裕理论基础。马克思、恩格斯认为资本主义财富分配最终走向异化,提出随着社会生产力的迅速发展,"生产将以所有人的富裕为目的",实现生产资料公有制、按劳分配和按需分配的分配正义原则以及促进人的自由而全面发展是马克思主义共同富裕思想的核心内容[①]。党的十九届六中全会审议通过的《中共中央关于党的百年奋斗重大成就和历史经验的决议》进一步确认了"必须坚持以人民为中心的发展思想,发展全过程人民民主,推动人的全面发展、全体人民共同富裕取得更为明显的实质性进展"这一目标。其中,共同富裕目标具有共有性、兼顾性和实践性特征,共有性即满足全体人民对美好生活的需求,兼顾性表现为兼顾局部利益和长远利益、兼顾"先富"和"后富",实践性是指全体人民只有在不断推进发展的实践中,才能使自身享受到发展的成果[②]。

社会企业是社会企业家基于社会机制创办或转型成立的组织形式,通过架构创新的商业模式嵌入到社会问题的解决中,以实现

[①] 马克思、恩格斯:《马克思恩格斯文集》第 8 卷,人民出版社 2009 年版,第 201 页。
[②] 侯晓东、朱巧玲、万春芳:"百年共同富裕:演进历程、理论创新与路径选择",《经济问题》,2022(02):1—8。

自身社会价值为目标。社会企业能通过缓解社会问题、创造就业机会、创造收入和创造财富、创造社会资本、建立共生网络、重建当地经济周期、促进商业企业创建速度和提升区域品牌来促进区域发展[①]。可见，社会企业更多是作为一种将公益精神与商业生产相叠合的混合型组织方式而存在，其具有的共享性、社会性特征与共同富裕目标的内涵具有一定的契合度。学界目前主要针对共同富裕的目标体系和制度路径进行研究，为全面探究社会企业参与共同富裕建设的机制提供了理论依据。实际上，在共同富裕的背景下，社会企业作为一种创新组织形式与共同富裕的战略目标、行动路径相一致，是实现共同富裕的一种重要的组织创新方式。然而在呼唤创新的时代，学界对于社会企业究竟在共同富裕制度体系中具有何种功能则缺乏解答。本研究尝试选择从收入分配、金融向善、乡村振兴等几个维度阐述其与社会企业之间的内在联系。

（1）社会企业在收入分配中的作用

长久以来，我国理论界一直在探索社会主义调节收入分配理论。2019年，党的十九届四中全会首次明确提出"重视发挥第三次分配作用，发展慈善等社会公益事业"，合理的分配制度是促进全体人民共同富裕的重要手段[②]，共同富裕目标一方面要求继续富裕，另一方面又要兼顾公平，这是一种混合的逻辑，恰巧与社会企业的经济和社会双重目标实现逻辑一致。社会企业是能够发挥

---

① 〔瑞典〕安德斯·伦德斯特罗姆、伊冯·范·弗里德里希、伊丽莎白·桑丁：《社会企业家：影响经济、社会与文化的新力量》，黄琦、陈晓庆译，清华大学出版社2016年版，第321—326页。

② 邓国胜："第三次分配的价值与政策选择"，《人民论坛》，2021(24)：42—45。

分配功能、助力共同富裕的有效工具。从初次分配来看，社会企业归根结底是一种经济组织，是天然要参与市场活动、雇佣劳动者、从市场赚取收入的，在分配中给劳动者分一份，自己一份，扩大再生产一份。由于社会企业本身具有公益属性，其运行逻辑兼具商业与公益逻辑，因此，更可能善待员工，在初次分配过程中更加公平合理。从第三次分配来看，社会企业成立的初衷就是追求社会问题的解决和公益目标，因此社会企业的运营本身就是在创造公共价值，特别是致力于为弱势群体创造就业与收入机会的社会企业，天然具有第三次分配的功能。可见，社会企业通过混合式的公益与市场逻辑，不仅有助于合理调节初次分配，而且有助于实现第三次分配、助力共同富裕的目标。

（2）社会企业助力金融向善

共同富裕不是存量财富的均贫富，而是在增量财富创造基础上的人民充分、公平地享受公共福利和公共服务的富裕，是人的物质与精神全面发展层面上的共同富裕。金融的本质是债权债务，是一种建立在信任基础上的逐利行为，金融加快了社会财富的周转速度，推动财富的加速创造。也因为这样的机制，金融也给社会带来了财富集中和收入差距扩大的困境。因此，为实现共同富裕，社会有必要引导和鼓励金融资本向善[①]。而社会企业在金融向善的过程中，可以扮演积极的角色，包括促进普惠金融的发展、推动社会影响力投资等。

首先，社会企业本身可以成为普惠金融的组织方式。尤努斯创办的格莱珉银行以及中国扶贫基金会创办的中和农信等小额信

---

① 刘晓春："共同富裕与金融向善"，《中国金融》，2021(21)：15—17。

贷机构便是普惠金融型社会企业的典范。普惠金融型社会企业突破市场失灵的桎梏，直接支持到最需要金融服务的弱势群体，特别是为缺乏金融服务的农村低收入人群提供小额贷款，助其发展生产与生活富裕。与那些只服务于城市高净值人群、大中型企业的金融信贷服务不同，普惠金融型的社会企业能够为农村弱势群体提供及时、迫切的金融服务，能够为小微企业提供良好的账户和结算服务，加快资金流通，降低小微企业融资成本。近年来，我国有越来越多的集团公司和社会组织开始关注或创办普惠金融型社会企业，在助力乡村振兴与共同富裕方面发挥了积极的作用。例如，经过十几年的发展，到2021年年底，中和农信在全国20个省份设立分支机构429家，员工超过6,000人，累计发放贷款967亿元，惠及农户超过800万人，成为中国规模最大、实力最强的社会企业[①]。再比如，北京乐平公益基金会发起设立的大邑小贷和永济小贷，从非营利性的小额贷款项目成功转型为商业金融机构的公司，已经发放了16,600笔贷款，共7,500余户农户从中受益，其中有60%的贷款用于支持那些金融机会缺失者进行创业，成就了4,000多家企业[②]。

其次，社会企业也是社会影响力投资和绿色金融的主要对象。金融向善的表现形式之一就是在贷款、投资过程中，不仅关注经济效益，也关注社会效益和环保效益。而作为以解决社会问题为目标的社会企业，显然是比较符合三重底线原则的服务对象。因此，

[①] 与中和农信工作人员访谈，2022年4月20日。
[②] 北京乐平公益基金会官方网站，http://www.lepingfoundation.org/practice/project/4###，网上检索时间为2022年5月1日。

要引导金融向善,不仅需要提升金融公司的社会责任,而且也需要大力发展社会企业。当前,一些金融公司或影响力投资公司希望履行社会责任,开展社会影响力投资或 ESG 投资(即环保、社会与治理投资),但符合三重底线原则的投资对象有限,这也与我国社会企业还不发达有关。

总之,社会企业既可以成为普惠金融型企业,为小微企业和弱势群体提供迫切的信贷服务,助其发展生产,而且也可以为金融公司、投资公司提供更多符合三重底线原则的选择,促进金融向善。

(3)社会企业是助力乡村振兴的理想方式

共同富裕目标及其实现的难点之一在于缩小城乡差距,促进乡村的物质和精神的共同富裕。数据显示,2019 年,城镇和农村居民中最高 20% 收入组与最低 20% 收入组之间差距分别为 5.9 倍和 8.5 倍[1]。新冠肺炎疫情进一步拉大居民收入差距,低收入群体增收更为困难,对扩大消费需求形成制约。因此,实施乡村振兴战略是缩小城乡差距、实现全体人民共同富裕的必然选择。以往的研究表明,传统的政府、企业和社会组织参与脱贫攻坚与乡村振兴有其局限性。例如,精准扶贫过程中的部门下乡式产业扶贫等措施被认为有很强的行政干预色彩[2],贫困人口的内生动力和自主性还没有被完全激发出来,主观能动性和发展决策权都没有得到充分的重视和挖掘,农民的自我发展能力不强,隐含二元分离的

---

[1] 魏后凯、黄秉信、李国祥、孙同全、韩磊:《农村绿皮书:中国农村经济形势分析与预测(2019—2020)》,社会科学文献出版社 2020 年版。
[2] 李小云、徐进:"消除贫困:中国扶贫新实践的社会学研究",《社会学研究》,2020,35(06):20—43,242。

矛盾①，并有运动式调整产业结构的倾向②；而资本下乡式的产业扶贫项目虽然盈利能力很强，但由于缺少贫困村庄的社会性参与③，容易产生扶贫瞄准偏离以及"精英捕获"的问题④⑤。而且，市场逻辑以盈利为主要目标，对乡村生态保护、乡风文明等关注不够，甚至可能会产生破坏性影响，因此，乡村振兴亟需在组织模式上有创新突破，而社会企业参与乡村振兴则是未来的可行路径之一。随着农业经营组织多样发展、推陈出新，"公司+农户""公司+合作社+农户""公司+合作社+基地+农户""产业协会+合作社+农户"等模式应运而生⑥，多种多样的组织模式实际上是因应对农业农村问题的复杂性而诞生的，多元化农村生产模式实际上使得农村内部的利益分享机制变得复杂且不确定，这就使得产业融合的好处难以被下游的合作社和农户所公平享有，而是落入了农业投资者的腰包，即使进入合作社，也往往是大户获益多，而小散农户处于底端。而社会企业将大部分利润所得继续投入社会问题的解决中，在农村产业发展过程中，是一种实现初次分配相对公平的创新机制。例如中国扶贫基金会创办的社会企业——善品公社，就成为农民致富和村庄社会建设的平台。善品

---

① 许汉泽、徐明强："再造新集体经济：从'产业扶贫'到'产业兴旺'的路径探索——对H县'三个一'产业扶贫模式的考察"，《南京农业大学学报》（社会科学版），2020，20(04)：78—90。

② 贺雪峰："乡村治理现代化：村庄与体制"，《求索》，2017(10)：4—10。

③ 胡伟斌、黄祖辉、朋文欢："产业精准扶贫的作用机理、现实困境及破解路径"，《江淮论坛》，2018(05)：44—48。

④ 邢成举："压力型体制下的'扶贫军令状'与贫困治理中的政府失灵"，《南京农业大学学报》（社会科学版），2016，16(05)：65—73，155—156。

⑤ 李祖佩："乡村治理领域中的'内卷化'问题省思"，《中国农村观察》，2017(06)：116—129。

⑥ 王志刚、于滨铜："农业产业化联合体概念内涵、组织边界与增效机制：安徽案例举证"，《中国农村经济》，2019(02)：60—80。

公社以支持小农户组建合作社为基础，依托互联网、电子商务和新零售等多种渠道有序连接市场、培育地域农产品公共品牌，以此通过市场的力量支持小农户组织合作能力、品质生产能力和市场对接能力提升，最终帮助农户提升收入水平，促进乡村振兴。

总之，社会企业在促进金融向善、助力乡村振兴、促进收入分配公平等各个方面均具有积极的作用，与我国扎实推进共同富裕的目标非常契合，因此，中国特色社会主义新时期非常有必要大力推动社会企业的发展。

1.2 研究意义

共同富裕是社会主义的本质特征。中央财经委员会第十次会议进一步强调要"在高质量发展中促进共同富裕"。我国已转向高质量发展阶段，国家也在转换经济发展方式、社会治理方式和社会分配方式。社会企业是社会公共利益与市场经济有机结合的产物，以解决社会问题、促进社会公平为目标，在回应残障人士就业、公平贸易、社会治理等问题上具有持续性、共治性、公平性等优势，天然地与共同富裕的内在要求相契合。

然而社会企业在中国发展尚不成熟，国内对于社会企业的研究还处于接纳—内剖阶段，有的学者通过案例研究方法和定量方法针对社会企业的绩效目标、资源获取、价值创造、使命漂移、商业模式等社会企业发展内部因素进行了初步探索，有的学者通过质性研究方法或混合研究方法对社会企业的国际经验、价值意蕴、发展路径、政策设计等从更为宏观的视角进行思考论证。以往研究已经取得了一定的成果，但也存在一些局限：一是现有研究普遍侧重于国内外社会企业的法律法规与政策梳理，对政策过程和影响因素的关注较少。国内研究普遍将社会企业作为研究对象，从社会企业的应然视角切入，基于其工具价值认为应该出台社会企业政策支持，因此更侧重于对政策内容和政策工具的分析。但是对各地社会企业政策的创新及政策扩散的影响因素研究较少，对如何才能将地方社会企业政策创新嵌入社会治理体系的研究不足。二是尽管各地涌现了一些社会企业的政策创新实践，但以往研究多侧重单案例的分析，且内容重复性高。而且现有研究对地方社会企业政府的议程分析、政策实施效果、政策扩散原因的实证分析不足，且横向比较不多，政策可移植性差。因此，有必要加强我国社会企业领域的研究，特别是地方社会企业政策创新及其扩散的研究，以便在更大范围，甚至在全国层面，推广各地社会企业政策创新的经验做法，从而更好发挥社会企业在实现共同富裕目标中的作用。

1.2.1 理论意义

第一，丰富我国社会企业基础理论研究。目前国内的研究主要集中在社会企业的概念、界定标准、分类及国外社会企业研究成果的介绍等方面，而国内社会企业理论研究的滞后暴露了实践指导的不足、研究与实践脱节等问题。本研究扎根于中国本土社会企业实践，通过大量调研以及政策文本分析对前一个阶段我国社会企业政策发展的动力和逻辑进行探索，从而找到社会企业政策设计以及扩散的相应机制。

第二，丰富公共政策过程理论研究。与传统的政府组织、企业组织和社会组织等单一制度逻辑不同，社会企业具有混合型组织的特性，对于混合制度逻辑的公共政策过程研究不足。另外，不同于以往成熟的公共政策扩散，社会企业政策属性往往具有高风险和弱激励特征。因此，针对基于混合制度逻辑的社会企业政策过程的研究，可以进一步丰富我国公共政策的过程理论。

1.2.2 实践意义

当前，一些城市正在积极开展社会企业的创新实践，通过出台政策，鼓励和发展本地的社会企业，但由于国内相关研究滞后，实践中缺乏理论指导，而本研究借助政策扩散的动态过程分析，发现推动或阻滞社会企业政策扩散的因素，为促进我国社会企业的发展提供政策建议，可以更好地激发社会企业活力，推动我国社会企业的健康发展，从而更好地发挥社会企业在城乡社区治理、乡村振兴和促进共同富裕中的积极作用。

1.3 研究内容与研究方法

1.3.1 研究内容

为科学严谨地反映我国现阶段社会企业政策创新扩散的样貌和特定规律，了解目前国内社会企业的政策支持环境，特别是创新政策的扩散过程，研究主要包括以下四方面内容：

①国内外社会企业发展现状及经验。为了更好地构建中国社会企业政策支持体系,本书第二章首先从国外社会企业发展现状,社会企业认定、扶持、培育、监管等问题入手,全面总结国外社会企业政策制定的经验和特点。其次结合目前国内亟须解决的社会治理难题,重点介绍五类比较有示范效应的国内社会企业案例,包括社区服务类社会企业、乡村振兴类社会企业、教育惠民类社会企业、养老服务类社会企业、环境能源类社会企业,以期从国内典型案例入手总结推动社会企业发展的政策方向和重点。

②国内社会企业政策创新与扩散的现状。第三章通过对国内社会企业认定的认证过程展开跟踪调研,描述我国社会企业制度化的过程,同时,通过对已出台扶持培育社会企业政策的相关城市进行比较,分析北京、成都、佛山市顺德区和深圳等地不同的社会企业政策内容、模式、扶持重点等,为我国社会企业政策扩散提供地方经验。

③我国社会企业政策创新与扩散的动力和影响因素。基于各地政策创新实践,第四章从政策创新的驱动机制,即内部压力驱动和外部环境驱动入手,探究地方政府为什么想要学习和采纳社会企业创新政策。然后从影响机制入手,特别是创新的背景、地方政府主体、创新政策以及媒介因素入手,分析推动或阻碍社会企业政策扩散的影响因素有哪些,全方位地帮助我们了解我国社会企业政策扩散的内在逻辑,为社会企业政策创新嵌入国家和地方治理体系提供参考。

④我国社会企业营商环境评价。除了完善社会企业的政策体系,社会企业的生态环境对于社会企业的生存和发展至关重要,第五章以全国GDP前50城市作为研究对象,从政务环境、市场环

境、法治环境、创新环境、慈善环境五个一级指标维度展开调研，综合评价这些城市的社会企业的营商环境。这套评价指标体系是国内首个针对社会企业设计的营商环境评价体系，综合考虑了社会企业生存和发展所需要的一系列条件和环境因素，有助于地方政府综合判断当地培育发展社会企业生态系统的优势和劣势，并为地方政府未来培育发展社会企业提供一定的参考。

1.3.2 研究方法

（1）案例研究法

鉴于目前我国社会企业政策出台情况，课题组在收集和分析各地社会企业政策文件、进行文本分析的同时，也对北京市、成都市、佛山市顺德区进行了大量实地调研，获取一手资料。

为科学严谨地反映我国现阶段社会企业政策创新扩散的样貌和特定规律，研究团队采取案例分析方法对各地社会企业政策出台过程以及各地社会企业实践特色进行了案例分析。一方面，通过调研把握各地社会企业政策出台始末和相关细节，真实还原社会企业政策制定、执行、学习、扩散的全过程；另一方面，为了深入挖掘国内社会企业发展现状，还原"社会事实"，本书结合国内亟须解决的社会治理难题，针对社区服务类社会企业、乡村振兴类社会企业、教育惠民类社会企业、养老服务类社会企业、环境能源类社会企业展开调研工作，并撰写相关案例，以呈现各地社会企业的真实情况和发展特色。

（2）社会企业营商环境评价指标体系构建方法

营商环境是企业在商业活动中面临的由政府所塑造的重要制

度软环境与基础设施硬环境，涉及影响企业生产经营效率的诸多因素，如政府制度、贸易环境、金融市场效率、劳动力市场效率和创新水平等。但是现有的指标构建体系过于偏重强调如何促进其经济价值的实现，而社会企业作为一种混合了经济价值、社会价值、环境价值的特殊经济组织，应该同时注重其社会价值的实现，因此，需要在指标体系中综合考虑帮助实现其社会价值的因素。本课题从系统生态理论出发，从政务环境、市场环境、法治环境、创新环境、慈善环境五个一级指标维度展开调研，分别对应公平竞争、高效廉洁、公正透明、自主创新、行善有序五大目标。在二级指标的设计中，融入反映社会企业运营的关键性因素。期望通过构建科学合理的社会企业营商环境评价体系，推动完善良性包容的营商环境，最终促进社会企业的健康有序发展。

2. 国内外社会企业发展现状

2.1 国际社会企业政策推进的经验

社会企业在国内的发展方兴未艾,近十几年来随着新自由主义盛行,社会组织包括社会企业在承担部分公共职能、解决部分公共问题上都展现出了卓越的潜力。全球学界和业界实践者都在持续探索社会企业,这样一种既有别于传统商业组织,又有别于传统慈善组织的新型组织形式的本质和内涵;探索社会企业在解决社会问题、谋求社会福祉中的优越性;探索社会企业的良性可持续发展;探索社会企业的影响力。但是在探究这些问题之前,始终有一个前提在困扰着全球的学者,即什么是社会企业?认证的标准有哪些?英美等国家作为社会企业制度化在全球发展中的领先者,有哪些经验教训可供世界其他国家借鉴呢?本书以英国、美国、意大利、日本、韩国五个国家的社会企业发展及政策支持体系为案例,透过对其认证的标准、主体及后续的监管和支持等方面的探讨,归纳总结国外社会企业制度化发展所面临的问题和挑战,以期能为中国社会企业的扶持和培育提供相应的启示。

2.1.1 英国社会企业发展及政策支持

(1) 社会企业的范围

英国贸易工部虽然早在 2002 年的时候就给出了社会企业的官方定义,即:一种以社会目标为其主要组织目标的企业,组织盈利将被主要用于自身业务发展或者造福当地社区,而不是为了追求股东或所有者的利润最大化[①]。但是"社会企业"的定义只是描述了一种兼具商业属性和社会属性的组织形式,并不是一种独立的法律形式。在英国,社会企业并没有专门立法,但社会企业的法律形式繁多,既可以是非公司/法人形式的组织,例如个体工商、非法人团体及信托基金;又可以注册为普通意义的联合形式,例如有限公司、合作社、社区利益公司、慈善团体以及有限慈善组织等形式[②]。其中慈善团体(Charity)和有限慈善组织(Charitable Incorporated Organisation)是遵守《英国慈善法》并受英国慈善委员会(Charity Commission)管理的一种非营利组织形式,其他公司制的法律形式则是注册于并受英国公司署(Company House)的监管和审核。社会企业可以注册为以上诸类法律形式,但并不代表上述法律形式皆为社会企业。其中,只有社区利益公司(Community Interest Company,CIC)被公认为是专属社会企业的法律形式。

---

① DTI (2002), *Social Enterprise: A Strategy for Success*, HM Government, London.
② Department for Business Innovation & Skills (2011), *A Guide to Legal Forms for Social Enterprise*, available at https://www.gov.uk/government/publications/legal-forms-for-social-enterprise-a-guide.

（2）社区利益公司的认证过程

社区利益公司是特别为一些想要通过商业运营的手法来完成一定的社会目标，或者通过其他形式的活动来造福当地社区，由社会创业家设定的一种有限公司的补充形式①。近年来，社区利益公司因其灵活的法律形式日渐被更多的社会创业家所青睐。它既免去了注册为慈善组织必须要遵守的一些限制条件（如严苛的财务审核制度），又能通过多样化的资本结构为其社会目标服务。社区利益公司的受益人群既可以是广大的普惠性人群，亦可以是特定的社区民众。但是社区利益公司的设立不能仅仅是为了政治目的，或者为了某一个组织成员的利益。社区利益公司主要有以下几个显著特点：第一，社区利益公司可以注册为不含股本的担保有限公司、私有股份有限公司或者公共有限公司，而且登记时必须是以 CIC 结尾；第二，社区利益公司必须遵循"资产锁定"原则，以确保资产锁定在本公司并用于公司运营及其他有利于社区的活动；第三，CIC 可以分红，但是有分红上限的要求②。

在英国，社区利益公司的认定和监管是政府授权给"社区利益公司监管人"（Regulator）的。申请人申请注册为社区利益公司必须向英国公司署的"注册官"（Registrar of Company）提交相关材料，然后注册官需向社区利益公司监管人递交这些材料。监管人根据提交的材料判断哪些公司有资格注册为社区利益公司。在注册中，注册官是没有资格批准合格的社区利益公司的，注册官只

---

① Department for Business Innovation & Skills (2016), *Office of the Regulator of Community Interest Companies: Information and Guidance Notes*, Chapter 1 Introduction, London: Office of the Regulator of Community Interest Companies.
② 同上。

有得到监管人的许可和认定结果后才有资格向申请人发放登记证书。申请人需提交的材料包括①：

① 注册为公司的申请表，这是每个在公司署注册的机构必须提交的基本文件，该文件中并没有针对注册为社区利益公司的特殊要求部分。该申请表包括了公司名称、公司法定代表人、公司地址、公司的类别等基本信息和细节。

② 注册为社区利益公司的申请表。这份申请表也就是"社区利益报告书"。这份声明主要用来向监管人证明该 CIC 是如何通过自己的日常运营来造福目标社区或人群的。在这份报告中，申请人需签署并解释注册为社区利益公司的各种声明：承诺该 CIC 不是政治团体或服务于任何政治组织，或开展任何政治活动；承诺该 CIC 的活动均是为了社区利益的获得；详细阐述该 CIC 所服务的社区或者社区的哪一区域/人群；阐述该 CIC 的日常活动及这些活动如何造福目标社区/人群；阐述该 CIC 的经济收入该如何使用或者分配。该报告一旦递交给监管人将无法更改，除非该 CIC 改变了其使命和工作目标。在这一情况下，该 CIC 需提交一系列文件来向注册官和监管人说明目标更改的过程，对服务对象的影响及其知情同意，以及一系列辅助材料来完成变更。

③ 提交一份完整的公司章程，包括"公司组织大纲"及"公司组织章程"。公司的章程需符合《2006 公司法》《2005 社区利益公司规定》及其他相关规章制度。这一份阐述公司运作的章程以

---

① Department for Business Innovation & Skills (2016), *Office of the Regulator of Community Interest Companies: Information and Guidance Notes*, Chapter 4 Creating a Community Interest Company, London: Office of the Regulator of Community Interest Companies.

及上述文件"社区利益报告书"就构成了主要的"社区利益测试"所需要的材料。监管人主要通过这两份材料来决定该公司是否是为了社区利益而成立,从而决定是否同意该申请人的申请。

④ 提交注册费 35 英镑。这是所有在公司署注册的机构需缴纳的统一注册费。

⑤ 在发放完登记证书后,以上申请人提交的所有材料都将登记在案并接受公众的审查(可根据公司注册登记号码或者公司名称在政府网站查询①)。

值得一提的是,几乎任何形式的组织都可以转变成为社区利益公司,其中包括其他担保有限公司、慈善组织、公共组织、社团组织等。但是,在转变为社区利益公司时都必须要完成社区利益测试,即向监管人阐述如何通过自己提供的服务和活动来获得其社区利益②。

(3)英国社会企业的发展现状

近年来,社会企业在英国得以迅速地发展和壮大。根据 2021 年 3 月份社区利益公司监管办公室发布的最新登记结果,目前共有 23,887 家机构注册为社区利益公司。根据英国社会企业联盟(Social Enterprise UK)发布的最新《2021 英国社会企业调查报告》③,全英共有约 100,000 家社会企业,为国民经济贡献了 600 亿英镑,并解决了 200 万人口的就业问题。同时,该调查透露:近 47% 的社会企业成立不足五年,其中 30% 的社会企业成立不足三

---

① Company House (2016), "Search the register," available at https://beta.companieshouse.gov.uk.

② 同上。

③ Social Enterprise UK (2021), *State of Social Enterprise*, London: Social Enterprise UK.

年;74% 的社会企业可以保持财务收支平衡;31% 的社会企业创始人来自亚非等多种族;22% 的社会企业在英国最弱势的社区里开展项目和活动。另外,44% 的社会企业认为筹资是阻碍其可持续发展的障碍。来自于公共部门的收入始终是众多社会企业收入的重要组成部分,41% 的社会企业主要依靠来自公共部门的收入。

(4) 社区利益公司的法定义务及其监管

社区利益公司一旦成立,就一定有相应的法定义务和职责要履行。按照相关规章规定,社区利益公司每年需履行的法定义务有①:每年须向注册官提交年度财务报告。这同时也是每个在公司署注册的机构应提交的材料。财务报表对 CIC 的要求跟其他公司基本一致,所不同的是,为确保其财务透明度,CIC 在年度财务报表中需非常详细地说明股东以及其他利益相关者的信息;每年需向注册官提交一份 CIC 报告及 15 英镑的年审费。这份 CIC 报告主要是向监管人证明该 CIC 在本年通过提供各种活动,造福了社区,即依然可以通过社区利益测试;及时向注册官提交相应的公司变迁文件,包括注册地址的更改、工作内容的更改等方面。

在社区利益公司的认定和监管中,有两个角色不容忽视:公司署注册官及 CIC 监管人。注册官和监管人在行政上都属于英国商业创新部。注册官的主要职责就是负责接收申请者的材料,并将材料转交给监管人评估,评估合格后发放登记证书并负责文件的登记和整理。CIC 监管人是真正负责监督管理社区利益公司的主要职位。CIC 监管人是由英国国务大臣任命的独立事务官,监管人

---

① Department for Business Innovation & Skills (2016), *Office of the Regulator of Community Interest Companies: Information and Guidance Notes*, Chapter 8 Statutory Obligation, London: Office of the Regulator of Community Interest Companies.

的权利和职责都明确写在《2005社区利益公司规定》及《2004年公司(审计、调查和社区企业)法案》中。政府希望监管人以一种低干预的方式来推动社区利益公司的品牌传播并给予CIC必要的指导和帮助。总的来说,监管人的职责主要有三方面[①]:第一,监管人最重要的职责是审核申请者是否有资格登记为社区利益公司并监管其后续活动。第二,监管人向社区利益公司提供建议和指导。必要时监管人会和CIC的负责人或其他利益相关者进行非正式的会面,来帮助其解决问题。根据《2004年公司(审计、调查和社区企业)法案》,监管人可以就提供的某些服务向服务对象收取相关费用,除了属于监管人法定责任的咨询服务。第三,监管人享有正式调查权:监管人有权调查或委托人调查CIC的运营情况,收集到的证据和信息将作为民事诉讼的证据。第四,在必要的情况下,监管人可根据调查到的信息对CIC实施强制权:以CIC名义提起民事诉讼;任免或罢免CIC负责人;可以任免CIC经理;如果CIC遇到财务危机,监管人可以任命监管人办公室的职员作为CIC官方资产持有人;如监管人发现该CIC已没有资格继续作为CIC运营下去,会命令其进行股权转让或者股份转让;如必要,监管人可向法院提出注销CIC的申请;可以向法院申请将注销的CIC的无主财产恢复到登记人名下,监管人有权保护这些社区财产。

作为监管人,自身也是要接受国务大臣(Secretary of State)的监管和审查。为确保监管人工作的公开性和透明性,监管人每年须向国务大臣递交一份年度工作报告,国务大臣将报告面呈国会,并

---

① Department for Business Innovation & Skills (2016), *Office of the Regulator of Community Interest Companies: Information and Guidance Notes*, Chapter 11 The Regulator, London: Office of the Regulator of Community Interest Companies.

公开发表在政府网站。国务大臣同样会要求监管人递交年度财务报告,报告将会交给英国审计办公室(National Audit Office)审查。年度报告和年度财务报告的有效期开始于每年 4 月 1 日。英国商业创新和技能部的常任秘书(The Permanent Secretary)将会作为会计师审查监管人每年的财务收支状况。英国议会和健康服务视察员(The Parliamentary and Health Service Ombudsman)将会审阅针对监管人和监管人办公室的投诉。

(5)政府对社会企业的支持

社会企业及其他市民社会组织在英国的蓬勃发展,与英国政府针对社会企业高度关注制定的一系列政策和财政支持是密不可分的。实际上,慈善组织、社会企业及其他市民社会组织在英国的发展也不是一帆风顺的,它们都经历过政策上的束缚、财务上的困窘等问题。这些组织都曾饱受"Red Tape"(即各种政策的繁文缛节)的束缚,而英国政府近年来的工作重点就是尽力去除政策上的障碍,帮助市民社会组织有效地获得建立和发展所需要的各种资源,鼓励公民参与到社会治理中来。

政府对社会企业的支持主要体现在以下三个方面:第一,政府努力精简繁冗复杂的政策和规定,以此来促进社会企业等各类市民社会组织的健康发展。自 2011 年 5 月起,内阁政府发起了一项应对"红色胶带挑战"(Red Tape Challenge)的专项小组,旨在向民间各行各业征集修改行业内政策和规定的意见①。其中以霍奇森勋爵为负责人的针对解放市民社会组织中出现的"红色胶带挑战"的专项小组在经过调查后,根据 600 多家社会组织的意见整理

---

① Cabinet Office (2014), "Cutting red tape," available at https://cutting-red-tape.cabinetoffice.gov.uk.

出了17条针对市民社会组织繁冗政策的意见①。一年后,内阁政府就其中的14条意见针对的政策规定都做出了相应的调整②。例如第十三条意见指出:"委员会等机构应该肯定小型市民社会组织的贡献,在竞争政府/企业外包合同时,应该设计一种成比例的竞标办法。"一年后,内阁政府在政策和实践中都对此意见做出相应调整。《2012年社会价值法案》(Social Value Act 2012)就是在这一年生效的。该法案规定,公共部门在采购产品和服务时,应考虑产品和服务的社会、经济及环境价值,即优先考虑向社会企业及社会组织采购③。为方便公共部门在外包服务时衡量这三重标准,英国社区及地区政府部(Department of Community and Local Government)随即出台了相应的指导办法。在整个剪除"红色胶带"的运动中,超过2,400条规定被废止,光在房屋建筑领域就为政府节省了近1亿英镑的开支④。除了应对"红色胶带挑战"、精简政策和规定之外,政府还修改了《2006年慈善法案》,于2011年出台了新修订的慈善法案,即《2011慈善法案》。

第二,在财政上,政府积极引进各种投资和资金,帮助市民社会组织获得所需资源。政府为了鼓励更多人参与志愿活动,投资社会企业,创立了"大乐透基金"(Big Lottery Fund)⑤。仅

---

① Office for Civil Society (2011), *Unshackling Good Neighbours*, London: Cabinet Office.
② Office for Civil Society (2012), *Unshackling Good Neighbours-One Year on*, London: Cabinet Office.
③ Public Service (Social Value) Act 2012, Chapter 3, London: The Stationery Office.
④ Office for Civil Society (2011). *Unshackling Good Neighbours*, London: Cabinet Office.
⑤ 自2019年1月大乐透基金正式更名为"英国国家彩票社区基金"(The National Lottery Community Fund),成为英国国家彩票体系中的一部分。

2020—2021年度，大乐透基金就对外放出了7.5亿英镑的资金，分布在两万多个项目中①。除了大乐透基金，内阁政府还发起了众多支持志愿者、社会组织合作者的项目，例如：战略伙伴项目（Strategic Partners Fund）、咨询服务转变项目（Advice Service Transition Fund），等等。意在通过对这些项目的资助从而间接地支持和扶助社会企业的发展。另外，为了帮助社会企业及其他社会组织方便快捷地找到合适的资金，政府专门创立了"资金中心"②和"合同检索"③的门户。社会企业可以根据从事的行业、地区范围等检索条件快速准确地找到适合自己申请的资金。

为了刺激广大投资者将眼光放在社会价值投资方面，发展社会投资市场，内阁政府在财政上另外一个重大的利好政策就是于2014年4月出台的"社会投资税收减免政策"（Social Investment Tax Relief）。根据政策规定，投资在社会企业的社会投资者可获得投资额30%的税收减免，税收减免可用于当前投资的年度，也可用于上一年度税收减免，但是必须保证至少三年的投资④。而此处有机会获得投资税收减免的"社会企业"只有社区利益公司、资产锁定的社区福利社团以及慈善组织三种形式。并且是少于250名全职员工，总资产低于1,500万英镑的社会企业。根据税收减免政策的规定，单个社会企业三年内接收的投资额不应超过25万英镑。社会投资家三年内最多只能投资100万英镑的社会投资，

---

① Big Lottery Fund (2021), *2020/2021 Annual Report and Accounts*, London: The Stationery Office.
② "Funding Central,"已于2021年3月停止运营。
③ "Contract Finder," available at https://www.gov.uk/contracts-finder.
④ HM Revenue & Customs (2014), *Social Investment Tax Relief: Guide for Social Enterprises*, London: Cabinet Office.

但不限于一家社会企业。这项政策不仅满足了社会企业对于企业运营中财务资源的需求,并且充分挖掘民间资本用于发展社会福祉的潜力,这是英国第一次通过税收系统的利好政策来刺激社会投资。除此之外,内阁政府还施行很多项目和政策来充分发展社会投资市场,营造良好的社会投资生态环境,例如"社会风险投资信托"项目、"社会影响力约定"项目,以及2013年G8峰会社会投资分论坛成立的"社会影响力投资特别小组",这些重大政策和实践都是政府不断推广和支持社会投资市场发展的结果。根据SEUK 2015年社会企业调查结果,大约83%的社会企业回答政府的补助金是他们最常使用的寻找资金的渠道①。

第三,为鼓励和支持社会企业及其他市民社会组织的发展,政府特别注重这些组织的自身能力建设,特别是其商业经营能力。市民社会办公室联合社会各界,特别是第二、第三部门的一些组织开办了"商业技能专家培训课程"。这是一个全国性的针对第三部门组织的能力培训,特别是在提供公共服务中商业技能的培训。同时还有一些新媒体运用的培训和领导力的培训。

综上所述,政府在近年来为了刺激社会企业的发展,在政策、实践等多个方面都加以引导和支持,使得社会企业自创立伊始至后续发展,都得到了政府的保障和支持,同公共部门的交易也更加流畅和方便。

(6)英国社会企业的行业认证

英国社会企业行业认证机构主要有两家:英国社会企业

---

① Department for Business Innovation & Skills (2016), *Office of the Regulator of Community Interest Companies: Information and Guidance Notes*, Chapter 8 Statutory Obligation, London: Office of the Regulator of Community Interest Companies.

（Social Enterprise UK，SEUK）和社会企业标记（Social Enterprise Mark，SEM）。

①SEUK

SEUK是一家成立于2002年4月份的社区利益公司。该公司旨在为英国社会企业（会员制）提供各种政策上、经济上以及同行社会企业交流方面的支持。SEUK每年都会举办一系列的培训课程、讲座、会议、活动等，将公共部门、私有部门及第三部门的各界组织联系在一起，推动社会企业的发展。SEUK实行会员制，注册为会员的不仅仅是社会企业，还包括许多公共部门组织、私企、慈善组织等，每个组织根据自身规模大小（年营业额）缴纳自75英镑至4,750英镑不等的年会费。SEUK也接受来自其他国家的社会企业的会员申请。SEUK将根据不同组织的需求提供不同的或收费或免费的咨询和服务。SEUK更像是英国社会企业行业协会，认证是属于比较宽松的模式。SEUK的认证是一种会员自我认证，要获得SEUK发布的"我们是社会企业"的徽章，必须满足SEUK对社会企业的五项界定[①]：第一，该组织必须将完成一定的社会目标或者环境目标写入公司文件（一般是章程）；第二，该组织是独立的组织并且该组织超过50%的收入来自于交易收入（包含政府外包合同）；第三，保证组织的所有权和控制权为了完成社会目标而服务；第四，该组织保证至少将50%的收入所得重新投入到社会目标上来；第五，该组织保证将组织的运营及其社会影响力公开透明化。申请者认为自身满足了这五条要求之后，需签署自我认证的表格表示确认。对于一些其他支持社会企业的组织，

---

① Social Enterprise UK (2016), "Membership badge criteria," available at http://socialenterprise.org.uk/membership/membership-badge-criteria.

可以申请另外的"我们支持社会企业"的徽章。所有获得认证的社会企业将会获得一份统一的"我们是社会企业"的徽章（实体和非实体），社会企业可以将其用于自身网站或其他社交媒体中。由于这份认证是只有SEUK的会员才可以申请，并不会产生额外的认证费用，获得认证的社会企业享有的福利和优惠同其他会员一样。如果该社会企业下一年度停止缴纳会员费，那么它在下一年度也不能使用该徽章为自己做推广。SEUK对认证的监管主要依靠会员的自我评估，会员只需要在续缴下一年度会员费时同时重新签署一份自我认证的表格即可。

②SEM

相比较而言，"社会企业标记"（SEM）的认证就相对更加严格，监管也更加严格。SEM于2010年1月份在公司署登记成立，是一家专门做社会企业认证的社区利益公司。SEM不是一家会员制的机构，所有获得认证的社会企业都需要通过年审才可继续使用认证执照。SEM也接受来自世界各地的社会企业的申请。申请者不限法律形式，可以是有限公司、社区利益公司、合作社等社会企业可注册的法律形式。SEM认证通过后，根据每年的收入缴纳一定数额的执照费（license fee），从350英镑至4,500英镑不等。例如年收入在15万英镑以下的社会企业，年费只有350英镑[①]。

SEM颁布给社会企业的认证主要有两种：社会企业普通认证和社会企业金牌认证。满足社会企业普通认证的条件有以下六

---

① Social Enterprise Mark (2016), "Application information," available at http://www.socialenterprisemark.org.uk/assessment/.

条①：第一，将社会目标或者环境目标作为主要目标，并写入公司章程；第二，是一个独立的组织，意味着自身组织拥有决策权、自我管理权；第三，超过 50% 的收入来自于交易收入；第四，超过 50% 的收入必须用于社会/环境目的；第五，解散时的剩余资产应该被用于社会/环境目的；第六，能提供外部证据，表明机构正在实现社会/环境目标，通常要求申请者要提交一份"社会影响力报告"，以此证明该机构一直在完成其社会目标。

不同于 SEUK 的会员自我认证制度，SEM 采取非常严格的独立的评审小组进行专业的评估和筛选②，只有符合 SEM 的六条准则的申请者才能被授予社会企业认证执照。为了准确地了解社会企业运营的宏观环境和微观环境，独立评审小组由商界、法律界以及社会企业领域的专家构成。认证评审小组同样也负责社会企业金牌认证的筛选。社会企业的金牌认证执照代表了行业里的典范，因此社会企业金牌认证的评审十分严格。除了满足基本的六项准则，认证评审小组更关注其组织治理、商业道德及财务透明性这三个方面③。同时 SEM 罗列出了清晰的要求来满足金牌认证④。如果评审小组认为该机构有资格获得金牌认证，那么该机构需要向评审小组确认在接下来的一年内将如何完成这些目标（行动计

---

① Social Enterprise Mark (2016), "Qualification criteria," available at http://www.socialenterprisemark.org.uk/wp-content/uploads/2015/03/Social-Enterprise-Mark-Criteria-Mar2015.pdf.

② Social Enterprise Mark (2016), "Certification panel," available at http://www.socialenterprisemark.org.uk/about-us/social-enterprise-mark-certification-panel/.

③ Social Enterprise Mark (2016), "What is the social enterprise gold mark," available at http://www.socialenterprisemark.org.uk/socialenterprisegoldmark/.

④ Social Enterprise Mark (2016), "Minimum requirements to achieve the social enterprise gold mark," available at http://www.socialenterprisemark.org.uk/socialenterprisegoldmark/achieving-social-enterprise-gold-mark/.

划),每隔三年持有金牌认证的机构需要提交一份完整的针对每年的行动目标的评估报告。

公正严明的审核保证每年大概有70%的申请者可以授予社会企业认证执照。对于很多获得此认证的机构来说,这不仅仅只是一纸证明,公正透明的认证流程既可以提高已经获得认证的社会企业的知名度和可信度,加强其宣传和推广,在一定程度上也向公众、私有市场及道德消费的购买者肯定和保证了该社会企业质量,可以帮助该社会企业区别于一般的公益组织,并从道德消费市场竞争中脱颖而出,增加其经济效益。具体而言,获得社会企业认证之后,可以获得以下支持:

首先是SEM自身提供的支持[①]。(1)SEM创建已获得认证的社会企业名录并将其电子化、可搜索化[②]。这份名录包含了所有已经通过认证的社会企业的扼要信息,包括该社会企业的服务范围、服务方式、联系方式等,并将其公布在SEM的网站上。任何人如普通消费者、学者等以及公共主体、私有主体都可以获得社会企业的有效信息,为开展进一步合作创造了可能。(2)免费为获得认证的社会企业提供广告宣传的活动推广的服务。任何设计好的广告作品都可以放在SEM的网站滚动播放,网站每天的高点击率帮助提高获得认证的社会企业的品牌推广。获得认证的社会企业也可以将企业的活动上传到SEM的活动日历中,让更多的人关注到该社会企业的运营。(3)为获得认证的社会企业提供一对一市场

[①] Social Enterprise Mark (2016), "Why become an accredited social enterprise with the social enterprise mark?" available at http://www.socialenterprisemark.org.uk/key-benefits-of-social-enterprise-mark-accreditation/.

[②] Social Enterprise Mark (2016), "Directory of accredited social enterprise," available at http://www.socialenterprisemark.org.uk/directory-certified-social-enterprises/.

营销及社会企业认证推广的咨询服务。SEM 的员工会耐心细致地指导如何将社会企业的认证有效融合在企业市场营销中,帮助社会企业获得广泛关注。(4)定期组织获得认证的社会企业交流沙龙,帮助社会企业实践者互相交流运营中出现的问题及经验,加强会员之间的网络支持,同时也可以向 SEM 的员工反馈如何更有效地发挥社会企业认证在实践中的价值。(5)帮助提高获得认证社会企业的能力建设。SEM 有为获得认证的社会企业编撰的一系列资源和指导方案,帮助获得认证的社会企业解决问题并不断壮大自身。《社会价值指南》是 SEM 帮助获得认证的社会企业在申请项目、竞标社会服务中脱颖而出的重要指导材料。其中包含了如何定义和理清社会企业的社会价值,帮助会员归纳总结自己独一无二的社会价值声明,以及如何有效地向购买者解释自己的社会价值。

其次是 SEM 和社会各界共同搭建的平台支持。(1)为持证社会企业搭建推广平台。SEM 通过举办各种活动,例如"社会企业日""50in250"等全国性推广活动,将持证社会企业、当地公共部门、私有部门及其他主体连接起来,鼓励各个主体积极购买已经获得认证的社会企业的产品或服务,为持证社会企业提供广泛的合作机会。或者举办各种论坛、辩论,提高公众对于道德消费、社会企业的认知度。(2)联合全国主流的社交媒体,扩大 SEM 的影响力进而扩大会员的影响力。

SEM 是行业认证,社会企业需要每年接受独立的认证评审小组的年审,特别是每年需上交"社会影响力报告"来证明完成的社会和环境目标[1]。

---

[1] Social Enterprise Mark (2016), "Renew your social enterprise mark," available at http://www.socialenterprisemark.org.uk/renew-social-enterprise-mark/.

2.1.2 美国社会企业发展及政策支持

（1）美国社会企业的背景和概念

美国社会企业诞生的背景与其他欧美国家类似，20世纪70年代经济衰退迫使里根政府大幅度削减福利和财政开支，使得原本严重依赖联邦资金的非营利组织受到极大损失。再加上新自由主义和市场化的盛行，非营利组织开始从事商业活动来填补财务空缺，用创收的方式来维持组织生存和社会使命的完成，社会企业的雏形就是源自这些创收型非营利组织的经验。美国政府对于社会企业的定义颇为宽松，美国社会企业联盟认为，任何采用赚取收入的营运策略，以支持其慈善或社会目标的企业，均可称为社会企业。

尽管目前美国还没有国家层面的社会企业立法，但许多州已经有了一些立法尝试。社会企业既可以是非营利组织实体，也可以是营利组织实体。如果选择注册为非营利组织，联邦税法501(c)(3)中所规定的慈善组织，可以接受捐赠，捐赠者依据其捐赠数额享受一定的税收减免。联邦税法501(c)(4)中社会福利组织享受免税待遇，可以从事倡议活动，但其捐赠者不能获得税收减免。这两种免税组织可以有商业收入，而且只有当商业活动与其使命不相关的时候才被征税。这些非营利免税组织的主要不利在于：受非营利非分配原则约束，社会企业创业者不能募集资本去从事商业活动并给投资者回报。如果社会企业家想要对组织更多的控制权，他们可以选择成立营利公司或有限责任公司，而后者因所有者承担有限责任、更加灵活及享受合伙所得税待遇而往往被优先选择①。

在美国，社会企业可以选择注册为"低利润有限责任公司""共益企业""弹性目标公司""社会目的公司"四种法律形式。它们是一种营利性实体，可以向投资者分配利润，尽管获取利润本身并不是主要目的，但股东有权得到利润分配和价值增值。它们既可以直接成立，也可以由其他类型的公司（有限责任公司、合伙制等）转换而来。社会企业的实践者可以选择其中的一种形式，也可以选择几种形式的结合。在新的法律框架下，取消或改变了公司董事必须以股东利润最大化为目标的限定，使它们在营利性公司的框架下，同时实现社会目标和利润目标。这种公司结构的优势在于：其一，在实现社会目标过程中，可以为股东利益进行决策，不必担心遭到股东的诉讼；其二，可以与普通企业竞争对手区分开，有利于提升企业品牌价值和促进市场营销。下文主要介绍注册较为广泛的低利润有限责任公司和共益企业两种形式。

（2）低利润有限责任公司（Low-Profit Limited Liability Company，L3C）

低利润有限责任公司（L3C）是普通有限责任公司（LLC）法律框架下衍生出来的一个分支，因此并不享有免税资格。不同的是，低利润有限责任公司不追求经济利益和股东利益最大化，而是追求一定的慈善目的或教育目的。它被认为是介于501(c)(3)（免税的非营利组织）和营利型企业中间的一种新型法律形式。低利润公司首先是于2008年在佛蒙特州首次作为正式的法律形式提出。目前，通过这一法律形式的有十个州。以最先通过这一法律形式

---

① 徐君："社会企业组织形式的多元化安排：美国的实践及启示"，《中国行政管理》，2012(10)：4。

的佛蒙特州的相关法律规定为例①,低利润有限责任公司的成立必须满足以下条件:(1)必须达成《美国税法》S.170(C)(2)(B)②中规定的任意的一种或几种慈善目的或者教育目的;(2)成立的主要目的不可以是为了获取盈利或资产升值,但是如果排除其他因素,该公司在运营中事实上确实产生利润或者资产升值,将不会等同于以此为目的;(3)不可以达成某种政治目的或立法目的而成立(具体详见《美国税法》S.170(C)(2)(D)③)。

由于追求的目标极其相似,低利润有限责任公司的资金会吸引一部分关注社会福祉的投资家和一部分私人基金会的"项目相关投资"(Program-related-investments,PRIs)。不同于传统的商业投资为了获得高额投资回报,私人基金会的项目相关投资主要是为了获得一定的税收豁免权。根据美国国家税务局(Internal Revenue Service)的规定,项目相关投资指的是④:(1)首要目标是为了完成基金会的一个或多个免税目标;(2)不以获取盈利或者资产增值为主要目的;(3)不以影响立法和参加政治活动为目的。其实,美国法律界人士普遍认为,L3C这种法律形式的设立主要是为了吸引更多的来自私人基金会的投资,满足具有税收豁免权的私人基金会方便快捷地找到符合免税资格的投资对象。美国对私人基金会施行的监管十分严格,根据美国税法规定,具有免税资

---

① "Vermont State Act 17: an act relating to limited liability companies (H.310)," §4162, available at http://legislature.vermont.gov/bill/status/2016/H.310.

② "U.S. Code: title 26 - internal revenue code," section 170(C)(2)(B), available at https://www.law.cornell.edu/uscode/text/26/170.

③ "U.S. Code: title 26 - internal revenue code," section 170(C)(2)(D), available at https://www.law.cornell.edu/uscode/text/26/170.

④ "Internal Revenue Service: program-related investments," available at https://www.irs.gov/Charities-&-Non-Profits/Private-Foundations/Program-Related-Investments.

格的私人基金会每年投资在"合格分配"①上的资金不能低于自身资产的5%。其中只有在宗教、慈善、科学、文化或者其他公共目标上的投资，或者购买能达成慈善目标及其他公共目标的资产的投资才称得上"合理分配"。在合理分配中，项目相关投资是主要的一种形式。如果私人基金会不能达到5%的合理分配额度，将会面临很严重的税收处罚，甚至取消免税资格，因此私人基金会要花费很多时间跟步骤去考察符合美国国税局规定的"项目相关投资"或其他有税收豁免权的投资。在L3C的设立之初，这一法律形式在当时被寄予了很大期望，希望这一法律形式可以大大减少私人基金会寻找合格的"项目相关投资"对象的麻烦。

低利润有限责任公司的监管同其他普通有限责任公司的监管没有太大区别。主要是遵从其公司内部治理的义务及其法定义务。唯一值得区别的是，低利润有限责任公司的投资有很大一部分是来自于私人基金会的项目相关投资（PRIs）②，因此，L3C需要接受投资方私人基金会一定程度的跟进监督，以确保投资被使用在了原本想要达到的慈善目的上。

（3）共益企业（Benefit Corporation）

共益企业是一种营利性公司，并不享有任何税收上的优惠政策。共益企业是股份制公司，这就意味着共益企业也要追求股东利益，但董事除了考虑股东的经济利益以外，还要考虑利益相关者的利益，例如为社区、环境、员工和供应商创造利益。共益企业的

---

① "Internal Revenue Service: qualifying distribution of private foundations," available at https://www.irs.gov/Charities-&-Non-Profits/Private-Foundations/Qualifying-Distributions-of-Private-Foundations.

② "Internal Revenue Service: program-related investments," available at https://www.irs.gov/Charities-&-Non-Profits/Private-Foundations/Program-Related-Investments.

目标是追求一般公共利益或者特殊的公共利益。根据加利福尼亚州的法案规定，所谓一般公共利益是指该公司的经营活动带来的经过第三方机构标准的验证，对社会和环境所带来的物质性的积极影响①。根据大多数州的法案规定，共益企业除了要求达成一般的公共利益外，还可以（不强制）选择某一种或某几种特殊的公共利益作为目标。根据加利福尼亚州、夏威夷州、新泽西州等州立法案规定，特殊的公共利益可分为七种：① 向低收入人群或者缺乏服务的个人和群体提供有益的产品或服务；② 增加除了就业以外的其他经济机会；③ 保护环境；④ 促进人类健康；⑤ 推动艺术、科学和知识的进步；⑥ 为其他的公共利益机构增加资本流动；⑦ 完成其他任何有利于社会和环境的目标②。

监督管理。由于共益企业属于营利性公司的一种形式，其日常的登记、年审及其他公司状态的改变主要是来自州政府的相关部门。但是共益企业所追求的一般公共利益或者特殊公共利益的监管，则主要来自于公司内部的董事会或者理事会，是一种内部监管。首先是主管人责任制。大部分已通过共益企业这一法律形式的州政府，一般要求共益企业在董事会或理事会选出一名主管人（Benefit Director）或者一名干事（Benefit Officer）协助利益主管人（不强制），主要负责监督该共益企业完成公共利益的情况。主管人或者干事须负责每年向董事会和所有股东提交《公共利益年度报告》，汇报当年度的公共利益的完成情况。有些州没有要求

---

① "Cal. Corp. Code §14601(c)," available at http://leginfo.legislature.ca.gov/faces/billTextClient.xhtml?bill_id=201120120AB361.
② "Cal. Corp. Code §14601(e)," available at http://leginfo.legislature.ca.gov/faces/billTextClient.xhtml?bill_id=201120120AB361.

董事会 / 理事会选择利益主管人或协助干事,该公司的公共利益监管的职责就直接交给董事会来负责。除了撰写年度报告,利益主管人或干事在做任何有关决定时,都需要考虑该行为对公司利益相关方各方面的影响①。

第二是最低投票表决权(Minimum Status Vote)。《共益企业法案样本》②中规定,共益企业所有的行为,例如公司目标的改变、公司的并购等,都必须要经过大多数或者绝大多数人的同意。大部分已经通过共益企业这一法律形式的州政府法案中规定最低投票表决权是至少三分之二的股东,但是也有部分州政府没有明确规定这一比例,只是笼统地说需要得到大多数的同意票,例如马里兰州政府、弗吉尼亚州政府和佛蒙特州政府③。

第三是完成《公共利益年度报告》。普通的营利性公司可以通过当年度的财务报告来判断和衡量该公司当年度的绩效,但是对于追求公共利益的共益企业来说,财务报告并不能完全解释共益企业的社会影响。因此,为了保证共益企业的高透明度,让股东们更好地了解该公司公共利益的完成情况,各州法案都要求共益企业必须每年向全部的股东出具一份当年的《公共利益年度报告》。共益企业撰写年度报告的时候必须根据一个第三方认证公司的标准来衡量自身公共利益的达成情况,关于第三方认证公司的细节

---

① Benefit corporation net (2014), "Model benefit corporation legislation," available at http://benefitcorp.net/attorneys/model-legislation.

② Benefit corporation net (2014), "Model benefit corporation legislation," §102, available at http://benefitcorp.net/attorneys/model-legislation.

③ "Maryland corporation code Ann," §2-604(e); "Virginia code Ann," §13:1-707(D); "Vermont statutes Ann," 11A §21.08.

将在下一小节详述。根据《共益企业法案样本》①规定，年度报告必须包含两部分内容，①包含一份详尽的叙事说明：a）选择所采用的第三方标准的过程和理由；b）该共益企业当年是如何达成一般公共利益的，以及目标的完成情况；c）该共益企业当年是如何达成特殊公共利益的（如有），以及目标完成的情况；d）任何阻碍共益企业完成其目标的情况和因素。②包含一份评估报告。根据第三方认证公司的标准，共益企业必须出具一份严格按照第三方认证标准的评估报告，如果不能达成报告中的某项标准，则共益企业必须解释原因。除了这两部分是必须要求出具的文件以外，有些州政府会要求共益企业出具一份持有该公司5%以上的已流通股票的所有股东的名单，例如加利福尼亚州、新泽西州、华盛顿州等②；有些州政府要求出具共益企业给每个董事会／理事会成员的酬金，如华盛顿州、宾夕法尼亚州、夏威夷州等③；为了确保第三方标准的可信度，有的州政府会要求共益企业出具一份该公司同选择的第三方认证公司的所有联系的声明，包括任何财务上的和公司治理上的任何关系，例如加利福尼亚州、宾夕法尼亚州等④。

第四是重视第三方标准。某种程度上第三方标准是"共益企业"立法的核心，这一标准是确定、报告和评估共益企业总体社会和环境绩效的一项标准。《共益企业法案样本》中规定，第三方标准必须全面地考察该公司对社会和环境的影响；必须由与该共益企业及其子公司没有任何物质性关系的独立的个人或者组织设

---

① Benefit corporation net (2014), "Model benefit corporation legislation," §401, available at http://benefitcorp.net/attorneys/model-legislation.
② "Cal. Corp. code," §14630; "N.J. Stat. Ann," §14A:18-11; "D.C Act," §29-1304.
③ "D.C Act," §29-1304; "Pa. Corp. Code," §3331; "Haw. SB," 298 §-11.
④ "Cal. Corp. code," §14630; "Pa. Corp. Code," §3331.

定。草案规定第三方认证的标准必须是高度公开透明的,这要求第三方标准中的准则、制定该标准的负责人、管理层,以及制定该标准的整个过程都必须是公开透明、让大众知晓的。需要注意的是,虽然共益企业需要采用第三方标准来完成其年度评估报告,这并不意味着共益企业必须获得第三方的认证或者受第三方机构的监管。共益企业的监管主要依靠政府和自身的自律,很多人容易混淆 B Lab 和第三方认证标准,这里的第三方认证公司不仅仅是指 B Lab 这个非营利机构。共益企业可以自由选择合适的第三方认证公司。根据 Benefit corporation net 的统计,目前全美有 11 家公司可供选择,例如 B Lab 的影响力评估标准、Green America 的对社会和环境的评估标准等。这 11 家第三方认证标准可参见 Benefit corporation net 上所列的公司名录①。第三方标准的采纳保证了公众和股东了解该共益企业所创造的社会价值和环境价值,帮助他们判断该共益企业是否达到了其所表述的状态,以及帮助他们评估共益企业的主管人或主干事的工作能力。

第五,利益强制执行程序(Benefit Enforcement Proceeding)。共益企业的目的除了要满足股东的利益需求,还要兼顾其产生的一般公共利益和特殊公共利益。如果该共益企业没有完成预期的社会目标,那么根据草案规定,除非启动利益强制执行程序,否则没有人可以在发生如下情况时强制共益企业修正方向或者向共益企业主张债权:① 共益企业没有达成其在公司章程中设定的一般公共利益或者特殊公共利益;② 共益企业违反了设定的行为标准或者没有完成义务或责任,例如没能将年度审核报告递交给股东。

---

① Benefit corporation net (2016), "How do I pick a third party standard?" available at http://benefitcorp.net/businesses/how-do-i-pick-third-party-standard.

利益强制执行程序只能由以下主体来启动：共益企业自己，共益企业的股东，主管人，占有超过 2% 的共益企业股份的人或者群体，占有子公司超过 5% 已发售股票的持有者，以及其他在公司章程中赋予法定权利的人。具体的州政府对于有权发起利益强制执行程序的主体有些微不同的规定，但是当这些利益相关者同共益企业不能达成共识的时候，会诉诸当地法院进行判断。如果当地法院认为共益企业确实没有达成其目标或者在某些方面失职，法院会判决共益企业支付原告产生的一切费用，例如律师费。

很多人将共益企业（Benefit Corporation）这种法律形式同 B Lab 机构颁发的 B corps 认证混淆起来。这里需要特别注意的是，共益企业是一种各州相互独立设立的法律形式，并接受州政府的管理；B corps 则是获得非营利机构 B Lab 的非官方认证的一种方式，它代表更高标准的社会和环境标准。

总的来说，美国的社会企业政策主要是在原来传统营利性机构的框架下，取消或改变了公司董事必须以股东利润最大化为目标的限定，使其可以同时实现社会目标和经济目标。在实现社会目标过程中，可以为股东利益进行决策，不必担心遭到股东的诉讼。这样的法律形式会让社会企业的经营更灵活，可以同时从传统资本市场和慈善市场获取资金。

2.1.3 意大利社会企业发展及政策支持

意大利的社会制度为合作社形态的社会企业提供了良好的制度环境，合作社成为意大利主要的社会企业形式。下文主要介绍意大利合作社及社会合作社的传统对社会企业政策认证和支持带来的影响。

意大利的合作社发展历史悠久,第一家合作社于1854年在都灵成立,作为自由主义改良浪潮的一部分[①]。随着合作社的不断发展壮大,早期逐步形成两个分支:一个是社会主义分支,主要集中在意大利北部,更加注重工人和消费者的合作社;一个是天主教分支,主要集中在意大利南部,更加注重农业和金融的合作社[②]。合作社在意大利的经济中扮演了重要的角色。例如,早在1919年,意大利最大的港口热那亚就为工人所拥有的合作社经营[③]。第二次世界大战结束后,随着持续到20世纪70年代的经济繁荣,意大利的合作社得到迅速发展,并且在之后其他经济增长整体放缓的背景下,合作社继续保持了良好势头。1991年,意大利出台了针对社会合作社的专门法律,自此,以社区利益为主要目标的社会合作社在意大利蓬勃发展。2018年的调查显示,合作社在意大利的整体就业中占比为7%,相较于20世纪70年代已经翻了3倍[④]。尽管合作社这种模式在当代有时被贴上"老式"的标签,并且主要适用于农业领域,但不可否认的是,合作社作为一种经久不衰的经营模式,在适应现代经济方面表现出色。

(1)合作社的法律法规

意大利的合作社法定义了合作社,并且规定了合作社可以做

---

① Briganti, Walter (1976), *Movimento Cooperativo in Italia*, Vol.1, *1854-1925*. Rome: Editrice Cooperativa.
② Piero, Ammirato (2018), *The Groth of Italian Cooperatives*, New York: Routledge.
③ "9 Facts about the amazing Italian cooperative sector," available at https://coop.exchange/blog/9c7615e4-645b-11e9-bf70-06ceb0bf34bd/9-facts-about-the-amazing-italian-cooperative-sector.
④ 同上。

什么、不可以做什么。这些法律规定了适用于各种类型经济活动的组织和法律结构,并考虑到了其规模和复杂性。法律规范了合作社成员与非成员的关系、合作社之间的关系、合作社与中央协会(Central Associations)的关系,以及中央协会和国家的关系等。合作社法为所有的利益相关者赋予权利、责任和义务。意大利第一部覆盖合作社的法律是《1882年商法典》,虽然它规定了每个社员的持股限制、相同的投票权和股份的不可转让性,但对合作社的利益分配没有规定[①]。此后,意大利的合作社法根据政治气候和合作社需求定期更新,其中最重要的包括以下几个方面(见表2-1)。

表2-1 意大利合作社法的修订及内容更新

法案	修正内容
《1909年法》	允许合作社竞标公共合同
《1947年巴塞维法》	涉及民主管理、利润分配、储备金、股份报酬和监管
《1971年法》	允许社员在股份之外为合作社提供贷款
《1977年法》	规定利润存入储备金中免税
《1983年法》	允许合作社投资私人公司
《1991年法》	定义了社会合作社 允许外部股东投资合作社,并将其利润的3%注入合作社发展基金
《2001年法》	阐明了工人作为合作社成员和工作人员的双重权利
《2002年法》	加强了中央协会对其成员的审核办法
《2003年民法典》	对合作社进行了更为精确的定义,并允许合作社进行股份制改革

数据来源:Bonfante, 2011[②]; Fici, 2013[③]。

[①] Bonfante, Guido (2011), *Manuale di Diritto Cooperativo*, Bologna: Zanichelli.
[②] 同上。
[③] Fici, Antonio (2013), "Italy," In *International Handbook of Cooperative Law*, edited by Dante Cracogna, Antonio Fici and Hagen Henry, 479-502, Heidelberg: Springer.

1947年的《意大利宪法》第45条，第一次对合作社进行了定义："共和国承认合作的社会功能和相互特性，并且没有任何私人投机目的。"该法强调了合作的互助性和非投机性目的的原则[①]。《1947年巴塞维法》进一步丰富了这两项原则：① 在一人一票的原则下运行；② 至少20%的利润存入保证金；③ 限制社员股份的报酬；④ 将社员的回扣限制在工资总额的20%以内；⑤ 禁止在合作社解散时向社员分配资产（资产锁定）[②]。于2003年修订的《民法典》对合作社进行了更加准确的定义[③]，其将合作社定义为拥有共同目标并具有可变资本的社团，更重要的是，该法第一次区分了普遍相互合作社（PMCs）和非普遍相互合作社（Non-PMCs）。为证明其PMC状态，合作社需要，① 消费者合作社需要证明其向社员销售超过销售总额的50%；工人合作社需要证明社员的劳务支出超过劳动力成本的50%；生产合作社（包括农业、乳业、渔业）需要证明由社员提供的生产和服务成本超过总生产成本的50%。② 遵守以下要求：社员的股份分红不超过邮政债券利率的2.5%；投资社员的分红不超过社员分红利率的2%；合作社的储备金不能分配给社员。在合作社解散的情况下，所有合作社资产，减去负债，应存入合作社发展基金。作为遵守上述互助性和资本约束的回报，PMCs获得税收优惠。Non-PMCs无须遵守上述任何要求，不享受税收优惠，但仍被视作合作社，仍须遵

---

① Ajani, Gianmaria (2011), *La Nascita della Republica e la sua Costituzione*, Turin: UTET.

② Article 26 of the Basevi Law of 14 December 1947, Number 1577: Provvedimenti per la Cooperazione.

③ Legislative Decree of 17 January of 2003: Titolo VI. Delle Societa' Cooperative e delle Mutue Assicuratrici.

守所有其他的合作社法律条款①。

(2) 合作社的管理

开放入社。开放入社是合作社的一项关键原则。国际合作社原则指出:"合作社是自愿组织,向所有有能力提供服务,并愿意遵守社员职责的任何人开放,没有任何性别、社会、种族、政治或宗教歧视。"②因此,任何人都可以加入合作社,只要对合作社进行出资,并且愿意参与民主管理,并遵守相应的规章制度。意大利《民法典》的相关表述与此颇为一致:任何个人都可以成为合作社社员,只要他们使用合作服务,并支持互助性原则③。该法典要求社员积极主动做出贡献,投资并参与合作社的管理。同时禁止任何从事竞争业务的个人成为合作社会员(例如,店主不能成为消费者合作社社员)。法律要求理事会在60天内对社员申请做出决定,并在年报中体现。如申请被拒绝,申请人可以要求社员大会进行复议。最终由中央协会对合作社进行年审④。

投票权。合作社基于一人一票原则履行投票权利,根据社员的身份,会有一些变化:① 无论占股多少,每名社员只有一票;② 个人投资社员每人拥有一票;③ 机构投资者最多可以拥有五票;④ 任何时候,社员始终拥有至少三分之一年度社员大会的总票数,投资者社员持有余下三分之一⑤。

---

① Legislative Decree of 17 January of 2003: Titolo VI. DelleSocieta' Cooperative e delle Mutue Assicuratrici.

② Coop (2022), available at https://www.ica.coop/en/cooperatives/cooperative-identity.

③ Genco, Roberto (2005), "Il Governodell' Impresa Cooperativa," La *Nuova Disciplina delle Societa' Cooperative*, Firenze: Fondazione Cesifin Alberto Predieri.

④ 同上。

⑤ Article 4 of the Basevi Law of 31 January 1992, Number 59.

治理模式。合作社的治理模式主要有三种。第一种是三方模式，包括社员大会、理事会和监事会[1]。年度社员大会是合作社最高权力机关，选举产生并监督理事会和监事会，批准年度预算，涉及互助目的的政策和流程，包括股息和分红，并审阅所有会员申请决定。理事会的 50% 必须是社员，负责管理和实施社员大会批准的战略，任命高级管理团队，向社员大会负责。监事会是向社员大会直接报告的独立委员会，由专业注册会计师组成，负责监督理事会运作，确保其合法合规运行，并任命外部审计师。第二种是单方模式，其运行方式与三方模式相似，唯一的区别是监事会是理事会的下属委员会，由理事会任命外部审计师[2]。除此之外，年度社员大会拥有同样的权力。这种模式可能导致权力过度集中，因此在实践中较少使用。第三种是两方模式，在年度社员大会和理事会之间，以及在理事会和管理层之间有更为明确的界限[3]。这种模式下的社员大会拥有较少的权力，只负责选举理事会并决定股息和分红的相关事项。理事会负责批准战略、任命管理层，同时聘用外部审计师核算财务报表，向社员大会报告绩效、合法合规、互助性工作成果和社员资格审核。监事会是理事会的下属委员会，行使和三方模式中相同的职责，不同之处在于它有权批准预算。

资金来源。意大利合作社法通过适当的法律法规和税收政策促进社员投资、留存收益、吸引外部投资人等扩大合作社资金来源。社员必须购买股票作为入社条件，最高投资额为 100,000 欧

---

[1] Bonfante, Guido (2011), *Manuale di Diritto Cooperativo*, Bologna: Zanichelli.
[2] Piero, Ammirato (2018), *The Groth of Italian Cooperatives*, New York: Routledge.
[3] Bonfante, Guido (2011), *Manuale di Diritto Cooperativo*, Bologna: Zanichelli.

元,分红不超过邮政债券利率的 2.5%。1973 年批准的社员贷款规定,社员可以为合作社最高注资 36,000 欧元,制造业、农业和住建行业的社员可以投资最高 66,000 欧元[①]。留存收益要求部分利润用于合作社的重新投资。利润分配受到严格监管,例如必须将 30% 的收益分配给储备金,3% 存入合作社发展基金,剩余利润可用于分红,但是合作社工人的分红不能超过工资的 30%。剩余未分配利润永远不能分配给社员,即使合作社关闭[②]。相关税法促进合作社的内部募资,《1947 年巴塞维法》对合作社利润提供税收优惠,消费者合作社为 25%,农业合作社为 100%[③]。1977 年开始,所有存入储备金的利润免税。自 1992 年,合作社被允许吸引外部投资者、个人或法人实体,法律对外部投资没有限额,然而资本回报率额定为 2%[④]。

(3)社会合作社

20 世纪 80 年代对于意大利而言是一个经济、社会、政治和文化变革的时代,也是一个经济繁荣和充分就业辉煌不再的年代。随着社会中对于平等和社会正义呼声的不断高涨,意大利政府不得不做出回应,颁布法律加强工作和受教育的权利,以及促进残疾人平权,社会服务部门应运而生[⑤]。意大利的福利制度无法处

[①] Bonfante, Guido (2011), *Manuale di Diritto Cooperativo*, Bologna: Zanichelli.
[②] Fici, Antonio (2013), "Italy." In *International Handbook of Cooperative Law*, edited by Dante Cracogna, Antonio Fici and Hagen Henry, 479-502, Heidelberg: Springer.
[③] Balboni, Michele (1991), "L'impresa Cooperativa: Aspetti Legislativi e Fiscali," In *Il Movimento, Il Sistema*, La rete: Un Decennio di Cambiamenti nelle Imprese Cooperative, edited by Carella Francesco, 56-58, Bologna: Editrice Emilia Romagna.
[④] Article 5 and 11 of the Basevi Law of 31 January 1992, Number 59.
[⑤] Piero, Ammirato (2018), *The Groth of Italian Cooperatives*, New York: Routledge.

理养老、吸毒、残疾等社会问题,因为该制度是以提供养老金为基础,并寄希望于家庭层面弥补社会福利的不足。但由于家庭妇女大量进入劳动力市场,导致无法照顾年迈的父母和处理随之出现的问题,天主教徒和一些受平等、正义、公民责任影响的左翼人士开始成立协会照顾弱势群体[1]。志愿者协会和工人合作社开始提供社会服务,为弱势群体提供工作。许多协会开始建立康复社区,为瘾君子、无家可归者提供庇护和为老人提供家庭服务。合作社、协会和基金会都参与了这些活动,但是合作社最终成为了被选择的法律形式,一是因为人们的偏好,二是因为意大利法律禁止基金会和慈善组织开展任何形式的经济活动[2]。到1991年,有2,000个活跃的社会合作社,同年,意大利议会批准了一项针对社会合作社的专门法律[3]。

法律架构。1991年的合作社法正式承认并特别定义了社会合作社的类型,其核心是以社区利益最大化为使命,并由志愿者、弱势工人、利益相关者扮演重要角色。社会合作社被定义为:通过两种形式的合作社发展"将促进人类和公民社会融合作为其普遍利益追求的社团"[4]。A类合作社提供社会、健康和教育服务。B类合作社以将弱势群体纳入劳动力市场为目标,可以在A类以外的任何经济领域开展。两种形式都有利益相关者的治理模式,员工、

---

[1] Marzocchi, Franco (2012), *A Brief History of Social Cooperation in Italy*, Forli: Aiccon.

[2] Piero, Ammirato (2018), *The Groth of Italian Cooperatives*, New York: Routledge.

[3] Borzaga Carlo and Giulia Galera (2016), "Innovating the Provision of Welfare Services Through Collective Action: The Case of Italian Social Cooperatives," *International Review of Sociology*, 31-47.

[4] Article 1 of the law on social cooperatives of 8 November 1991, Number 381.

志愿人员和机构可以成为理事会成员[1]。其他特征包括：① 志愿者可以成为社员，但不能超过总数的50%；② B类合作社中至少30%的工人为弱势群体；③ 利益相关者的治理结构可以包括志愿人员、外部投资社员、法律实体以及工人社员；④ 社会合作社可与私营企业组成联盟，联盟70%的成员须为社会合作社。社会企业的所有权和治理结构使其在传统的商业类型学中具有独特地位。它们与传统的资本主义公司不同，因为它们不为资本所拥有；它们不是非营利性公司，因为它们产生利润；它们与其他的合作社也不相同，因为它们不只追求社员的利益，更追求社区的整体利益；并且采用利益相关者的治理模式而不是以社员为基础的治理模式[2]。

税收优惠。由于社会合作社履行了重要的社会功能，将利润存入准备金，不为社员分配任何累积资产，而是将利润用于长期目标、改善服务和为下一代托管资产，因此社会合作社可以获得税收优惠[3]。政策包括：① 分配给储备金的所有利润免缴公司税；② A类社会合作社缴纳5%的增值税而不是22%；③ B类社会合作社缴纳全额增值税，但为弱势工人缴纳国家保险可以免税；④ 私人捐款为免税。

增长和经济表现。自1991年关于社会合作社的立法通过以来，社会合作社不断发展壮大，并且在医疗和社会服务领域创造了

---

[1] Article 1 of the law on social cooperatives of 8 November 1991, Number 381.
[2] Borzaga, Carlo (2009), "Impresa Sociale," In *Dizionario di Economia Civile*, edited by Luigino Bruni and Stefano Zamagni, 516-526, Rome: Citta' Nuova Editrice.
[3] European Commission (2014), "Country Report Italy," *A Map of Social Enterprises and their Eco-Systems in Europe*, Brussels: European Commission.

意大利40%的就业岗位[1]。这些服务需求主要来自老年人、单亲家庭、移民家庭、精神病患者、儿童早教、儿童保育中心和长期失业人员等。在2013年，社会合作社与774个作为社会企业运营的私营企业、82,231个非营利性组织、数千个私人营利公司在同领域竞争，还是取得了长足的发展[2]：① 注册的社会合作社从1991年的1,293个增加到2013年的13,041个；② 总就业人数从1991年的27,510人增加到2013年的390,079人；③ 营业额从2008年的68亿欧元增加到2013年的101亿欧元。地方政府是社会服务的最大购买者。根据2011年的数据，69%的A类社会合作社和46%的B类社会合作社的业务来自于地方政府的订单[3]。

运作模式。社会合作社有时直接参与市场竞争，但通常通过联盟或其他方式与其他合作社建立联系。意大利有多种联盟的方式，包括联盟模式、联盟财团模式。大多数社会合作社属于小型合作社。据估计，72%的年营业额低于50万欧元，46%的雇佣人数少于19人[4]。大约一半的社会合作社为了提高市场竞争力而加入联盟，那些不加入联盟的社会合作社专注于在本地社区提供单一

---

[1] Brandolini, Andrea (2017), "Lavoro e Disuguaglianza tra Rivoluzione Digitale e Invecchiamento della Popolazione," *"Cooperative Sociali Oltre la Crisi": Assemblea Annuale della Cooperative Sociali Aderenti a Legacoop Emilia-Romagna e Legacoop Sociali*, Rimini, Legacoop Emilia Romagna, 32.

[2] Venturi, Paolo, and Flaviano Zandonai (2014a), *L'Impresa Sociale in Italia: Identita' e Sviluppo in un Quadro di Riforma*, Report of the Italian Social Services Sector, Trento: IRIS.

[3] Carlo, Borzaga and Giulia Galera (2016), "Innovating the Provision of Welfare Services Through Collective Action: The Case of Italian Social Cooperatives," *International Review of Sociology*, 31-47.

[4] Censis, Fondazione (2012), *Primo Rapporto sulla Cooperazione Italiana*, Report on the Italian Cooperative Sector, Rome: Alleanza delle Cooperative Italiane.

服务[1]。对于小型合作社而言，提高竞争力的传统方式是加入联盟。截至 2011 年，社会合作社已经形成了 452 个联盟，总营业额达到 12 亿欧元，约占社会合作社总营业额的 12%[2]。联盟可被视作一个会议场所，用于交换信息和发展战略、洽谈项目，联盟也为其成员竞标和管理项目。根据社会合作社的发展，联盟帮助其改善战略和竞争力、实现规模经济、获取专业知识，实现和其他合作社的协同效应，提供一站式服务[3]。

联盟财团模式是一种独特的商业模式，由吉诺·马塔雷利（Gino Mattarelli）联盟所开创（CGM）。该财团成立于 1987 年，由当地联盟通过业务互补方式形成，并很快发展成为一家为其他较小的、地方性的联盟提供服务的二线财团[4]。这个商业模式的初衷是促进当地小型合作社加入当地联盟，同时又成为 CGM 的成员。其整体战略名为"草莓田发展模式"：合作社保持较小规模（社员最多 30—40 人），地方联盟抓住一切机会建立新合作社[5]。在 2005 年，CGM 成为一个"联合合作社集团"，通过这种模式，CGM 要求附属合作社遵循财团的整体战略，并通过合同明确责任义务。这使得 CGM 和其附属的合作社的关系类似于控股公司，但却没有资本绑定，

---

[1] Venturi, Paolo, and Flaviano Zandonai (2014b), *Ibridi Organizzativi: L'innovazione Sociale Generata dal Gruppo Cooperativo* CGM, Bologna: Il Mulino.

[2] Linguiti, Francesco (2014), "I Consorzi Cooperativi," In *La Cooperazione Italiana negli Anni Della Crisi, Secondo Rapporto Euricse*, edited by Euricse, 53-72, Trento: Euricse.

[3] Alberani, Alberto, and Luciano Marangoni (2009), *Cooperazione Sociale Legacoop in Emilia Romagna: Il Posizionamento Attuale e le Prospettive Future*, Rimini: Maggioli Editore.

[4] Piero, Ammirato (2018), *The Groth of Italian Cooperatives*, New York: Routledge.

[5] 同上。

因此合作社可以随时离开，但因有合同约束，相互关系反而更加紧密[1]。财团的正式成员可以获得认证，并被要求遵守共同的政策、关税和协定。截至 2017 年，CGM 模式已经相当成功，共吸纳 58 个合作社联盟，701 个合作社和非营利组织，共有员工 42,000 人[2]。

2.1.4 日本社会企业发展及政策支持

（1）日本社会企业的概念

2008 年，日本经济产业省发布《社会企业研究会报告》[3]，该报告认为社会企业是运用商业的手法解决社会性问题的一种组织形态，社会性、商业性和创新性是社会企业三大特征。其中，社会性强调社会企业将社会性问题的解决作为组织的使命，社会性问题主要涵盖社会福利、教育、环境、城市建设、公共事业等领域，具体包括为老年人、儿童、女性、刑满释放人员、残障人士等提供相关服务；商业性强调采用商业的手段践行社会企业的组织使命，开展持续的商业活动，具体而言就是通过提供产品或服务的对等价值获得组织可持续发展所需的资金；创新性强调研发新的社会性商品和服务或者提供相关服务的机制，创造新的社会价值。而根据日本内阁府 2015 年发布的《社会企业活动规模调查报告》，社会企业是运用商业的手法解决或改善社会问题的组织，要成为社会企

---

[1] Welfare Italia (2017), *Accredita il tuo Studio Odontodriatico*, Milano, 25 July.
[2] Mattarelli, Consorzio Gino (2022), *Siamo persone, cooperative e imprese sociali che credono nel lavoro. E nel lavoro ben fatto*, Accessed 5 May, 2022. http://cgm.coop/chi-siamo/.
[3] 金仁仙：" 日本社会企业的发展及其经验借鉴"，《上海经济研究》，2016(06)：28—35。

业需要满足组织形态、主要资金收入、项目的主要目标3个方面，具体而言包括7个条件：致力于运用商业的手法解决或改善社会问题；开展商业活动的主要目的不是追求利益，而是解决社会问题；所得收益应主要用于业务的再投资（仅适用于营利法人组织形态的社会企业）；所得利润向出资方或股东分配的比例应当在50%以下（仅适用于营利法人组织形态的社会企业）；商业活动收益占到组织全部收益的50%以上；商业项目收益中公共保险（医疗保险和护理保险等）所得收益占比50%以下；商业项目收益（补贴、会费、捐赠之外的收益）中政府委托性项目收益占比50%以下[①]。

（2）日本社会企业发展的历史背景

社会企业概念开始在日本扩散大概是在2005年前后，塚本一郎和山岸秀雄认为[②]，日本社会企业出现的历史背景主要包括以下几方面：一是1998年出台的《特定非营利活动促进法》（简称"NPO法"），该法律鼓励成立NPO，并将NPO作为社会创业的重要载体，NPO的发展为社会企业的出现奠定了组织基础；二是NPO的商业化，随着NPO法和2001年出台的《认定特定非营利活动法人办法》（简称"认定NPO法人办法"）的出台，NPO不仅在数量上大幅度增加，同时，在NPO内部开始出现商业化趋势；三是地方分权背景下地方财政状况不断恶化，地方政府希望本地居民能够参与地方问题的解决过程；四是劳动者联合组织以及集体组织等将社会企业作为一种新的自我认同；五是联合国可持续

---

① 三菱UFJリサーチ＆コンサルティング株式会社（2015）：『我が国における社会的企業の活動規模に関する調査』，https://www5.cao.go.jp/kyumin_yokin/shingikai/sanko/shiryou_3_3-1.pdf，最后访问日期：2022年5月12日。

② 塚本一郎・山岸秀雄（2008）：『ソーシャル・エンタープライズ—社会貢献をビジネスにする』，丸善出版：61—62。

发展目标（SDGs）促进了企业参与社会问题治理，提升了社会民众对社会企业重要性的认识。

（3）日本社会企业的发展现状

根据日本内阁府 2015 年组织的最近一次的调查，截至 2014 年，日本共有社会企业 20.5 万家（占到所有企业的 11.8%），社会企业创造的附加值为 16 万亿日元（占到 GDP 的 3.3%），有薪员工数量为 577.6 万人，社会企业的社会性商业项目收益为 10.4 万亿日元（占到社会企业所有项目收益的 17.1%）。在社会企业组织形态方面，根据日本内阁府的调查，采用营利法人组织形态的社会企业占比 16.4%，采用一般社团法人的社会企业占比 22.8%，采用一般财团法人的社会企业占比 24.5%，采用公益社团法人的社会企业占比 40.5%，采用公益财团法人的社会企业占比 18.8%[1]。

（4）日本社会企业相关政策

为推进社会企业的发展，日本政府针对社会企业制定了一系列的支持办法，开展了一系列的培育扶持举措。从培育扶持主体层面来看，主要包括中央援助与地方援助；从援助内容层面来看，主要包括改善发展环境、促进社会企业与一般企业的协同发展两方面。

为了有效推进各种培育扶持政策，日本政府制定了培育扶持对象认定筛选标准，凡是符合此类标准的对象都可以成为培育扶持对象。根据日本内阁府 2011 年 2 月发布的《新公共援助事业

---

[1] 三菱 UFJ リサーチ&コンサルティング株式会社（2015）：『我が国における社会的企業の活動規模に関する調査』，https://www5.cao.go.jp/kyumin_yokin/shingikai/sanko/shiryou_3_3-1.pdf，最后访问日期：2022 年 5 月 12 日。

实施纲要》针对援助对象的规定①,符合以下条件的 NPO 法人、志愿者团体、公益法人、社会福利法人、学校法人、地缘组织、协同组合等非营利组织都可以成为援助的对象:具备开展新公共活动的意愿与能力;为了实现新公共所指向的社会、市民等通过自发方式开展活动;为了在资金与活动方面实现独立自主而需要外部援助的组织团体;进行信息公开;持续开展活动的团体;章程或规则中有项目计划书、预算书、决算书等相关内容。而以下组织团体则不属于培育扶持的对象:其活动具有明显的为特定个人或团体谋利的特征;以宗教活动或政治活动(开展政治建议活动情况除外)为主要目的的团体、暴力团体或处于暴力成员统治下的团体。但是,《新公共援助事业实施纲要》把民营企业排除在了培育扶持对象之外。其他不同的援助措施的援助对象认定和筛选方面,则多由不同的援助方自主制定,例如,福井县、德岛县和鹿儿岛县在制定社会企业优惠政策的时候,都需要申请组织通过社会企业事业认定。福井县的认定规定成员在 2 人以上的组织需满足以下条件:正在开展社会企业活动或今后一年内将要开展社会企业活动;原则上参加了福井县社会企业推进协议会主办的"社会企业私塾"培训活动的组织都可以参加认定,通过认定后可以申请当地的各种优惠政策,例如"福井县社会企业创业奖励补助"和"福井县产业振兴援助资金"等。

所谓社会企业的中央扶持政策,主要是指日本中央政府多个部门协同开展对社会企业的培育扶持工作,不过,主要负责管理社

---

① 内閣府(2011):『新しい公共支援事業の実施に関するガイドライン』,http://www5.cao.go.jp/npc/unei/jigyou.html,最后访问时间:2022 年 1 月 19 日。

会企业的是经济产业省。经济产业省为了促进社会企业的发展，成立了"社会企业研究会"，由该研究会负责从国内、国际角度研究社会企业的发展状况。除此之外，经济产业省还支持各种社会企业相关组织的发展，例如，支持由社会企业组成的"社会企业网络"组织的发展，与地方政府的经济产业局以及地区性社会企业推进协会合作召开"地区意见交换会"等。除了经济产业省之外，内阁府以及其他省厅也根据各自的职能开展了相关的扶持工作。例如，内阁府为了支持社会企业促进就业计划，对社会企业开展的人才培养以及创造就业机会等进行援助，推进"地区社会就业创造事业"，制定《新公共援助事业实施纲要》等；在其他省厅方面，厚生劳动省从就业，文部科学省从学校与地区协作、废旧学校再利用、文化遗产有效使用，国土交通省从城市建设，农林水产省从可再生能力利用、农产品品牌创建、传统山区农村和渔村发展，环境省从收益型环境 NPO 和社会企业方面开展了针对性的政策扶持。

除了上述中央省厅开展的培育扶持活动之外，作为地方政府的自治体（主要包括都道府县以及政令指定城市）针对社会企业开展了一系列培育扶持活动。其培育扶持的方式主要包括政府补贴、融资、人才培养、人员派遣、宣传等方面。

总的来说，无论是中央还是地方都试图为社会企业发展创造良好的外部环境，即通过在资金、人才、社会认知等方面的援助，提升社会企业内在发展能力。

第一，税收及资金扶持。 在税收方面，为了更好地推进新公共政策的落实，日本政府在 2011 年的税制改革大纲中引进了"市民公益税制"①。资金方面,包括直接资金援助和间接资金援助。其中,直接资金援助主要是指地方自治体制定了以社会企业为资助对象的补助制度,例如东京都的"中小企业援助基金"、滋贺县的"滋贺新事业援助基金"、大阪府的"大阪地区创造基金"等;间接资金援助方面,主要包括民间融资(信用金库、信用组合、劳动金库等地方性金融机构向以解决地区问题为主要目的的社会企业进行融资)和政府融资(日本政策金融公库对包括非营利法人在内的社会企业进行融资;地方自治体也针对社会企业创立了相关的融资制度,例如北海道创设了针对公益法人、NPO法人等的"新生北海道资金'新蒲公英资金'WIDE 融资"制度)。

第二,人才培养。在人才培养方面,日本中央政府以及各地方自治体结合自身的资源优势制定了各种措施。例如,在中央政府层面,经济产业省开展了培养农村年轻人才的"热心于农村发展的年轻人等培养事业"和培育支持社会企业发展的中介机构的"中介援助功能强化项目";总务省从创造地区活力的角度出发,开展了"地区经营私塾""人才交流广场""地区振兴协同队"等项目;文部科学省从教育的角度出发,促进当地学校与社会企业的合作等。在地方政府层面,很多地方自治体通过开展创业培训、经营培训课程的方式培养社会创业家以及社会企业家精神;通过就业补贴等方式,促进社会企业人才就业。此外,政府与大学合作

---

① 主要包括所得税税前扣除制度的引进(个人或团体向"认定 NPO 法人"捐赠的时候,适用所得税税前扣除制度;公益社团法人、公益财团法人、学校法人、社会福祉法人、更生保护法人满足与 PST 同等要求的条件以及信息公开条件的情况下,捐款适用税前扣除制度)和获得"认定 NPO 法人"资格的认定条件——PST 认定门槛的降低(由原来的相对值标准,即 NPO 法人收入中捐赠的比例在 1/5 以上变更为绝对值标准,即一年内捐款金额在 3,000 日元以上的捐赠者人数在 100 人以上;对于成立未满 5 年的 NPO 法人,可以采用临时认定制度)。

开展社会企业人才培养也成为社会企业家人才培养的一条重要渠道。例如，东京市文京区2011年开始与东京大学合作开办"产学官协同——社会企业家培养行动学习项目开发与地区活力拓展"项目，共同致力于社会企业家人才培养；同志社大学在产学官协同机制下，开办了"社会企业家培养私塾"。此外，社会上还有很多类似的社会企业培养体系，有专门的社会企业家培养机构，即社会企业家大学，在大阪大学、东京工业大学等有独立的社会企业家培养课程设置。

民营企业以及机构也通过与NPO合作等方式培养社会企业家。例如，一些大型民营企业与中介类型的NPO组织合作，培养社会企业家NPO组织通过构建全国性的人才平台为社会企业提供人才支持。

第三，经营扶持。为了支持社会企业事业的发展，经济产业省实施了"中间援助功能强化项目"，试图通过强化支持社会企业发展的中间组织，进而实现社会企业的壮大。地方自治体在社会企业经营过程中，为企业经营提供顾问型人才，例如神奈川县和福冈市向社会企业派遣了当地政府的公务员以及中小企业发展顾问等人才，支持社会企业的发展。

第四，提高社会认知度。为了改善社会对社会企业的认知情况，提高社会企业的社会信任度，日本各级政府充当了宣传员的角色，为普及社会企业知识而奔走。例如，经济产业省通过举办各种评选活动以及出版各种社会企业介绍报告或召开论坛等方式努力提高公众对社会企业的认知度。2009年，经济产业省举办了"社会企业55强"评选活动，2010年出版了《社会企业案例集》报告，每年还召开"社会企业全国论坛"普及社会企业知识。各地方自治体也通过讲座、知识普及型活动等方式为地方社会企业做宣传,在政府内部,针对政府工作人员也开展了一系列的社会企业知识普及活动。

第五,促进社会企业与一般企业的合作与协同发展。为了促进社会企业与其他企业的合作与协同发展,日本政府主要通过中间援助机构①开展扶持工作。例如,2011年,中间援助机构开展了"社会企业和企业合作援助功能强化项目"以及"社会企业共同体新事业开创援助项目"等;地方政府通过工商业相关机构以及市民活动相关机构,为社会企业与NPO、地方政府及民营企业牵线搭桥,促进双方的合作(见表2-2)。

表2-2 日本各级政府为社会企业提供的政策支持

扶持类别	扶持项目	都道府县、省厅/扶持内容
资金扶持	融资	青森县:社会企业扶持资金 神奈川县:社会企业扶持NPO法人融资 富山县:地方贡献型事业 福井县:地方互助业务融资
	补贴	秋田县:社会企业成立补贴 和歌山县:社会企业培育支持项目 爱媛县:地方社会企业培育补贴 大分县:社会企业扶持项目 厚生劳动省:地方创业补贴 市民活动团体等扶持综合项目 经济产业省:企业、市民等协同型环境保护活动示范项目 国土交通省:城市建设规划制定扶持项目 农林水产省:农村景观、自然环境保护示范项目 文部科学省:儿童梦想基金会
	投融资	环境省:社区基金会环境保护促进项目

---

① 根据日本内阁府2011年2月发布的《新公共援助项目实施方针》,所谓的"中间援助机构"是指身处市民、NPO、企业、行政等中间,为各种各样的活动提供支持的组织,其设立主体一般为市民等,为NPO等提供咨询和信息、资源的链接以及政策建议等支持。中间援助机构本身就可以是NPO。

（续表）

扶持类别	扶持项目	都道府县、省厅/扶持内容
合作、委托	委托	厚生劳动省：NPO 法人等委托培训 文部科学省：残障儿童类 NPO 实践研究项目
	合作	国土交通省：安心租赁支持制度 文部科学省：专科学校等中的 NPO 团体职业教育扶持项目
宣传、信息	手册和报告	山形县：编写社会企业手册 千叶县：编写社会企业指南 琦玉县：编写社会企业报告 长野县：编写社会企业先进案例集
	信息	内阁府：建设市民活动信息系统
	宣传	厚生劳动省：志愿者支持项目 农林水产省：农村自然保护活动扶持项目
	网站	群马县：群马@community 冈山县：冈山社会企业
咨询	设置咨询窗口	山形县：Soft Business 滋贺县：社会企业培育企业咨询窗口
	派遣专家	三重县：社会企业专家派遣项目 群马县：群马县社会企业专家派遣
人才培养	讲座	青森县：社会企业人才培训讲座 千叶县：创业家培育项目
	企业家培育	富山县：富山企业未来私塾 大阪府：民间力量支持社会企业家筑底项目
其他	中间援助机构	青森县：青森社会企业专家派遣支持中心 长崎县：社会企业长崎（长崎县的社会企业支持机构）
	提供活动场所	佐贺县：CSO 活动支持办公场所
	表彰	环境省：日本环保杯大赛（Eco Japan Cup） 国土交通省：地方振兴表彰 群马县：社会企业支持项目 大阪府：社会企业奖

资料来源：遠藤ひとみ（2009）：「わが国におけるソーシャルビジネス発展の一過程：パートナーシップの形成に向けて」,『嘉悦大学研究論集』51 卷 3 号：7。

2.1.5 韩国社会企业发展及政策支持

(1) 韩国社会企业的发展背景

在韩国,社会企业通常是指为社会脆弱阶层提供社会服务、就业岗位或者为社区做出贡献来提高当地人民生活质量的企业。韩国社会企业的起步最早可以追溯于20世纪90年代初期成立的劳动合作社。1997年亚洲金融危机之后,为应对急速增长的失业和贫困问题,韩国政府积极开展公共劳动事业,然而只是短期内缓解了就业矛盾。为了避免两极分化日益严重,韩国政府之后采取了一系列举措,如1999年颁布的《国民基本生活保障法》、2003尝试实施的"社会工作岗位事业"项目、2007年颁布实施的《社会企业促进法》等(见表2-3)。

表2-3 韩国社会企业发展脉络

时间	事件	主要内容
20世纪90年代初	成立劳动合作社	成立劳动合作社
1997年	亚洲金融危机爆发	开展公共劳动事业,缓解就业矛盾
1999年	韩国《国民基本生活保障法》颁布实施	根据《国民基本生活保障法》第一条,对生活困难的人实施必要的工资,保障他们的最低生活,帮助他们自救。以地区自立共同体或非营利性市民团体为主体的自立事业大幅活跃起来
2003年	首尔市为解决就业开始尝试"社会工作岗位事业"项目	于2004年向全国推广
2005年	以韩国雇佣劳动部为中心,由相关部门及民间专家组成的"社会工作岗位调查小组"于2005年3月成立	政府开始关注社会企业立法

（续表）

时间	事件	主要内容
2006年12月	国会表决通过《社会企业促进法》（第8217号法律）	该法以"扶持社会企业，扩充在韩国社会并不充分的社会服务，创造就业机会，提升社会融合与国民生活质量"为目的
2007年1月	《社会企业促进法》正式颁布	该法的目的是，支援社会企业，扩充社会未能充分提供的社会服务，创造新的工作岗位，以团结社会和提高国民生活质量
2007年7月	《社会企业促进法》正式实施	该法共由23个条款和2个附则组成
2009年	依照《社会企业促进法》，地方16个道市制定了社会企业扶持的实施细则	每5年对社会企业进行一次推广，制定社会企业推广总规划；每5年进行一次调查，审查社会企业的运行状况
2010年3月	启动社会企业保险支持项目	按照每天8小时，每周40小时最低工资标准
2010年9月	成立"社会企业促进会"	支持社会创业培训，发现新的社会企业模式监督和评估社会企业运营、建设社会企业网站和综合信息系统等
2011年	成立韩国社会企业振兴院	韩国雇佣劳动部不再处理社会企业相关认证工作，而是委托该院开展社会企业推广、社会企业认证、教育和培训等相关工作
2011年12月	国会批准《社会企业促进法部分改正案》并于2012年2月1日正式实施	该改正案旨在通过加强当前的社会企业认证制度到注册制度来减少社会企业的进入壁垒，并通过加强社会企业的评估和透明度来增加社会价值创造的成果
2012年7月	成立了亚洲首个社会投资基金——首尔特别市社会投资基金	主要为社会企业提供融资与投资服务
2012年12月1日	《合作社基本法》（第11211号法律）颁布实施	希望通过合作社的形式，对弱势群体提供社会服务或工作岗位，并为社区发展做出贡献，完善政府的福利功能，实现社会团结
2013年3月	开展"学院项目"（社会企业教育培训项目）	在三所主要大学推出"社会企业领袖计划"面向有创意的学生，面向公众，举办社会创业大赛，发现和发展创新的社会企业模式
2013年5月	成立国民幸福基金	目的是减轻低收入家庭的实质性金融负担，稳定金融市场，促进经济发展

(续表)

时间	事件	主要内容
2013年9月	开启"二次社会企业育成基本计划"	巩固社会企业发展成果,推动社会企业可持续发展,强化社会企业解决就业和促进地区发展的能力
2015年	釜山大学设立首个社会企业硕士研究生专业	储备社会企业高级人才
2017年	韩国政府发布搞活社会经济方案并推动制定《社会经济基本法》	目的是提供涵盖各种社会和经济组织的共同法律框架,包括社会企业,合作社,乡村企业,自营企业,农业和渔业社区公司,共同金融,非营利组织,社会金融机构,中介支持组织。通过制定有关社会经济发展政策,概括和协调相关事项,有效地支持国家层面的社会经济,建立地方政府公私合作的政策促进体系。目的是创建一个合作社生态系统,以增强社会经济的可持续能力
2019年8月20日	《社会企业促进法修正案》获得国务会议表决通过。这项修订旨在将现行的社会企业认证制度改为登记制	改革后的社会企业登记制将发挥降低社会企业进入门槛,加强社会企业的评估和透明度,促进社会价值创造的作用

来源:李庆,"韩国社会企业发展脉络、新动向与启示",《经济论坛》,2020(03):124—133。

(2)韩国社会企业的发展现状

截至2021年年底,韩国共有获得认证的社会企业共3,625家(3,126家社会企业正常运营),其中2021年认证社会企业总数增加了500家,社会企业职工也增加了7,218人,是近五年来增幅最大的一年。韩国就业和劳动部对社会企业提交的《2020年工作报告》进行分析后发现,社会企业整体销售额大幅增长。社会企业2020年总销售额为5.2939万亿韩元,同比增长9.9%,民间销售额占总销售额的一半以上(56.6%),具体见图2-1。

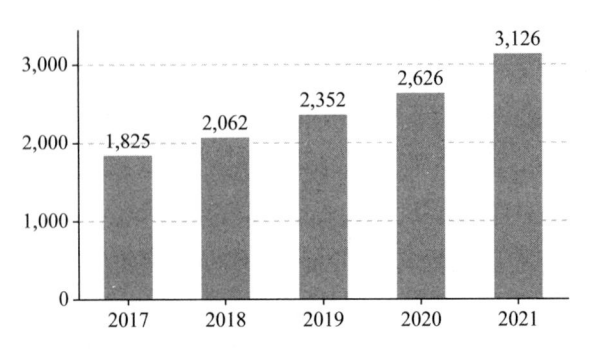

```
3,000                                    3,126
                              2,626
                      2,352
         2,062
2,000  1,825
1,000
   0
      2017   2018   2019   2020   2021
```

图 2-1　韩国社会企业近五年数量图

来源：韩国社会企业振兴院，https://socialenterprise.or.kr。

从韩国 2019 年社会企业业绩分析报告来看，韩国认证社会企业共分为五种类型，其中就业岗位提供型数量最多，其他（创意革新）型其次；组织形式分为八类，其中商法公司数量最多，民法公司、一般/社会合作社其次（见表 2-4）。

表 2-4　韩国社会企业组织类型与形式数量表

		2017	2018	2019
组织类型	就业岗位提供型	1,255	1,390	1,567
	社会服务提供型	113	125	143
	混合型	170	184	191
	其他（创意革新）型	200	243	301
	地区社会贡献型	87	120	150
组织形式	民法公司	240	272	308
	非营利性民间团体	122	104	115
	社会福利法人	70	66	63
	商法公司	1,135	1,301	1,469
	消费者生活合作社	4	5	9
	农业工会法人	68	77	74

（续表）

		2017	**2018**	**2019**
组织形式	一般/社会合作社	183	236	314
	其他	3	1	0
总计		1,825	2,602	2,352

来源：韩国社会企业振兴院，https://socialenterprise.or.kr。

（3）韩国社会企业的相关政策

社会企业在帮扶弱势群体、提供社会服务方面发挥了重要作用，越来越多的国家和地区制定专门政策促进社会企业的发展。扶持社会企业的各种政策能够改变或创造以市场运行为原则的企业生态系统。根据近年来韩国发布的各种社会企业扶持政策，大体可分为三个维度：法律维度、财政维度、企业成长维度。

法律维度。韩国是目前亚洲第一个颁布社会企业专门法的国家，其对社会企业的法律支持体系较亚洲其他国家相比更为完善。自2007年《社会企业促进法》颁布实施，韩国社会企业的经营支援、教育训练支援、设施费等的支援、税收优惠以及社会保险支持、认证及撤销、社会服务提供及对社会企业的财政支持等各方面都在法律条文中有了明确的界定。此外，依照《社会企业促进法》，地方16个道市也制定了相关的社会企业促进实施细则，并规定每5年对社会企业进行一次推广，制定社会企业推广总规划；每5年进行一次调查，审查社会企业的运行状况。

财政维度。对于韩国社会企业的财政支持主要体现在费用支援项目（见表2-5）、支援水平及支援期限（见表2-6）、金融需求细节等方面。其中费用支援项目包括人工成本支援费、事业开发费、经营咨询费、社会保险费支援、税制支援、公共机关优先购买、销路支援、金融支持、民间资源链接计划等。政府援助资金的数额正在逐年增加，就政府援助金而言，2018年与上年相比，增长约24.5%，2019年比前一年大幅增长约40.8%。政府在社会企业所依赖的传统手段基础上也发展出更多资金资助选择，如雇佣劳动部为提升社会企业的育成率与成长率会提供业务开发费用的支持或母体基金，中小企业风险部为防范社会风险提供相应的小型企业专用资金及社会冲击基金。

表2-5 韩国社会企业财政支援项目

	项目	内容
社会企业和预备社会企业	人工成本支援费	1. 支援新雇用所需的部分人工费（最低工资水平人工费和四大社会保险费的一部分） 2. 雇用专业人才时支援人工费 3. 社会企业每企业2人（有薪50人以上的企业3人），预备社会企业每企业1人
	事业开发费	研发、营销、品牌等经常性项目经费支持（社会企业年1亿韩元以内，预备社会企业年5,000万韩元以内，但从2018年起将资助对象扩大到整个社会经济企业）
	经营咨询费	来自专业咨询机构的技术支持和咨询费用支持
	社会保险费支援	四年内部分支援四大社会保险费
	税制支援	所得税、法人税、所得税、注册税、财产税等方面的减免优惠
	公共机关优先购买	向公共机构购买产品，为社会企业提供保护市场
	销路支援	1. 产品诊断和改进支持 2. 电视购物、百货商店、博览会及e-store 36.5+等线上和线下流通频道入驻支持 3. 通过社会经济销路整合平台（e-store 36.5+）构建和扩散销路支持基础设施
	金融支持	为社会企业提供专项政策资金，包括微笑融资、中小企业政策资金、社会企业分享担保、社会企业专用特例担保等支持
	民间资源链接计划	建立公共—民间关系基础，发掘参与企业等

来源：韩国社会企业振兴院，https://socialenterprise.or.kr。

表2-6 财政支援各项目的支援水平及支援期限

	创造工作岗位	专业人才	事业开发费	社会保险费
主要支持内容	最低工资水平劳务费+业主社会保险费负担部分	每月200万韩元/250万韩元限度（认证2，预备1人）×自负负担10/20/30/50%	认证：每年1亿韩元 预备：每年5,000万韩元以内 ×自负负担10/20/30%	事业主负担社会保险费支援限度50名 ×认证企业才有资格
申请期限	支援开始之日起12个月	支援开始之日起12个月	支援开始之日起12个月	—
支援期的计算方法	（预备）自指定之日起3年内，最长支援期限2年 （认证）认证后，自该事业的支援开始之日起5年内，最长支援期限为3年	（预备）自指定之日起3年内，最长支援期限2年 （认证）认证后，自该事业的支援开始之日起5年内，最长支援期限为3年	（预备）自指定之日起3年内，最长支援期限2年 （认证）认证后，自项目支援开始之日起5年内，最长支援期限为3年 （社会合作社、乡镇企业、自立企业）事业开发费支援开始之日起3年内，最长2年	（认证）认证后，自相关项目开始支援之日起5年内，最长支援期限为4年

来源：韩国社会企业振兴院，https://socialenterprise.or.kr。

能力建设。为了更好地培育和发展社会企业，韩国也做出了一系列的能力建设等政策支持。一方面，为给社会企业的设立及运营提供更好的专业咨询和信息服务，以圈为单位，在全国13个地区选定社会企业扶持机构，委托其开展相关扶持工作；另一方面，进行培养青年等社会企业家、支持发展科技合作组织、鼓励青年创新创业等事业帮助社会企业加强人力资源储备。韩国在釜山大学设立首个社会企业硕士研究生专业，同时面向有创意的学生和公众，举办社会创业大赛，发现和发展创新的社会企业模式。韩国社会企业振兴院和雇佣劳工部多次开展社会企业工作者讲座、社会企业校园宣传活动及相关培训课程等活动，帮助社会企业培育及提高现有人才的业务能力水平。

宣传倡导。政府在一定程度上发挥了倡导功能，帮助社会企业建立文化认同。如文化和旅游部开展文化办学、支持文化艺术领域社会企业的经济振兴等活动，教育部举办社会企业学校合作社等。为提高全社会对社会企业的认识，韩国将《社会企业促进法》的实施日专门设为"社会企业之日"，并在当天举行社会企业活动家活动、社会企业博览会、社会企业家奖颁奖等多种多样的宣传活动。

（4）韩国政府对社会企业的监管

韩国政府对于社会企业的监管主要从两个方面展开：一是严格按照相关的法律法规对社会企业的认证及惩罚做出明确的规定；二是对社会企业展开绩效分析和社会价值能力评估，综合衡量社会企业的价值。2019年之前，韩国社会企业引入了严格的认证制度，社会企业必须符合7项认证条件并得到政府认证，其基本用途是确保征税资料及监督营业活动等。这一体系在短期内对韩国社会企业的发展起到了重要作用，不仅使得政府可以集中监管及援助，更是提升了社会对社会企业的信赖，并提高社会大众对社会企业的认知水平。2019年《社会企业促进法修正案》通过后，韩国开始实施社会企业登记制，社会企业的准入条件大大简化。此外，社会企业须把每年的业绩、利益相关者参与政策制定的内容以及所有依据雇佣劳动部令规定的事业报告提交给雇佣劳动部，雇佣劳动部基于报告审查、指导、监督及评价，根据情况可以责令社会企业进行整改。

对社会企业展开的绩效分析主要分为社会绩效分析与经济绩效分析，其中包括弱势群体的雇佣、社会服务的提供、企业治理架构、用于社会目的的再投资等指标，并建立了一套完整的社会价值指标（SVI），以增强社会企业的社会价值管理，更综合、客观地衡量通过组织运营所创造的社会绩效及其影响。通过绩效分析和社会价值能力评估，一是可以衡量社会企业创造的社会价值水平，并进行相关反馈以帮助社会企业提高社会价值；二是为社会企业的评比表彰提供了目标指引，可以直接应用或作为政策扶持时的客观依据。

（5）韩国社会企业存在的问题

首先，社会企业的进入门槛较高。2007年实施的《社会企业促进法》所规定的社会企业类型范围比较狭窄，虽然2019年韩国《社会企业促进法修正案》旨在将现行的社会企业认证制度改为登记制，但社会企业的进入门槛仍然较高，部分致力于社会服务的公益性与非营利性社会企业仍然得不到正式承认，许多社会企业认为政策感受度较低，它们并没有得到应有的认可。

其次，过度依赖政府等外部资源扶持。社会企业的发展不仅需要政府的推动和扶持，也需要社会企业自身做好战略规划，建立核心竞争力。就目前来看，政府的财政等扶持政策较多，导致韩国部分社会企业过于依赖政府扶持，尤其是一些劳动密集型企业，市场竞争激烈且附加值低，其发展高度依赖国家政策，而自身的"造血能力"却被逐渐弱化，甚至会导致市场经济扭曲和多元社会企业趋同等负面效应。财政支持虽然能帮扶社会企业度过初创期，但社会企业单纯依靠政府财政支持难以实现可持续发展。

最后，缺乏有效的沟通合作体制。目前，韩国社会企业的政策支持和外部资助系统仍主要停留在广域市（指韩国的中央直辖市，人口在 100 万人以上，韩国除首都首尔特别市外，现有 6 个广域市），如开展的社会企业创业项目、销售渠道支持、行业网络等项目，仅在广域市或以大城市为中心进行，因此，基层地方自治团体乃至村级的沟通不紧密。此外，部分市政公共项目往往不是通过公私协商过程进行的，而是单方面进行的，基层地方政府与社会企业的合作程度仍然较低。

2.2 中国社会企业的发展特点

2.2.1 中国社会企业的兴起和生成路径

在我国，社会企业的概念最早在香港地区等地被接受，内地直到 2006 年，社会企业的概念才开始被广泛关注。不过，在实践中，与社会企业有类似功能的准社会企业，"即以追求社会利益为目的的企业"，早在 19 世纪 50 年代，就以社会福利企业的形式在中国出现了。也有学者从社会企业的历史思想基础角度出发，认为儒家"义利兼顾"思想和近代洋务运动中实业救国的实践是社会企业在中国发展的思想基础和最早的历史实践[①]。20 世纪 90 年代以来，我国的公益组织开始蓬勃发展，社会企业的早期形态也开始出现。宏观来看，社会企业在中国的兴起同西方国家相比，既有

[①] 刘志阳、王陆峰："中国社会企业的生成逻辑"，《学术月刊》，2019，51(10)：82—91。

一致性,也有其特殊性①,主要受到来自政府、市场、第三部门、国际机构等多重驱动力量的影响②。

从政府部门来看,我国经济体制转轨和政府职能转变为社会组织发展和社会企业兴起创造了制度空间。首先,在计划经济时期,政府几乎掌握着所有的资源,成为提供公共服务的唯一主体,社会福利由国家包办。在从计划经济向市场经济转型时期,中国的社会政策体制在劳动就业、社会保障与社会福利领域面临着种种挑战。社会资源的分散化、社会利益的多元化,以及社会需求的多元化,都迫使原来的公共服务供给方式发生根本性变化。中央政府采取分权化和民营化为导向的改革措施,出现了社会公共服务供给市场化和私有化的趋势。其次,市场体制的改革也要求政府必须转变职能,让渡出公共服务的空间给社会组织提供。政府采购为社会企业参与公共服务提供了机会。由于政府只能提供最基本的公共服务,且服务的针对性和灵活性较低,效率难以提高,因此政府需要通过财政转移、购买服务、委托代理等方式让专业性更强的社会组织提供公共服务③。社会企业由于用商业模式解决社会和环境问题,其部分收入来源于市场经营,对社会捐赠与政府补贴的依赖程度较低,财务自主性较强,既能满足服务对象的需求,又能为政府节省财政开支,因此政府愿意通过招标方式购买社会企业的服务以满足不同层次、不同群体的社会需求。特别是2013年国务院办公厅下发《关于政府向社会力量购买服务的指导意见》,提出

---

① 李健、王名:"社会企业与社会治理创新:模式与路径",《北京航空航天大学学报》(社会科学版),2015,28(03):9—15。

② 余晓敏、丁开杰:"社会企业发展路径:国际比较及中国经验",《中国行政管理》,2011(08):61—65。

③ 舒博:《社会企业的崛起及其在中国的发展》,天津人民出版社2010年版。

要充分认识政府向社会力量购买服务的重要性以及正确把握政府向社会力量购买服务的总体方向。《意见》的出台极大地促进了各类社会组织积极参与公共服务供给,为其获得相应资源提供了良好的契机。2013年后中国成立的社会企业数量得到显著增长[1]。

从市场部门来看,企业履行社会责任(CSR)的兴起为社会企业创造了支持条件[2]。改革开放以来,市场经济的高速发展、资本的快速积累和扩张为社会带来巨大的物质财富,但也带来了诸如贫富差距过大、环境污染、贫困、健康水平下降、犯罪率高等社会矛盾和社会问题。传统的单纯依靠政府或慈善的问题解决方案面临效能低下、资金瓶颈、绩效不彰等多重失灵的困境。企业是当代社会的中坚力量和经济基础,企业作为经济人与道德人的统一,既要承担经济建设责任,更要承担伦理道德建设责任。政府开始陆续制定和颁布对企业社会责任方面的规定。一方面迫于政府和公众的压力,一方面出于公司发展的战略性要求,许多企业家主动通过提升公司治理水平来促进企业社会责任行为,将承担社会责任视为一种符合企业长远利益和赢得社会声誉的公司行为。具体来说,从长远利益考虑,企业不仅积极参与慈善捐赠推动社会公益事业,而且开始投身公益创投,为社会企业的发展创造了支持条件。如2007年联想集团启动了"联想公益创投计划",在全国范围内征集公益组织,为其提供能力建设和孵化支持。企业的公益创投计划,不仅为处于初创阶段的社会企业提供了创业资金,同时在

---

[1] 北京市社启社会组织建设促进中心、南都公益基金会编:《中国社会企业与社会投资行业调研报告 No.1》,社会科学文献出版社2019年版。

[2] Defourny, J. and Kim, S. Y. (2011), "Emerging models of social enterprise in Eastern Asia: across-country analysis," *Social Enterprise Journal*.

能力建设、知识技能管理等方面给予了社会创业团体全方位的支持，帮助社会创业者把创业的理想变为社会企业的实践。

从第三部门发育来看，非营利组织迫于组织变革的需求，有逐步市场化的趋势[①]。我国非营利组织长期面临资源匮乏的发展困境。现有的非营利组织主要资金来源是政府和基金会，然而近年来政府逐渐转变了同社会组织的合作方式，大幅度缩减了直接资助的比例，转向以购买服务为基础的契约合作为主，那些过度依赖政府资助或慈善捐赠的非营利组织极易陷入资金链断裂的困境和财务危机。为了摆脱资金依赖和资金困境，越来越多的非营利组织开始实践市场化的运作模式，积极寻求自立自足的发展之道，依靠服务收费和经营性收入弥补资金来源的不足。特别是那些难以获得民办非企业注册的草根社会组织，由于身份的限制，很难获得政府的资助或慈善捐赠，转型为社会企业似乎是一条保持财务自主的重要途径。社会企业倡导多元化的收入策略，倡导从市场获得收入来源而不是一味地依赖资助或捐赠，主张资金上的自给自足。社会企业可以使公益组织既能保持实现社会价值的目标不变，又能有盈利，实现可持续发展，越来越多的非营利组织选择进行组织创新，转型为社会企业。另外，国内一些大型的基金会和行业论坛也为社会企业在国内的兴起提供了资金支持和社群支持。《中国社会企业与社会投资行业扫描调研报告2019》指出，基金会是目前社会企业的主要投资主体，通过公益创投和影响力投资两种方式支持初创期和成长期的社会企业，特别是活跃在教育培训、

[①] 余晓敏、丁开杰："社会企业发展路径：国际比较及中国经验"，《中国行政管理》，2011(08)：61—65。

医疗健康、行业支持、减少贫困等领域的社会企业①。国内基金会和社会投资基金推动组织开展了一系列社会企业的培训与考察活动,还设立了社会企业奖、社会企业支持基金。2014年,南都公益基金会联合国内15家知名基金会和公益创投机构发起了中国社会企业与社会投资论坛(China Social Enterprises and Investment Forum),极大地支持了社会企业在中国的影响力传播和企业发展。

从国际机构影响来看,国际组织和机构的支持直接促进了社会企业在国内的蓬勃发展。近年来一些国外的组织和国际机构通过论坛和研讨会的方式传播社会企业的国际的理念和实践。例如从2008年起,英国大使馆文化教育处先后联合友成基金会、南都公益基金会等国内机构开展了"社会企业家技能培训"项目,旨在向希望解决社会问题或已经付诸实践的社会企业家、非政府机构从业者、社区领导者和年轻人,提供技能培训、导师计划、英国的专业支持及对接社会投资的机会。该项目在国内培训了380多名学员,并有数十家机构获得了项目资助②。总之,在三大部门和国际机构的合力推动下,社会企业逐渐在我国蓬勃发展起来。

社会企业在我国传播和兴起的十余年间,在实践领域出现了一股社会企业的热潮。从社会企业的成长路径来看,其可以由其他组织转型发展而来,而近些年由于社会企业受到普遍关注,扶持政策也不断出台和完善,陆续出现了自发性建立的社会企业。从转型的视角来看,我国社会企业的生成路径主要包括四种:非营利组织市

---

① 北京市社启社会组织建设促进中心、南都公益基金会编:《中国社会企业与社会投资行业调研报告No.1》,社会科学文献出版社2019年版。

② 余晓敏、丁开杰:"社会企业发展路径:国际比较及中国经验",《中国行政管理》,2011(08):61—65。

场化转型而来[1],商业企业公益化转型而来[2],公益类事业单位向社会企业转型以及自发性社会企业[3][4]。

(1)非营利组织市场化转型

如上文所述,对我国的非营利组织,尤其是非政府组织(NGO)而言,资源匮乏、资金短缺一直是制约发展的瓶颈。随着市场的不断完善和发展,市场需要主体不断调整创新,适应新形势和新局面。为了解决资金匮乏、资源依赖等问题,非营利组织开始越来越多地借鉴企业的做法,依靠企业家精神与全新的定位,通过提供适合市场需要、有一定竞争力的产品和服务来实现盈利,从而获得资金上的独立自主,这越来越成为一种趋势[5]。非营利组织通过向社会企业嬗变,依靠服务收费和经营性收入来弥补资金不足,拓宽收入渠道,实行市场化和商业化的转型。社会企业既能兼顾社会公益目标的实现,又能赚取盈余维持机构的可持续发展,创新整合资源进行交叉定价,为非营利组织转型提供了范式。在目前国情下,非营利组织向社会企业转型很好地应对了三重失灵问题,实现了公共利益和社会利益的结合,创造了更加可持续的社会价值。需要注意的是,非营利组织转型为社会企业,它的法律形式依然是社会组织,具有非营利性,遵循不分红的原则,以确保其使命不发生漂移。

---

[1] 刘志阳、王陆峰:"中国社会企业的生成逻辑",《学术月刊》,2019,51(10):82—91。

[2] 李丹:"中国社会企业多元制度逻辑的管理模式与机制研究",电子科技大学博士论文,2019。

[3] 徐晓新、张秀兰、余晓敏:"公益类事业单位改革:来自社会企业的启示",《北京师范大学学报》(社会科学版),2013(05):107—114。

[4] 江亚洲、施从美:"公益事业单位向社会企业转型的可行性分析——基于苏州三家医院转型经验的比较",《中共福建省委党校学报》,2018(02):87—94。

[5] 李健:"破解社会企业发展的'中国式'困境:一个定价视角",《中国行政管理》,2015(08):121—125。

但是，尽管社会企业模式是非营利组织转型的一种路径，但不是所有的非营利组织都适合社会企业模式，因为社会企业有其适用范围，部分社会问题和公共服务还需要依靠传统非营利组织的纯公益模式来解决。当然，非营利组织想要实现可持续发展，就必须不断创新和拓宽资源渠道以减轻对任何一种资源的依赖性。就我国目前国情来讲，公益慈善领域的主流依旧是纯公益模式，社会企业模式是纯公益模式的一种补充，可以成为社会组织转型的选择之一。从本质上来说，纯公益模式和社会企业模式是两种路径，那么在确保实现公益性使命的前提下，非营利组织根据自身的定位和资源可及性，哪种路径更适合自己就选择哪种。例如有的非营利组织有稳定的慈善捐赠来源，就可以选择原有的公益模式；而有些非营利组织捐赠来源不稳定，自身造血能力不足，那么就可以尝试创新，采用社会企业模式，通过参与市场竞争来提供社会服务[1]。

（2）商业企业公益化转型

如上文所述，随着新《公司法》的实施，企业社会责任意识在我国开始兴起并得到广泛传播。不少商业企业开始意识到主动承担企业社会责任的重要性，将承担社会责任视为一种符合企业长远利益和赢得社会声誉的公司行为。企业通过新建或者转型发展，主动转型为倡导"共享价值"的社会企业[2]。共享价值是一道经济价值和社会价值之间的桥梁。共享价值是指能够增强企业的竞争力，同时改善企业所处的经济和社会环境的各项政策与经营

---

[1] 朱静："社会组织向社会企业转型的研究——以南京市A公益发展中心为例"，南京师范大学硕士论文，2016。

[2] Kramer, M. R. and Porter, M., 2011, *Creating Shared Value* (Vol.17), Boston, MA, USA: FSG.

举措,创造共享价值的重点是找出社会进步与经济发展之间的联系,并加以拓展。当企业在价值主张中兼顾了社会利益时,它的社会责任才有战略意义。企业开始识别这些社会需求,并通过提供新技术、新方法和创新管理方式来解决社会议题,并同时提升自身生产力,扩大市场,为企业和社会创造共享价值,实现由商业企业向社会企业的转型。

(3)公益类事业单位向社会企业转型

事业单位改革是我国行政体制改革和社会能力建设的重要组成部分,事关中国服务型政府和公共服务体系建设,是近年来政府大力推动的重要工作。2011年3月中共中央、国务院下发的《中共中央国务院关于分类推进事业单位改革的指导意见》,明确提出了新一轮事业单位改革的基本路径和总体目标。该《意见》将事业单位分为三类,其中要求承担行政职能的事业单位直接转为行政机构或者将其行政职能划归行政机构;将从事生产经营活动的事业单位逐步转为企业;对从事公益服务的公益类事业单位保留原来序列,强化其公益属性。公益类事业单位因为其改革路径的不明确性成为这一轮改革的难点,特别是那些可由市场配置资源的公益二类事业单位。公益类事业单位转型后会面临一系列的管理体制机制上的障碍和资源不足的问题,造成公益类事业单位在改革中公益性定位虚化和公益服务能力不足[1]、公益服务能力弱化和公益职能弱化[2]的问题。公益类事业单位有严重的行政化倾

---

[1] 徐晓新、张秀兰、余晓敏:"公益类事业单位改革:来自社会企业的启示",《北京师范大学学报》(社会科学版),2013(05):107—114。
[2] 江亚洲、施从美:"公益事业单位向社会企业转型的可行性分析——基于苏州三家医院转型经验的比较",《中共福建省委党校学报》,2018(02):87—94。

向,高度依赖政府资源,转型后面临经费不足和公益服务动机弱化的问题,大大削弱了其公益服务能力。另一方面,公益类事业单位在改革过程中偏离公益导向,变相追求小群体利益和利润最大化,损害社会的整体利益。江亚洲和施从美认为社会企业家精神可以强化公益事业单位转型后的社会责任和社会动机,可以为转型带来组织革新与活力,具有理论上的契合性。公益事业单位在转型过程中可以在目标定位、实现机制以及能力建设上借鉴社会企业的优势,探索公益事业单位的新方向①。

(4)自发性社会企业

除了以上三种途径,近年来随着社会企业的推广和传播,各级政府扶持社会企业政策的不断出台和双创热潮的涌现,西方社会企业理念越来越被关注并接受,越来越多的民间力量开始尝试直接设立新的社会企业,而不是由传统的非营利组织或商业企业转型②③④。这种创业模式与前面几种出于发展困境等原因而不得不选择转型为社会企业的途径在创办动机和运作模式等诸多方面存在很大的不同。苗青根据商业活动和社会目标的不同关系将这类自发性社会企业分为创业支持模式、市场中介模式、就业模式、有偿服务模式、服务补贴模式、市场联动模式与组织支持模式七种类型⑤。社会企业的大规模涌现更是与社会企业家群体的崛起有

---

① 江亚洲、施从美:"公益事业单位向社会企业转型的可行性分析——基于苏州三家医院转型经验的比较",《中共福建省委党校学报》,2018(02):87—94。
② 蒋闰婧:"我国社会企业的成长路径研究",浙江大学硕士论文,2019。
③ 舒博:《社会企业的崛起及其在中国的发展》,天津人民出版社2010年版。
④ 刘志阳、王陆峰:"中国社会企业的生成逻辑",《学术月刊》,2019,51(10):82—91。
⑤ 苗青:《社会企业:链接商业与公益》,浙江大学出版社2014年版。

关，他们创造性地将未解决的社会问题看作新的商业机会，积极采用创新策略参与社会问题的解决，这种自发性社会企业也推动了新的社会市场的产生。

2.2.2 中国社会企业的内涵与制度逻辑

社会企业的内涵并非一成不变，社会企业也并非一个全新的组织形式，它是组织间和部门间的边界越来越模糊，组织变革发展的结果。克林（Kerlin）认为，社会企业没有也不需要一个统一的定义，各个国家因其历史、制度形式、市场范式以及公民社会形态的差异而发展出不同特征的社会企业[1]。但是，其"混合性"（hybridity）被学者们一致认为是社会企业的典型属性[2][3]。

制度逻辑是理解社会系统中制度、组织以及个体之间运行和联系的核心概念。制度主义理论认为，制度逻辑是指社会层面共享的信仰、规范和价值观，其决定了组织合法性目标以及实现目标的方法和行为[4]。制度化的组织基于对外界制度环境的反应而产生不同的制度逻辑，不同的群体和相关者因此践行不同的价值观和规

---

[1] Kerlin, J. A. (2013), "Defining social enterprise across different contexts: A conceptual framework based on institutional factors," *Nonprofit and Voluntary Sector Quarterly*, 12(1), 84–108.

[2] Pache, A. C. and Santos, F. (2013), "Embedded in hybrid contexts: How individuals in organizations respond to competing institutional logics," in *Institutional Logics in Action*, part B, Emerald Group Publishing Limited.

[3] Doherty, B., Foster, G., Meehan, J., and Mason, C. (2009), *Management for Social Enterprise*, New York: Sage Publications.

[4] Scott, W. R. (1994), "Institutions and organizations: Toward a theoretical synthesis," *Institutional Environments and Organizations: Structural Complexity and Individualism*, pp.55–80.

则,以应对规制合法性、规范合法性和认知合法性的要求[1]。混合性组织是指融合了两种及以上的组织范式、制度逻辑和价值主张的组织形式。混合性组织的一个典型特征就是组织场域中往往存在多元制度逻辑,而这些制度逻辑之间往往代表不同的甚至是相互冲突的组织诉求[2][3],这些差异化的组织诉求代表了不同的目标,因此在满足一种制度逻辑的需求的同时有可能会损害另外的需求,从而不利于组织合法性的建立。贝沙洛夫和史密斯(Besharov and Smith)从制度逻辑的兼容程度和制度逻辑对组织目标的重要性两个维度来探讨社会企业内部制度逻辑的混合性[4]。研究发现社会企业是典型的竞争性混合组织,即社会企业内部的多元制度逻辑之间兼容程度较低,且不同的制度逻辑对组织目标的实现都至关重要,因此,如何以创新的方式将两种甚至多种制度逻辑融合在社会企业中并兼容它们的诉求是实现社会企业多重目标的关键。

大部分学者认同社会企业内部存在两种不同的制度逻辑:市场商业逻辑和社会公益逻辑。帕赫和桑托斯(Pache and Santos)指出,社会企业内部的商业逻辑(commercial logic)和社会公益逻辑(social welfare logic)是相互独立且相互竞争的。两种制度

---

[1] D'Aunno, T., Sutton, R. I., and Price, R. H. (1991), "Isomorphism and external support in conflicting institutional environments: A study of drug abuse treatment units," *Academy of Management Journal*, 34(3), pp.636−661.

[2] Goodrick, E. and Salancik, G. R. (1996), "Organizational discretion in responding to institutional practices: Hospitals and cesarean births," *Administrative Science Quarterly*, pp.1−28.

[3] Greenwood, R., Raynard, M., Kodeih, F., Micelotta, E. R., and Lounsbury, M. (2011), "Institutional complexity and organizational responses," *Academy of Management Annals*, 5(1), pp.317−371.

[4] Besharov, M. L. and Smith, W. K. (2014), "Multiple institutional logics in organizations: Explaining their varied nature and implications," *Academy of Management Review*, 39(3), pp.364−381.

逻辑在组织目标、组织形式、内部治理和合法性来源上都存在显著差异[1]。商业逻辑追求合法性利润和商业效率,遵循市场规律和科学管理主义;社会公益逻辑则以解决社会需求和社会问题为首要目标,强调民主自治。混合性是一把双刃剑,它在为社会企业带来创新和多样化资源的同时,对其目标管理、人力资源管理、财务资源管理,特别是绩效评估等方面带来一定的治理冲突和内外部合法性困境。

从组织目标来看,社会企业兼具营利性与社会性的双重特性。社会企业旨在通过商业的手段来达成社会目标的实现。从组织目标来看,社会企业同非营利组织一样是为了创造某种社会价值,解决某方面的社会问题,比如创造就业、解决贫困、推动教育公平等。但是另一方面,社会企业需要像传统企业一样展开市场活动并创造财务盈余。从合法性来看,社会企业为了财务的可持续性是可以赢利(profit making)的,但不能追求利润最大化(profit maximising)。社会企业的赢利活动只是社会企业获取足够的财力资源,从而可持续地完成社会目标的一种手段,而不是最终目的[2]。另外,有的社会企业是从公共部门衍生出来的,或者以承接政府的竞争性合同为主要业务活动,因此这类社会企业还兼具政府逻辑[3]。

---

[1] Pache, A. C. and Santos, F. (2013), "Embedded in hybrid contexts: How individuals in organizations respond to competing institutional logics," in *Institutional Logics in Action*, part B, Emerald Group Publishing Limited.

[2] Wilson, F. and Post, J. E. (2013), "Business models for people, planet (& profits): Exploring the phenomena of social business, a market-based approach to social value creation," *Small Business Economics*, 40(3), pp.715–737.

[3] Spear, R., Cornforth, C. and Aiken, M. (2009), "The governance challenges of social enterprises: Evidence from a UK empirical study," *Annals of Public and Cooperative Economics*, 80(2), pp.247–273.

因此，社会企业不仅需要平衡商业目标和社会价值创造之间的关系，协调社会价值和经济价值的创造，还往往面临不同利益相关者的不同需求，而这些需求往往是相互竞争且存在冲突的。因此，这种目标的双重性和制度逻辑的混合性极易使得社会企业的内部治理不稳定并陷入使命漂移的困境。所谓使命漂移(mission drift)是指社会企业在经营过程中发生的组织变化，组织偏离其主要的目标和使命[①]。在社会企业的经营中，如果一味地追求社会价值的实现而不顾商业模式的可持续性，最终极易成为严重依赖捐赠和资助的非营利组织；同样地，如果一味地追求利润和商业逻辑的实现，又最终会使得社会企业的社会价值受到损害[②]。

2.2.3 中国社会企业的类型学分析

官有垣、王仕图和杜承嵘认为中国台湾地区的社会企业大致上可分为五种类型：工作整合型、地方小区发展型、服务提供与产品销售型、公益创投的独立企业型和社会合作社[③]。陈锦棠认为中国香港的社会企业并无统一定义和模式，并大体分为五类：(a)公司或中小企业模式；(b)附属单位模式；(c)社会合作社模式；(d)跳蚤模式，单位扮演统筹角色，向有需要的人士提供场地、产品或服务；(e)合资模式，非营利机构与商业机构合作运营社会企

[①] Cornforth, C. (2014), "Understanding and combating mission drift in social enterprises," *Social Enterprise Journal*.

[②] Carroll, D. A. and Stater, K. J. (2009), "Revenue diversification in nonprofit organisations: Does it lead to financial stability?" *Journal of Public Administration Research and Theory*, 19(4): 947–966.

[③] 官有垣、王仕图、杜承嵘："台湾社会企业之组织特质与经营管理挑战：2010年的调查数据分析"，《中国第三部门研究》，2014, 8(02): 90—115。

业[①]。陈锦棠认为中国香港地区和中国台湾地区共同的类型包括附属单位模式、社会合作模式、公益创投的企业运作模式[②]。

从法律形式的角度来看，学者普遍认为民办非企业单位、社会福利企业、农专合作社这三种类型的组织是准社会企业[③][④]，除此之外，具有社会企业家精神的商业型企业、社区服务中心[⑤]、非正规就业组织[⑥]等组织类型也被认为是准社会企业类型。王名和朱晓红从四个层次讨论了社会企业的分类，分别是：市场实践型社会企业、公益创新型社会企业、政策支持型社会企业及理想价值型社会企业[⑦]。市场实践型社会企业是指登记注册为工商企业，但在其发展阶段转向公益实践，兼具公益导向和企业属性的企业；公益创新型社会企业是指登记为非营利组织，但在其发展阶段逐步引入市场机制，兼具市场机制和非营利属性的非营利组织，这两种类型代表了典型的两种社会企业的生成路径；政策支持型社会企业是指基于政策判断所定义的、需要政策扶持的社会企业类型，其主要特点是按照政策所需进行登记注册，资金主要来源于政府等公共部门，享受相应的税收减免；理想价值型社会企业是指充分实现了公益与市场有机结合的社会企业，这类社会企业从本质

---

① 陈锦棠："社会企业在香港的发展——概念、特质与类型"，选自官有垣编：《社会企业：台湾与香港的比较》，台湾高雄：巨流图书股份有限公司2012年版。
② 陈锦棠："香港与台湾社会企业之比较"，《中国社会工作》，2011(13)：62。
③ 余晓敏、张强、赖佐夫："国际比较视野下的中国社会企业"，《经济社会体制比较》，2011(01)：157—165。
④ 雅克·迪夫尼、丁开杰、徐天祥："从第三部门到社会企业：概念与方法"，《经济社会体制比较》，2009(04)：112—120。
⑤ 俞可平："发展社会企业，推进社会建设"，《经济社会体制比较》，2007(11)：1—9。
⑥ 时立荣："从非正规就业组织到社会企业"，《理论学刊》，2005(09)：42—44。
⑦ 王名、朱晓红："社会企业论纲"，《中国非营利评论》，2010，6(02)：1—31。

上超越了传统的企业和非营利组织,强调社会创新和社会企业家精神,追求混合价值的实现。

赵萌和郭欣楠突破了传统的二元分析视角,从元素组合视角出发提出了界定和区分中国社会企业的框架[①]。他们从组织形式、收入模式和分红政策三个区分性标准鉴别出五类社会企业:创新公共类、创新慈善类、创收公益组织、社会目的公司、社会事业。根据其创新性和社会影响,创新公共类和创新慈善类都属于公益型社会企业,后三种属于市场型社会企业。创新公共类社会企业指依赖稳定的政府资金(财政预算或政府购买服务资金)实现财务可持续的社会组织;创新慈善类社会企业是指依赖稳定的慈善捐赠实现财务可持续的社会组织;创收公益组织是指在民政部门注册,同时通过在市场上销售产品或服务取得收入的机构;社会目的公司是指通过工商注册,且全部或主要依靠市场经营获取收入的机构,这是目前中国社会企业最主要的形式;社会事业是指全部收入来自市场经营收入的企业,不分红,将全部利润用于解决社会问题的经营性企业,但是目前在中国这只是一个理论概念,还没有找到可以清晰确定的社会事业。赵萌和郭欣楠在判定社会企业的时候将社会企业家精神而不是盈利模式作为社会企业的核心特征,重新回归到社会企业缘起时的本质特征,是目前国内较为全面的分类方式。与国内其他分类方式不同的地方在于,两位学者将创新慈善类社会组织也划为社会企业,也就是认为普遍意义上的慈善组织也应该是社会企业,这一点存在争议。

综合以上不同地域不同学派对于社会企业类型的区分,以及

[①] 赵萌、郭欣楠:"中国社会企业的界定框架——从二元分析视角到元素组合视角",《研究与发展管理》,2018,30(02):136—147。

社会企业中社会属性和商业属性的混合程度,目前国际国内公认的社会企业主要有四种类型:公共部门转型或发起的社会企业、经营性非营利组织、社会合作社和社会事业型社会企业[1],这四种社会企业在其社会属性、商业属性和治理结构上都有不同程度的区别。① 公共部门转型或发起的社会企业,主要是指由于政府财政紧缩,为减少公共服务开支,而将一部分公共机构转型或发起成立的社会企业。这类组织的主要目标和功能是承担公共服务供给,解决社会问题,收入主要来源于政府购买或者政府财政预算。在我国这一类社会企业主要是指公益类事业单位转型的社会企业,特别是由市场配置资源的公益二类事业单位改革。公益类事业单位是辅助政府部门提供社会公益服务的重要组织,然而公益二类事业单位在改革中面临公益职能弱化、公益能力不足、资金不足、资源配置效率低下等问题。除了公益二类事业单位转型的社会企业,一些学者认为20世纪80年代起,中国的国有福利机构,例如社会福利企业、下岗再就业安置机构,面临日益严重的经费不足问题,开始积极寻求私有资本的参与,强调通过收费服务、经营营利性产业获得收入。以"再就业服务中心"微平台实现的下岗职工非正规就业模式,被一些学者认为是中国市场改革时期新兴社会企业的典型代表[2]。② 经营性非营利组织,是指在市场上销售商品或服务,并以此获取收入的非营利组织,除了市场经营收入,这类组织的收入还包含来自政府和捐赠的收入,属于典型的混合性收入组合。但是其市场经营性收入主要是为了社会目标的实现,而不是股

---

[1] 张楠、关珊珊:"社会企业共识构建:对社会企业类型学的综述与分析",《中国非营利评论》,2020。

[2] 时立荣:"从非正规就业组织到社会企业",《理论学刊》,2005(09):42—44。

东利益最大化。例如博物馆开设的纪念品商店,其主要经营收入是为了维系博物馆的正常运营。③ 社会合作社,是指以公共利益为主要诉求的合作社形式,而非传统的以会员利益最大化为主的传统合作社。这种类型常见于欧洲地区,例如服务农民或手工业者的农专合作社和手工业者合作社。④ 社会事业型社会企业,是目前全球存在最为广泛的社会企业类型。这类社会企业注册为公司形式,主要或全部依靠市场经营收入,提供具有社会价值属性的服务或产品,并努力在创收和实现社会价值之间寻找平衡。这类社会企业最具有混合价值属性,可以有多种模式,例如提供养老、医疗、环保服务的企业,或者提供公平贸易和小额信贷服务的企业等。

尽管社会企业的概念没有统一定义,但是社会企业区别于其他组织的四大核心属性分别是:① 社会目标优先,且以追求公共利益和解决社会问题为主;② 混合性组织形态,既可是非营利组织,亦可是营利性组织,或者是公共部门的下属机构;③ 具有可持续的商业运营模式,即不以依赖捐赠为主的收入模式;④ 具有限制分红或其他稳健性标准来保证其社会目标不漂移。这四条特征上的共识代表了国内外主流学者对于社会企业混合性特征的认知[①②③]。

2.2.4 中国社会企业发展的地方经验

中国社会企业的类型和模式有很多,在乡村振兴、社区治理、

---

① Alter, K. (2007), "Social enterprise typology," *Virtue Ventures LLC*: 12(1), pp.1-124.
② Defourny, J. and Nyssens, M. (2017), "Fundamentals for an international typology of social enterprise models," *Voluntas* 28(6): 2469-2497.
③ 王世强:"'社会企业'概念解析",《武汉科技大学学报》(社会科学版),2012,14(05):495—500。

养老、就业、教育等领域发挥着独特的作用。本书从当下亟须创新性解决问题的领域（乡村振兴、社区经济、教育、养老、环保）选取了一批具有代表性的社会企业，分享他们在探索可持续发展的道路上积累的宝贵经验。

北京和成都在扶持社会企业发展的政策创新方面走在全国前列，北京和成都社会企业的发展获得了学者和业界的瞩目，特别是社区社会企业及物业型社会企业的发展，更是北京和成都基层治理创新的重要抓手。因此，我们选取了有代表性的成都郫都区社区社会企业、金鸿新城物业（北京）两家社会企业为案例，讨论社会企业在社区治理领域的经验。碧乡依托碧桂园集团强大的商业运营能力和集团资源，短短成立三年就为脱贫攻坚和乡村振兴做出很大贡献，我们将碧乡作为典型案例，分享碧乡的运营经验。另外，我们在教育领域选取了关注普惠早教的童萌亲子园作为案例，分享童萌亲子园创新规模化的经验；选取了专注智慧养老产业的上海老友记，分享科技如何赋能社会企业的经验；选取了致力于"破坏式创新"的环保领域明星社会企业聪明空气公司（Smart Air）为案例，分享他们如何坚守社会企业家精神，坚守清晰使命和愿景的经验。最后我们选取了中国乡村发展基金会（原中国扶贫基金会）发起成立的善品公社为例，探究他们从脱贫攻坚到乡村振兴的可持续发展之路。

总之，希望我们鲜活有生命力的案例，不仅从行业领域，更重要的是从社会企业运营的角度，能为我国社会企业的可持续发展提供借鉴。

案例1　社区社会企业：城镇社区发展治理的新试验
——以成都市郫都区试点为例

近两年，成都出现了一种新型的社会企业类型——社区社会企业。社区社会企业旨在解决社区问题，提升社区服务，所得收益用于持续反哺社区和促进社区发展治理。简言之，社区社会企业所为皆立足于回应社区老百姓的需求。依据成都市城乡社区发展治理委员会于2021年1月制定的《深化城乡社区减负提能增效的若干措施》，社区社会企业具备由社区居委会作为基层群众自治组织特别法人发起设立、居民委员会占股权主导地位、"两委"成员担任社区社会企业法定代表人等特征。郫都区被成都市社治委确定为开展社区社会企业的试点，本文将透过郫都区窥探这一新型社会企业的样貌。

一、缘起：政策土壤

纵观成都市近些年在社会治理方面的探索与实践，社区社会企业的诞生源于自上而下的政府驱动力。自2017年9月2日城乡社区发展治理大会召开以来，成都市将社会治理的重心落到城乡社区，并提出社会企业是探索城乡社区治理创新的重要途径。同时，成都市在全国率先设立城乡社区发展治理委员会（以下简称"社治委"），作为党委专司城乡社区发展治理工作的职能部门。此后，成都市甚至四川省出台的一系列政策文件为社区社会企业的孕育提供了丰富的土壤。2017年，市社治委出台了《关于深入推进城乡社区发展治理建设高品质和谐宜居生活社区的意见》（以下简称"27号文"），首次提出"鼓励社区探索创办服务居民的社会企业"。2018年4月，《成都市人民政府办公厅关于培育社会企业促进社区发展治理的意见》更是一份关于社会企业与社区发展治理的纲领性文件。2020年,四川省民政厅出台的《城乡社区建设示范工程实施方案》提及,支持打造一批社会企业带动型特色社区,探索社会企业与社区融合发展的有效途径。2021年1月,成都市社治委制定的《深化城乡社区减负提能增效的若干措施》,提出"健全社区社会企业培育发展机制,制定扶持社区社会企业发展的政策和监督管理办法……探索社区社会企业创收奖励机制"。同年6月,四川省政府出台的《四川省城乡社区发展治理"十四五"规划》(征求意见稿)提到,积极发展社区社会企业,推动出台鼓励社区服务类社会企业发展的政策文件,从登记注册、评审认证、经营许可、税收优惠、资金反哺、后续监管、退出机制等方面进行引导规范。

二、试点:成都市郫都区

郫都区高度重视城乡社区发展治理工作,从2019年开始,郫都区提出"社区经济体"的概念,充分发挥城镇社区资源优势,培育壮大城镇社区经济组织。在倡导发展"社区社会企业"之前,郫都区已引入"社区合伙人"计划,该计划通过"公益+低偿+市场"的运营方式创造商业利润,激活社区闲置空间。社区合伙人包括以下三类:一是商企合伙人,一般指商家以契约形式占用社区资源,开展商业运营活动,以商业活动附加公益服务、特殊群体低偿收费、公益基金反哺等形式回报社区;二是社群合伙人,指的是服务社区的正式的或非正式的社会组织或群体;三是个体合伙人,指辖区内愿意参与社区公共活动或提供志愿服务的"能人"[①]。"社区合伙人"可以实现资源整合和多元主体参与,为社区社会企业的诞生奠定了基础。但其中的运作机制,包括合伙人的选择标准与流程、合伙人的公益服务边界等尚未明确。郫都区社治委发展科

---

① 郫都区社治委:"郫都区'社区合伙人'运营模式",https://net.blogchina.com/blog/article/553813653。

工作人员表示说："社区合伙人的初衷是盘活空间闲置资源，为老百姓提供更多的服务，但结果是老百姓质疑社区两委因私交关系确定合伙人及其利润反哺的比例，甚至存在公共资产滥用的风险，譬如台面上协商是5%的利润反哺社区，台面下却是10%或15%。"

从市级层面来看，成都市社治委有意愿推动社区社会企业的发展，但鉴于社区社会企业属于新兴事物，市级政府面临政策后果的不确定性和政策工具的不确切性。因此，2019年，市社治委遵循"试验"理念，鼓励区级政府开展社区社会企业的探索与实践，并从城镇社区经济发展方面寻求突破，以此验证新方法的效度，获取最佳经验并推动全局性的政策创新。郫都区社治委考虑其已开展了"社区办企业"的探索，主动"认领"试点任务。副主任薛松带队下基层调研，与很多社区书记沟通，尤其是"明星"社区书记。调研过程中发现，已有部分社区依据"27号文"创办社区企业。然而，现有政策尚未明确这一类新兴组织的主管部门、操作指引、利润分配等问题。尽管这些社区已经成立了公司，但他们不敢"轻举妄动"，处于停步不前的状态。经过前期三轮的调研，郫都区社治委决定在"社区合伙人"的基础上，借着"社会企业"的东风，将"社区社会企业"作为建设社区经济体的重要抓手，并初步构思了社区社会企业的布局。郫都区社治委的相关人员表示说："社区社会企业的诞生是为了使'社区合伙人'的整个流程更加标准化和规范化，例如，在合伙人选取方面由老百姓集体决议；商业合伙人的公益服务则基于资产评估、居民集体决议和协商的基础上确定。"市社治委看到郫都区在社区社会企业的探索方面已具备一定的基础，因此选择郫都区作为社区社会企业的"试验田"。

三、实践：蜀都新邨社区

蜀都新邨社区于2018年9月成立了社区生活服务有限责任公司（以下简称"社区生活公司"），由社区书记叶光全担任法定代表人，社区居委会100%控股。社区生活公司相当于"资源平台"角色，通过"创建子公司""招募合伙人""运作项目"三种方式实现创收。其中蜀爱培训学校和社区超市属于社区生活公司创建的子公司，成工新邮众创空间和篮球场是通过"合伙人"的方式运作，朋克集市是社区生活公司直接运作的项目。

一是蜀爱培训学校。2019年10月，社区生活公司与爱君宝玛家政有限公司合作创办蜀爱培训学校（全称：蜀爱职业技能培训学校有限公司），培训内容有家政、美容美发、茶艺、育婴、电工等。社区生活公司占股51%，爱君宝玛占股49%。在利润分配方面，蜀爱培训学校将其20%的利润注入社区公益基金，剩余利润按认缴比例分红。

该培训学校一方面加强了社区的"自我造血"能力，另一方面提升了居民的就业技能。叶光全书记说："九二大会后，政府鼓励社区创办社区企业，很多社区跃跃欲试。我们蜀都新邮小区是郫都区最大的农民拆迁安置小区，入住人数达5,000人。所以，我们社区也在思考如何通过'社区办企业'的思路解决居民就业困难的难题。"失地农民纳入城市居民体系后，脱离了与土地的依附关系。在缺乏就业技能的情况下，失地农民就业总体状况不容乐观。为此，蜀都新邮社区在其公众号上发布招募"合伙人"的公告，最终选择爱君宝玛作为合作对象。成立之初，当地政府委托蜀爱培训学校对失地农民进行专业技能培训。从2019年6月至春节之前，蜀爱培训学校已培训700多人次，创收达2万元人民币，70%—80%的学员实现就业。受新冠疫情影响，培训学校被迫停业。从2020年6月份开始，培训学校正常开业，继续承接政府的就业培训项目。值得注意的是，政府的项目主要面向失地农民提供免费培训，如今蜀爱培训学校增设了收费课程，学员从安置小区的失地农民扩大至整个社区，以此提升学校的创收水平。

二是社区超市。2020年5月，社区生活公司与其他两家公司成立了成都市郫都区美嘉社区服务有限责任公司，相当于社区超市。2021年9月，该公司的股权变更为由社区生活公司全额控股。自此，社区超市在为居民提供生活用品的基础上,还获得了包括郫都区社治委、区组织部、街道等政府部门的支持,这些部门从社区超市购买办公用品和生活用品等,这也使得社区超市得以扭亏为盈。社区超市盈利的 30%将注入社区公益基金,剩余利润不进行分红,而是用于社区服务。此外,社区超市不仅提供了四个就业岗位,还激发了社区居民参与志愿活动的热情。蜀都新郫社区志愿者的服务时长可以"变现",兑换成积分后直接在社区超市使用。社区工作人员李茜反映说:"很多社区的志愿者积分只能兑换固定物品,但很多居民家里不需要这些物品,这就导致他们将物品领回去放置过期都不使用,居民参与志愿活动的积极性也减弱。而我们社区的志愿积分可以在社区超市兑换他们所需要的东西,这极大地激发了居民的志愿者精神。"此外,蜀都新郫社区给辖区内的每位退役军人发放面值 50 元的购物券。对于社区超市来说,这些举措也起到了"引流"的效果,让更多居民了解社区超市的运作并购买社区超市的产品。

三是成工新郫众创空间。2019 年 5 月 29 日,由成都工业学院与成都市郫都区共建的"成工新郫众创空间"正式启动。该众创空间是郫都区首个"校社"公共空间尝试融合的"政产学研用"的创新平台。街道投入经费 1,000 万,高校出资 800 万,同时每年高校投入 90 万的空间运营费用,用以支持四个常驻老师、水电气、物业管理等费用。空间占地面积为 4,300 平方米,共四楼,一楼主要是社区党群服务中心和创客咖啡区,二楼是创新企业孵化器以及大学生创业办公室,三楼是华为智慧学习工厂等项目,四楼主要是创业培训中心以及 VR 体验场馆①。为了更好地运作众创空间,2020 年 6 月蜀都新郫居委会 100%控股,成立了成工新郫企业管理咨询有限责任公司,该公司的收入主要来源于向创业成功的公司收取场地租赁费,以及活动的服务性收费。

成都工业学院与郫都区蜀都新郫社区仅一墙之隔,双方资源互补。

---

① 成都市人民政府:"郫筒街道蜀都新郫社区开展'菁蓉行'活动",http://gk.chengdu.gov.cn/govInfoPub/detail.action?id=2411530&tn=2。

对于高校而言，众创空间提供了一个双创实践与科技教育的平台。每年成都工业学院和社区会开展两次公益创投项目评选大赛，选拔高校优质社团或项目人驻众创空间。项目领域主要涵盖社区治理、科技科普、公益、艺术、体育五大板块。公益服务项目经费主要从蜀都新邨公益创投、校团委志愿服务专项经费、成工新邨众创空间项目活动经费中列支。对社区而言，众创空间坚持"可进入、可参与、易分享"的社区空间公共属性，深化"高校+社区+居民"志愿服务模式。驻地高校师生以志愿服务的方式融入社区治理，为居民提供编程、航模、科普等38项"菜单式"社区教育服务和职业技能培训，丰富了社区居民公共生活服务[①]。书记说道："每次发布公告招募学员，一大批人蜂拥而上。2021年4月，高校团队在众创空间举办大型科普节，深受居民和师生的喜爱，参与人数多达三千人。"

四是篮球场。2021年7月，蜀都新邨社区以"商业合伙人"的方式，与成都斯巴曼体育文化发展有限公司合作开设了篮球场。斯巴曼公司使用了社区的空间资源，同时也需要将其40%利润的回报社区。

五是朋克集市。2021年9月，蜀都新邨社区投资30万，在成都工业学院西北门、成工新邨众创空间对面打造"朋克集市"。启动资金主要源于"成工新邨众创空间"的服务性收费，譬如区市科普类的单位选择在众创空间开展科普类活动，并支付社区一笔活动经费。朋克集市的街道长达125米，设有8个集装箱。该项目的初衷是解决流动摊贩的问题。大量摊贩聚集在成都工业学院校门口，存在占道经营，阻碍交通，无固定经营场所和营业执照，摊贩食品安全意识淡薄，经营场所环境差，设施设备简陋，甚至不符合卫生要求等问题。考虑到流动摊贩又是失地农民、弱势群体的主要谋生手段，社区与高校商量决定打造朋克集市。朋克集市集社区消费、邻里社交等功能为一体，为社区居民和高校提供

---

① 中国新闻网："校地众创合作新模式'成工新邨众创空间'成都挂牌"，https://baijiahao.baidu.com/s?id=1634837165784149668&wfr=spider&for=pc。

多样化、高质量的消费生活新场景。社区工作人员透露，在招募商贩时，社区会优先考虑辖区内原有摊贩，着重关照困难低保、退伍军人群体。同时，蜀都新邨会举办公开招标选拔赛，一方面需要摊贩递交相应的佐证资料，另一方面开展厨艺比拼，邀请高校师生和辖区居民担任大众评审，评审出他们满意的商贩入驻朋克集市。入驻商贩需要遵守朋克集市的规章制度，还需要配合社区举办一些公益活动。

就社区社会企业的公益属性而言，一方面其商业活动与社会项目重叠并形成一定程度的协同效应。商业活动在社区开展，其受益人也囊括了社区居民。比如，蜀爱培训学校的创收来源于培训，但培训也提升了失地农民的就业技能。另一方面社区生活公司的利润目前不进行分配，主要用于三个方面：一是注入社区公益基金。2016年8月，蜀都新邨社区以蜀都新邨小区院落改造为契机，践行"谁主张、谁受益、谁负责、谁出资"的自治理念，发起居民自筹行动，并于10月与成都慈善总会签订合作协议，设立社区公益基金。该公益基金重点用于社区营造、培育社区社会组织和公共空间微更新。该公益基金有助于促进社区、辖区单位、社工、社区居民的大联动，以慈善、公益、自治、互助的方式解决社区的民生问题。二是支持入驻众创空间的高校创投项目和"美丽新邨公益创投大赛"。每年蜀都新邨社区至少举办两次公益创投大赛，培育和支持社区的自组织。每次大赛根据参赛者的项目申请书和路演资助三至五个自组织。三是关爱慰问社区的弱势群体。比如，每年为社区耄耋老人、困难家庭送上米面油等慰问品，专门请家政上门打扫卫生。

四、护航：培育与监管

郫都区是社区社会企业的先行者，尚无经验可循。郫都区制定了《郫都区城镇社区社会企业培育扶持办法（试行）》（征求意见稿）、《郫都区城镇社区社会企业操作指南》（试行版）、《郫都区城镇社区社会企业入库指南》（试行版），但尚未对外发布。事实上，并非所有以社区居委会作为特殊法人成立的公司都能被称为"社区社会企业"。为了防止社区社会企业演变为纯粹以营利为目的的企业，郫都区社治委极其重视社区社会企业"前端"和"后端"的把关，确保社区社会企业的公共属性。对于"前端"，郫都区社治委将其定位为区社会企业的孵化培育平台的角色，引导社区创建社区社会企业。2021年6月，区社治委通过公开招标委托成都共益社会企业认证中心开展该区城镇社区社会企业培育扶持工作。"前端"扶持内容如下：

一是建立社区社会企业种子库。郫都区建立了"区—街道—社区"三级的社会企业认证体系，对于有意愿成立社区社会企业的社区，郫都区将其纳入种子库加以孵化、培育和跟踪评估。这些社区按照社区社会企业的入库指南和操作指南创办社会企业，其间必然受到较多束缚，但这些流程和标准确保了社区创办企业的结果是实现社区公共利益，极大地保证了社区社会企业的合法性和合规性。郫都区社治委的工作人员也表示说："当然郫都区并不是要求所有的社区都成立社区社会企业，有些社区的两委运营能力较强，他们按照市场逻辑成立社区公司，这类公司不受过多限制，但一旦出问题，该党纪处分就党纪处分，该法律处置就处置。"

二是保障社区社会企业合法合规。《郫都区城镇社区社会企业操作指南》（试行版）要求社区社会企业在登记注册前需要有前置性的备案审批。社区居委会作为特殊法人具备盖有社区公章的文件即可在市场监管部门登记注册公司。然而，在日常的社区管理中，社区盖章只需要居委会主任签字即可。但是社区资产是国有资产的重要部分，社区居委会主任或者"社区两委"并不能代表社区行使处置社区公共资源的权力。为了保证社区资产不流失，社区必须成立由社区全额控股的公司，而社区工作人员本身不擅长企业运营以及因社区事务而分身乏术，无暇顾及社区公司，因此选择与市场主体合作，这就涉及市场主体选择、合作方式、股权分配、公共资源使用等一系列关键问题。对于居民来说，他们可能质疑社区存在极大的廉政风险；而社区工作人员认为自身花费额外的时间和精力为社区做事，反而涉及廉政风险，这导致他们开展工作时缩手缩脚。因此，区社治委在社区去登记注册成立公司之前，协助社区通过居民会议或居民代表大会决议成立社区社会企业，确定哪些社区资源可以对外开放。只有通过居民授权，社区社会企业才具有真正法律地位的合法性。社区集体意识、社区集体决策和社区公共利益的理念始终贯穿社区社会企业。此外，郫都区社治委通过实务培训指导社区成立社区社会企业，并按照社会企业的方式帮其梳理章程，等等。街道同样也参与了社区社会企业的扶持工作，比如，蜀都新郫所在的郫筒街道的社区发展与治理支持中心帮助区社治委实现社区社会企业的落地，制定了扶持社区社会企业的中长期规划，在社区整合资源方面"开绿灯"，并帮助他们辨别"红线"。

三是协助社区获得国有资源的使用权等。社区资产属于国有资产，所有权属于街道、社区居委会集体所有，管理权属于社区居委会。郫都区社治委和街道协助社区梳理"资源地图"和"资源清单"。然而，社区居委会成立社区公司，以社区国有资产入股，存在违法违规的风险。因此，区社治委和街道与各部门协调，通过正式文件授权社区具有国有资产的使用权，但社区必须保证受益权不变。社区以企业运作社区资产的经营性和服务性收入均用于支持和发展社区公益事业，不得进行分配和留作他用，更不得直接私利化社区资产的经营收益。

四是指引社区社会企业实现外部资源供给与居民需求精准对接。社区的优势不在于企业经营，而在于了解居民的需求。郫都区社治委赋能于社区，让他们准确识别社区服务需求、精心规划社区服务和精准提供服务内容。同时，社区社会企业的资源吸引了一群外部资源供给者，居民可以筛选出有品质保障、信誉度高的供给方，以满足社区智慧养老、托幼等更为精细化的服务需求。

对于"后端"，郫都区社治委相当于"监管者"，确保社区社会企业的公共属性。一是《郫都区城镇社区社会企业操作指南》(试行版)要求社区社会企业内部由居民议事会充当决策机构，建立重大事项协议制度。社区社会企业的利润分配、大额的经费支出等重大事项必须经过集体决议。二是社区社会企业的章程必须明确利润分配,并且社区社会企业与外部主体合作前,需要签订协议,约定其回报社区的服务形式,比如反哺社区的利润比例、开展公益活动的内容及频次等。三是实施街道备案制。社区必须在街道备案,待街道审核同意后才能进一步开展工作。同时,街道还对社区社会企业承担一定的监督职责。监督的内容包括社区社会企业是否遵循集体意识、利润分配比例、廉政纪律等方面。四是社区纪委书记有责任监督社区生活公司的资金使用情况。每年社区在公开居委会财务收支情况时,也需要公开社区生活公司的财务,包括财务计划、收入与支出、收益使用分配等。

五、反思:路在何方?

在我国现行的法律框架下,居委会作为特殊法人可依法设立和投资服务社区的有限责任公司和股份有限公司。依据2021年1月1日生效的《中华人民共和国民法典》第96和101条的规定,居民委员会具有基层群众性自治组织法人资格,属于特别法人,可以从事为履行职能所需要的民事活动。从郫都区的试点情况来看,政府是推动社区社会企业发展的强大驱动力。政府期望社区通过商业化逻辑和市场化运作,做到以下几点:一是缓解政策供给不足。社区普遍存在工作经费短缺、社区保障资金体量小的问题。社区社会企业可以为社区搭建新的资源供给渠道。二是盘活社区闲置资源。借社区社会企业这个抓手,实现社区资源变现,反哺社区,解决社区资金短缺和内生动力不足的问题。三是精准服务居民。社区社会企业有助于将过去"撒胡椒面"、粗放型的服务转向精细化的社区服务,准确地回应居民需求。四是构建社区利益共同体。社区社会企业激发和调动社区居民参与加强社区骨干力量,将原来社区"原子化"的松散结构转向社区利益共同体。五是赋能于社区"两委",加快培养一批懂城市、会管理的干部,提升他们的运作能力,促进社区的可持续发展。

然而，目前成都的社区社会企业仍在探索中。为了进一步发展社区社会企业，还需要反思或解决以下问题：

一是如何破除"多龙治水"的协调难题。"社区办企业"难免与现存的一些法律法规相抵触，因此郫都区还需与组织部、民政局、市场监督管理局、城市综合执法局等部门进行协调，多部门联合发文，出台明确的政策指引，否则社区会因担心"踩红线"的问题而不愿发展社区社会企业。然而，区级政府部门更多是站在自身的角度思考问题，加之社治委与其他区级部门属于平级单位，难以强有力地协调推动其他部门突破政策瓶颈。

二是如何平衡商业逻辑和社区逻辑。一方面，社区社会企业应当避免公共资产私有化。社区仅仅拥有资产的使用权，而无所有权。社区以企业的身份运作公共资产，企业天然的"利己主义"容易造成公共资产的流失，侵害社区公共利益。另一方面，商业逻辑与社区逻辑存在张力。社区社会企业作为企业为社区带来创收，但同样也面临破产风险。如果将社区社会企业比作拉伸一条巨大的橡皮筋，让商业得到更大程度发展的同时也拉大了社区公共利益与商业逐利性的张力。再进一步拉伸，假如皮筋绷断，则代表社区信用崩塌，社区治理的基石破坏。

三是如何确保"官不与民争利"。社区社会企业由社区居委会作为特殊法人成立，社区书记担任法定代表人，在某种程度上社区社会企业具有一定的行政色彩。"两委"作为社区社会企业的管理者，还需规避"廉政风险"，防止"两委"利用公权力扰乱社区市场秩序或者运用资源垄断，破坏辖区业态。那么，社区社会企业是否应该有"负面清单"？

四是社区是否具备社区社会企业的治理基础。从郫都区的设想来看，居民集体意识和集体决议是社区社会企业的重要特征。政府希望社区社会企业的社会目标、经营模式、利益分配等重大事项提交社区居民代表大会或社区议事会来决议。这意味着社区社会企业的运作需要社区居民的高度参与。然而，有些社区的居民参与社区治理的意识薄弱，居民自治水平较低。因此，这些社区不具备发展社区社会企业的土壤。

案例2 "因为我们是一家人"：金鸿新诚助力老旧小区改造探索

环境优美、秩序井然、邻里和谐或许是大多数人对于居住小区的期冀。随着城市现代化以及社区治理的成效不断凸显，居民的居住环境质量也得到了极大的提升。然而，有这样一类小区却仍然面临着乱搭乱建、设施陈旧、垃圾遍布、车辆无序等令人头疼的问题，这类小区就是城镇老旧小区。我国2000年年底建成的老旧小区约有21.9万个，针对老旧小区的治理已成为城市基层治理的一大突出难题。2020年，国务院办公厅发布《关于全面推进城镇老旧小区改造工作的指导意见》（以下简称《意见》），进一步从政策层面推进了城镇老旧小区的改造工作。改造老旧小区，让居民住得舒心、安心、放心，充分契合了我国人民群众对于美好生活的需要，金鸿新诚（北京）物业管理有限公司（以下简称"金鸿新诚"）作为我国首家物业社会企业，为老旧小区改造工作提供了一条社会企业的解决之道。

一、急愁难盼，老旧小区改造的现实困境

将市场化手段引入物业管理，目前业已成为多数商业小区营造舒心的居住环境、实现人居和谐的重要手段。但是，由于老旧小区的建成年代比较早，很多小区都具有基础设施不完善、产权关系复杂、失养失修失管、社区服务设施不健全等突出问题，致使物业公司的管理难度较大。再加上老旧小区中居民的物业消费意识相对欠缺，物业费用的实际收缴率低下，导致物业公司难以实现预期的盈利目标，继而无法正常地提供服务，最终令一些物业公司产生"弃管"问题，甚至从一开始就不愿入驻。因此，老旧小区目前的管理模式大致有两类：第一类仍然依靠着

107

政府的力量来获得物业管理服务，但这种模式的弊端也显而易见。一方面，老旧小区的数量多、管理难度大，即使只提供基础类的服务也会使政府面临巨大的财政压力；另一方面，政府主导的大包大揽的模式更是极易滋生居民的依赖心理，不利于培养其物业付费意识。第二类模式是居民自治模式。一部分无人管理的老旧小区会通过调动、发挥小区居民的主人翁意识，采取成立自主管理委员会的形式来对小区进行自我管理和自我服务。但是这样的方式也存在一定的局限性，例如，自管会的成员年龄偏大，身体状况和精力有限，所提供的服务专业性不高，存在安全隐患等问题。言蔽之，传统的老旧小区管理模式面临着严重的盈利困境、质量困境和问题困境，破解老旧小区的治理困境仍然亟待新的实践探索。

二、社会企业试点，明确发展新方向

"我们小区的物业特别差，有事情找物业帮忙，不仅什么问题都解决不了，甚至还到处推脱，后来，我就想自己成立一个跟别人不一样的物业公司，把居民的生活和物业的工作真正融合起来。"这句话正是金鸿新诚的创始人——刁鹏的心声，同时也是公司创立的最初动力。刁总在进入物业行业之前从事着类似于酒店前台的工作，这份工作具有很强的服务性质，顾客有什么事情找到他，他都会去帮忙协调、处理。在他的心中，他认为理想的小区物业在一定程度上应该与前台相似，"有什么问题我不会先想着去找政府，而是我给物业打一个电话，物业的工作人员就能够来帮我解决"，这后来也成为了金鸿新诚在其自身的物业管理实践中的追求。

金鸿新诚成立于2012年11月，公司秉承着"解决社会问题优先"的原则，注重党建引领的重要作用，着力推动现代化、智能化的物业管理经营模式。"谁家有急事没办法接孩子放学，我们员工就帮忙接一下；老人需要去医院但子女不在身边，我们就开车帮忙送；家里灯泡坏了，老人行动不便，我们就上门帮忙换个灯泡……"这些生活中的小事、琐事，是居民们生活中实实在在的挂心事，也是金鸿新诚从成立之初就一直致力于为小区居民解决的实在事。金鸿新诚的这些做法也引起了区社会办的注意，为其后发展成为社会企业奠定了基础。彼时，区社会办中有从事社会企业研究的人员，认为金鸿新诚的物业经营管理模式与普通的物业公司不同，员工与居民的关系特别亲近，在某种程度上与社会企业的发展理念相契合，于是便向北京市社会办推荐金鸿新诚到北京大学参加了有关社会企业知识的辅导。每一家参与辅导的公司在课程结束之后会向有关专家进行工作汇报，然后由专家进行评审。最终，2017年，金鸿新诚及其他六家社会企业被北京市社会建设工作领导小组办公室评为北京市首批社会企业试点单位，2018年中共金鸿新诚（北京）物业管理有限公司党支部正式成立，2019年公司被北京社会发展促进会评为二星社会企业，同年被中国社会企业认证办公室评为"中国好社企"，成为我国第一家物业社会企业，也是全国物业行业中首家获得"双认证"的社会企业。

社会企业的辅导让金鸿新诚意识到自己的发展模式就是社会企业的模式，从而为公司后续的发展明确了方向，社会企业的认证也进一步为金鸿新诚注入了不竭的动力。刁总表示："我们在认证之前很多事情都是按照自己的想法去做，会存在一些迷茫与困惑的地方。但是，获得认证之后，通过接受培训，我们做的工作具备了一定的体系支撑。除此之外，社会企业的认证也进一步督促了我们要把工作做得更好，绝不能三天打鱼两天晒网。"谈及为什么会决定采用社会企业的方式来从事物业服务，刁总进一步说道："我们不希望像以前的一些物业那样，把物业和业主之间的界限划分得那么明确。以社会企业的方式来从事物业工作，不仅能够提升居民的满意度，也能够获得居民对于物业的认可。还有一点非常重要的就是，物业其实是推动社会治理的一环，把物业工作做好了，基础打好了，大的层面一些治理问题也就能够比较好地解决。"

尊重他人，简单真诚的人际关系，对客户价值的承诺，追求卓越的激情和智慧,是金鸿新诚所坚守的核心价值观,品质、服务、安全、物有所值是公司经营的四大宗旨。成立至今,凭借着丰富的行业经验,金鸿新诚打造出了一支专业化的管理团队,拥有物业管理、计算机、机电、建筑、结构等专业中高级人才,公司自行研发了物业管理软件、智能监控系统和物联网管理平台。在不断提升物业管理专业服务能力的同时,公司还将约30%的经营利润投入到社区建设之中,用于推动社区的持续发展。目前,公司有在编员工70人,在管项目16个,包含6个公建项目和10个住宅项目,多以老旧小区为主,提供保洁、秩序维护、工程维修、绿化、客户服务、停车管理等相关物业管理服务项目,管理服务面积约40万平方米,服务人群达到2万余人。

三、寻找平衡,社会企业的权衡之道

"我们是一家人",是金鸿新诚所致力打造的物业与居民的关系图景。实际上,作为一家社会企业,金鸿新诚更加希望能够通过商业的力量来解决社会问题,以市场手段实现社会目标,塑造良好的物业与居民关系,进而实现更高层次的社区治理成效。不同于一般的商业公司和社会组织,社会企业兼具商业与社会的目标。因此,其本身具备的这种特殊性质也使得每一家社会企业都不得不重视一个问题,那就是如何避免自身出现使命的漂移,以维持好公益与商业之间的平衡。针对这一问题,金鸿新诚自身主要通过做好公司日常内部成本控制的方法来规避上述问题的发生。金鸿新诚的每个项目均实行独立的核算,公司对人工费用等各类成本均进行了较好的控制,以此保证能够有持续的资金用于社区发展的再投入之中。在此基础上,金鸿新诚进一步辅以对员工的教育和培训,逐步树立起员工对于公司的核心价值观、经营宗旨、经营原则的认同,在公司内部营造出员工之间相互信任、群策群力、注重与业主的整体利益等良好的工作作风。

位于北京市丰台区的芳星园二区甲3号院(城市芳庭)2、3号楼建成于20世纪90年代末，小区建筑面积27,537.05平方米，共有业主208户，其中空巢老人22户，独居老人9户，常住人口总计707人，暂住人口134人，出租房占小区总房屋数量的14.89%，地上车位共计停放汽车130辆。2013年，由于前物业公司持续亏损，申请撤出管理，金鸿新诚以应急接管的方式于同年8月份正式进驻该小区开展物业服务。目前，小区的物业费收缴率达到96%，该项目已成功实现良性运转。

如何与居民建立联系、赢得他们的信任或许是物业公司进驻老旧小区后所面临的头号难题。刁总认为："物业公司要靠收取物业费来存活，所以首先就要把跟业主的关系搞好，否则物业费就收不上来。但是，我们却不能单单为了要收取物业费而去跟居民聊天，最重要的还是要在跟居民聊天的过程中弄清楚困扰居民的是些什么样的事情，而后我们再一点点地解决。这样不仅能够让居民了解我们，逐步建立起物业和业主之间的信任关系，也能够让我们了解居民，后续举办一些活动，我们也就可以把对应的居民们叫来参加。"金鸿新诚在进驻芳星园之后，并未急于向居民收缴物业费用，而是首先向居民了解小区存在哪些问题，目前最亟待解决的问题又是什么，而后由物业公司先行出资帮助居民们解决"燃眉之急"。

在切实了解到小区居民的现实需求之后，金鸿新诚首先着力对小区进行了基础性的环境和服务提升，以此满足居民最基本的安全需要和生活需求。其通过对停车场进行重新规划，解决了小区车辆乱停乱放、道路拥挤的难题；对楼顶进行防水处理，使困扰居民的房屋漏水问题得以消除；安装二次供水水泵、路灯，设置岗亭，改造升级配电室、单元门，保障了居民日常的居住和出行安全。新的物业让小区焕然一新，居民们的生活迎来了新变化。慢慢地，金鸿新诚就通过这种身体力行的方式逐步赢得了居民的接受和认可，在运营一年之后物业缴费率就提升了20%，并在2015年成功实现了扭亏为盈。

基础性的改造提升保障了老旧小区居民生活的最底线，在此基础上，金鸿新诚更进一步地致力于满足小区居民对幸福生活的追求。一方面，其在小区里新增设了电动伸缩门、快递柜、电动车充电站、蔬菜售卖机、智能门禁和车辆管理系统等配套设施，以此来满足居民对于生活的便利需要以及改善型的生活需求。另一方面，其进一步着眼于服务供给，不断提升居民的生活品质。在小区内设立了健康小屋、共享会客厅等空间，为居民提供便民服务，并通过举办应急救援知识讲座、老年健康操教学、新春茶话会等公益活动，提升居民的健康安全意识，拉近居民之间的关系，营造和谐的邻里氛围。除此之外，金鸿新诚还结合过往的物业管理经验及社会治理要求，自主研发了社区综合管理平台，从垃圾分类到社会治理的各个环节甚至商业服务均可以产生"幸福积分"，居民凭借积分可以抵扣物业费，也可以兑换商品，如此不仅有助于调动居民自觉维护小区环境的热情，同时也有利于培养老旧小区居民缴纳物业费的意识，在一定程度上为破解老旧小区物业费收缴难题提供了可鉴之道。

然而，虽然居民的物业费缴费率上来了，但是物业公司仍面临着一大不容忽视的难题，即老旧小区的物业费普遍较低，仅仅依靠收缴固定的物业费很难维系公司的正常经营。刁总介绍道："老旧小区的物业费特别低，有五毛的、一块、两块的，甚至还有不收的。有的老旧小区产权特别不清楚，一些居民住了十几年连房产证都没有，所以没有法律基础，就不让收，就只能收个停车费，像这样的项目一年下来都不赚钱。"诚然，收费难、费用低，急剧缩小了普通物业公司的利润空间，从而使得市场上大多数以盈利目标为导向的物业公司面对老旧小区的物业项目只能"望而却步"，但是，老旧小区治理的现实问题却亦是迫在眉睫。

在商业目标与社会目标的"交锋"之下，金鸿新诚作为一家社会企业，为破解老旧小区的治理难题提供了一条新的解决之道。以芳星园为例，金鸿新诚发现，小区中居民的服务需求其实是多种多样的，除了大家普遍都需要的基础类服务之外，居民也会产生一些相对个性化的服务需要。这些类型的服务可能并不是每家每户都需要的，但是对于少部分的居民来说又是不可或缺的。因此，除了向居民收取物业费，金鸿新诚还会额外提供一些像是宠物看护等增值服务，居民可以根据需要自行选择消费。如此一来，不仅能够解决小区居民对于物业公司的个性化服务需求，逐步培养其物业消费意识，还为物业公司带来了额外的利润空间，使其能够具备持续反哺社区建设和发展的能力，进而有助于营造可持续发展的良好社区生态。

四、无问西东，形塑社会企业家精神

时间或许是对金鸿新诚最好的肯定。在最初成立的前三年里，金鸿新诚只接管了五六个项目，到现在已经增长到了十六个，那些最初接管的小区到现在也仍旧由金鸿新诚来为居民们提供物业服务。谈及所面临的发展困境，刁总认为，目前对于整个物业行业来说，最大的困难仍然是人才的紧缺，特别是好的治理人才。就金鸿新诚自身的发展情况来说，公司现在比较欠缺能够对老旧小区改造工作进行整体规划、设计以及运营等方面的人才，并且，不断上涨的人工成本以及低廉的物业费，也进一步加剧了人员招聘的难题。

针对当前公司所面临的发展难题，除了希望能够获得相关的人才政策支持之外，刁总认为，最根本的还是要培养起社会企业自身的发展能力，也就是能够以商业的手段去真正解决社会问题的能力。"有相关的政策支持当然更好，但即使没有我们也不能天天埋怨政府。因为我们作为一家社会企业，首先就得能够让自己活下去，必须得有自己的商业模式，如果只能靠政府的政策、资金才能够存活下来，那么也就不是社会企业了。"刁总如是说。

能够身体力行地以社会企业的方式真正解决老旧小区的治理难题，让社会企业的理念能够获得政府的认可与支持，是支撑金鸿新诚发展的内在动力。谈及从事物业社会企业的经验，刁总说道："物业服务本身就是一个慢工出细活的过程，做物业社会企业其实也没有什么特别宝贵的经验，我认为只要你想做好，就肯定能够做起来，因为无论人们

从事什么样的行业都要回家，大家肯定也会希望自己的家能够越来越好。"一句看似平实的话语却道出了一名社会企业家身上的坚毅。社会企业家作为社会企业的核心，其身上既彰显着企业家精神，也富有浓厚的公益精神，最终形塑了独特的社会企业家精神，在刁总的身上我们也能真切地体会到他作为一名社会企业家所彰显的魅力。

关于未来的发展，刁总表示，金鸿新诚首先会着力将其自身的内控体系做好，总结梳理过去的工作经验，发现不足并积极寻求解决之道。除此之外，金鸿新诚也非常希望能够让更多从事物业行业的企业了解、认可、采纳其物业社会企业的发展模式，并进一步打造出一个物业社会企业的社群网络，以此凝聚更大的发展力量，塑造良好的物业服务新生态。优美便利的居住环境，一家有事百家忙的邻里氛围，其乐融融的物业与业主关系，既是金鸿新诚所期冀的未来，也是金鸿新诚所奋力打造的现在。

案例3　碧乡的可持续慈善之路
——社会企业助力精准扶贫与乡村振兴有序衔接

实施乡村振兴战略，是党的十九大做出的重大决策部署，是决胜全面建成小康社会、全面建设社会主义现代化国家的重大历史任务，是新时代"三农"工作的总抓手。十九大之后发布的《乡村振兴战略规划（2018—2022年）》为企业参与乡村振兴指明了方向：未来将"搭建社会参与平台，加强组织动员，构建政府、市场、社会协同推进的乡村振兴参与机制"，"鼓励工商资本投入农业农村，为乡村振兴提供综合性解决方案"，"落实和完善融资贷款、配套设施建设补助、税费减免等扶持政策，引导工商资本积极投入乡村振兴事业"。企业作为工商资本的最主要载体，如何调动企业积极性有效兼顾商业价值和社会价值，如何完善管理体制机制让社会企业真正"名正言顺"，碧乡公司依靠碧桂园集团和国强公益基金会强大的支撑作用走出了一条"可造血、可复制、可持续"的乡村振兴之路。

一、缘起：内外兼修助力"商业向善"

在传统慈善模式里，企业履行社会责任最为普遍的方式是捐钱捐物。但实际上，企业在经营中的"向善"应是一条全产业链的"向善"，在发展中体现出社会责任。

（一）内生动能：坚守慈善初心

碧桂园集团的创始人杨国强从小家境贫寒，儿时受到政府和社会的帮助才完成了学业，从此改变了命运。事业有成后，他决心尽己所能帮助更多需要帮助的人。1997年，他拿出当时一半的身家设立"仲明大学生助学金",而后又创办了全免费的国华纪念中学、国良职业培训学校等,碧桂园集团在20多年的时间里涉足了教育、救灾、精准扶贫乡村振兴等多个领域,慈善之路越走越广。

2013年是碧桂园集团慈善之路的关键一年,杨国强和他的女儿杨惠妍发起成立了广东省国强公益基金会(以下简称"国强基金会"),注册原始基金为1,000万元。2017年,徐永光作为业内最积极推动社会企业和社会影响力投资的知名人士,出版了《公益向右商业向左——社会企业与社会影响力投资》一书,这给了国强基金会高层很大启发,但对于基金会是否应该发起和资助社会企业,基金会高层一直也是犹豫不决,这是因为国内缺少可借鉴的经验,而且大多数高管也对社会企业知之甚少。2018年,国强公益基金会成立五周年之际,担任了国内多家全国性社会组织理事会领导职务、有丰富社会组织领导经验的陈翀出任基金会新一届理事会的理事长,丰富的公益慈善履历和业内资源为陈翀的改革提供了新的思路。上任伊始,陈翀同公益慈善界人士展开过多次探讨,认为"商业向善"是大势所趋,应该运用商业手段解决社会问题。但实际上,要成为这个领域"吃螃蟹的人",真正付诸行动,形成共识,仍然是一个挑战。

(二)顺势而为:满足社会发展需要

2015年年底,党中央、国务院发出了打赢脱贫攻坚战的总动员令,吹响了向贫困全面宣战的总号角。为了响应党中央的号角,碧桂园、国强公益基金会也开始把更多的精力和资源投入到扶贫领域。2016年的广东扶贫济困日,碧桂园集团认捐5亿元,其中有2亿元通过国强公益基金会捐赠到广东省扶贫基金会,用于扶贫项目。自此,国强公益基金会开始大规模参与扶贫开发事业。2018年5月,碧桂园宣布成立精准扶贫乡村振兴领导小组,开展大规模驻村帮扶,与全国9省14县达成结对帮扶协议。随着扶贫覆盖地区越来越广,覆盖领域越来越大,覆盖人群越来越多,如何充分发挥企业自身优势做到"授人以渔",如何能够让扶贫事业可持续地推进下去就成为了摆在国强公益基金会面前的最大课题,而成立社会企业就是最好的破题之道。

碧桂园、国强公益基金会坚持"做党和政府扶贫工作的有益补充",从单个项目帮扶,到试点驻村帮扶,再由点及面,开展大规模驻村扶贫,再到全国9省14县全面推进"4+X"帮扶措施("4"是指党建扶贫、产业扶贫、教育扶贫、就业扶贫等集团统一部署的规定动作,"X"是指结合帮扶地区实际拓展的自选动作),打造可造血、可复制、可持续的精准扶贫长效机制。随后,国强公益基金会相继发起设立了碧乡、国华文旅、惠众小贷、万木齐4家社会企业,试图用社会企业的方式助力脱贫攻坚。

二、深入:多维参与乡村振兴

碧乡农业发展有限公司(以下简称"碧乡公司")创立于2018年,是碧桂园集团的核心联盟企业,广东省国强公益基金会旗下的社会企业。碧乡公司致力于成为带领中国贫困乡村实现产业振兴的领头企业,以全力支持乡村振兴战略为企业使命,正在发展成为我国乡村一、二、三产业融合发展的助力者和精准扶贫领域的领头者。作为一家成立不到四年的农业公司,碧乡公司在碧桂园集团、国强公益基金会的推动下和各地乡村政府进行了深度的合作,逐渐打造出了属于自己的社会企业标签。

在业务开展的过程中,碧乡根据党中央对于乡村振兴提出的具体要求,突出自身优势,采取多维并举的方式,形成立体化的社会企业帮扶格局。

(1)以产业为抓手。碧乡为贫困地区发展特色产业基地提供资金、技术、市场和渠道等各种资源,尝试把这些乡村地区稀缺的生态、文化和农产品资源转化为独特的商品推向市场,从而将该地区的资源优势转变为发展优势,带动贫困户脱贫。碧乡也会在这些产业基地驻点并协助其日常运营,保证基地的持续发展。同时,碧乡以产业扶贫为重点并引入民俗、农家乐和商业街等旅游业态,打造乡村地区的村庄巷道、停车场等基础设施,进一步提升其旅游化、现代化品质,在打造宜居新农村的同时将这些地区建设成为接收外来游客的民宿项目。

（2）**以组织为纽带**。碧乡以党建扶贫为引领,拓展民企与帮扶县党支部结对共建模式,强化各级党组织在精准扶贫乡村振兴实践中的核心领导作用。碧桂园还开办"碧乡·乡村振兴学习实践中心",作为助力乡村振兴的重要抓手,大力推动习近平新时代中国特色社会主义思想深入人心、落地生根,聘请政府领导、高校教授、集团相关领域专家作为名誉讲师,为政府党员干部、集团各党组织党员以及9省14县结对贫困县贫困村村委干部、驻村第一书记以及"老村长"、"返乡扎根创业青年"、扶贫干部等授课,已在甘肃省东乡县,广东省英德市连樟村、鱼咀村、河头村,韶关市黄塘村,佛山市顺德区东海村等地建设试点。

（3）**以人才为中心**。乡村振兴,人才是关键。为深入贯彻人才培养方针,国强公益基金会提供专项资金,碧乡公司提供运营指导,着力将南雄稻虾共作项目产业振兴实训基地打造成人才培育平台、资源对接平台、经验推广平台和创新创业平台。碧桂园依托碧乡等社会企业通过对参与就业培训的贫困劳动力进行跟踪管理,树立就业典型,发掘就业带头人,吸引更多贫困劳动力参与培训实现就业。截至2020年年底,已面向全社会培训96,283人,实现就业55,257人。

三、案例：碧乡走进甘肃东乡

位于甘肃省临夏回族自治州东北部的东乡族自治县是全国唯一的以东乡族为主体的少数民族自治县,这里的深度贫困问题已受到国家和社会的广泛关注。作为甘肃省58个集中连片特困县和23个深度贫困县之一,东乡县是甘肃省脱贫攻坚的主战场。2013年2月,习近平总书记在东乡视察调研,做出了"把水引来,把路修通,把新农村建设好,让贫困群众尽早脱贫,过上小康生活"的指示。2018年5月,在东乡县政府的指导与支持下,碧桂园东乡县精准扶贫乡村振兴项目部成立,首次组建了20人的专职扶贫队伍,全面帮扶了229个村(其中挂牌督战38个)。

甘肃省东乡县的地理位置决定了这里的主要产业以养殖业和手工业为主,其中,东乡羊、马铃薯和手工刺绣是村民收入的主要来源。东乡羊作为当地知名品种,其实早在南北朝时期便有记载。相传,东乡的羊最早是在成吉思汗西征花剌子模时,由撒尔塔工匠迁入境内。这种异域品种的羊,肉质细嫩,极其美味,多年以来被东乡人代代饲养传承至今。虽说酒香不怕巷子深,实际上东乡的地理、交通等,多年来一定程度上影响着东乡羊等农产品的销路。

2018年,碧乡公司正式创立并走进东乡,深入挖掘"东乡三宝"。马国龙是东乡致富带头人之一,如何把家乡的好羊卖出去成为当地村民最为头疼的问题,他的合兴源合作社便是受到碧乡帮扶的单位之一。碧乡与当地合作社开展合作,以市场价格收购农产品,送去当地的加工厂加工,再变成产品销售出去,这便成为了碧乡在当地开展帮扶的主渠道,也收到了明显的效果,截至2021年,碧乡公司共累计销售东乡羊超45,000只,惠及6,000多农户,帮助增收约4,000万元。在碧乡公司的支持下,东乡羊的销售范围从甘肃省拓展到了南方沿海各地,销售渠道主要依靠酒店和凤凰优选线上商城,与东乡县之前的市场并不重叠。除了助力东乡羊销售,在精准扶贫与乡村振兴有序衔接的过程中,碧乡还加快东乡羊养殖产业供给侧结构调整,推进高标准产业繁育体系建设。2021年4月15日,国强公益基金会投资800万元建设的碧桂园·碧乡种羊繁育基地开工建设,还引入了甘肃农业大学、天津奥群牧业研究院、北京畅享设计公司等提供专业服务,基地建成后主要用于东乡羊养殖繁育、养殖技术培训及观摩示范等,将大力推进百和乡养殖产业的发展,成为百和农业产业结构调整中的示范项目。

四、成效与优势：形成"输出—反哺"良性循环

碧乡以助力乡村产业振兴和农民脱贫增收为使命，致力于通过品牌运营和渠道拓展，解决贫困地区农产品销售问题，倡导"以购代捐"，采取产销合作、基地合作等方式开展产业扶贫，联合社会力量带动贫困地区经济发展，打通消费扶贫的"最后一公里"。到 2021 年，碧乡农业借助集团社区新零售品牌"碧优选"和扶贫品牌"臻碧乡"，将优质农产品从乡村运到城市社区，转化扶贫产品超 690 款，销售额约 3.4 亿元，惠及超 11.81 万人。

（一）依托集团实现资源整合最大化

随着碧乡的发展，企业业务板块和发展目标臻于完善，涵盖优质农产品研发与营销、消费助农平台运营和乡村振兴全产业链打造与服务三大板块。一方面，依托碧桂园集团上下游合作企业的优势，以"公司＋专业合作社＋村小组＋农户"的模式，发展现代农业生产；另一方面，结合当地的特色，推动一村一品、一镇一业的发展，通过设基金、建工厂、重品牌、重技术、拓市场，带动扶持当地青年创业。

在营销方面，碧乡充分运用了碧桂园集团的资源。线上，通过集团的渠道向碧桂园 2,000 多个小区 500 多万业主进行推介；线下，集团自身打造的渠道、一些政府合作单位的采供渠道、批发市场的渠道都被利用起来。碧乡公司成立之初，卖的主要是助农产品，如东乡土豆、东乡羊肉……如今，则通过自有品牌"臻碧乡"及旗下子品牌"忙盒""食机已道""臻心待礼"分别打造品质休闲零食、粮油有机食品、臻选待人好礼等优质、健康、安全的助农产品，倡导以购代捐，消费帮扶。

碧乡目前已经开发了 300 多款农产品，累计帮助 11.2 万贫困户增加收入。2018 年，碧乡的总收入是 700 多万元，2019 年就增长到 1 亿元。碧乡在发展过程中充分发挥集团优势资源作用，促进多渠道、多元化发

展，逐渐具备较强的核心竞争力。通过创新的商业模式，碧乡正在可持续、可复制、系统化地解决中国乡村振兴面临的农产品滞销、就业难、可持续发展难等问题。

（二）规模化是可持续的关键所在

对于碧乡公司而言，规模化生产是东乡、连樟村等地农产品取得市场竞争力的关键所在。例如，2017年10月，碧桂园集团、国强公益基金会入驻帮扶连樟村，逐步开展精准助农和乡村振兴工作。在英德的产业帮扶实践中，有一个省直单位结对帮扶困难村，尽管该村产业蓄势待发，但政府资金使用效率低，见效也不明显。见微知著，这件事情给碧乡公司的管理层带来了冲击，他们开始思考是否可以突破农产品销售的局限，打造全产业链，在农村地区开展农业的项目化运作。基于此，碧乡公司调整发展思路，在做好消费帮扶的同时，将精力慢慢往农业全产业链转移，基地产业振兴成为驰而不息推进的事业。2018年起，广东省大力实施乡村振兴，将现代农业产业园作为帷幕拉开，这一想法同碧乡公司不谋而合。

随着习近平总书记2018年10月来到连樟村，碧乡公司在连樟村的农业全产业链项目掀起了高潮。企业方面，在各地抽调精英力量入驻连樟村，开展规划设计和市场运转；政府方面，市人大常委会副主任直接挂钩该项目，建立季度联席会议制度，同时该项目被纳入市级重点建设项目库。整个项目基地占地2,000亩，规模种植西瓜、芭乐、草莓等水果以及菜心、冬瓜等蔬菜。通过实施基地产业项目，农地资源得以盘活，停留在口头上的土地流转变为现实，口惠而实不至的局面得以逆转，资源变资产的梦想得以实现，连樟村群众的土地收益逐渐攀升。2,000亩基地产业项目的化学反应生成，返乡创业、家门口就业、电商直播、休闲旅游等成为连樟村的新常态。

2016年全村尚有建档立卡贫困户54户130人，村集体经济收入刚刚突破2,000元。现在，连樟村已实现全部脱贫，集体经济收入更是达到了 68 万元。经过一系列的努力,连樟村由存在良久的贫困村转型升级为远近闻名的富裕村。碧乡认为政府同企业的配合至关重要,政府部门负责项目立项、土地协调、财政奖补等事项,企业负责项目规划、工程建设、帮扶带动等工作,分工明确,相得益彰。碧乡联动现代农业公司,投资约 4,000 万元,建设连樟村现代农业科技示范园,培养当地新型农民,参与管理。基于这一经验,碧乡不断开拓全产业链项目的战场,130 亩百香果基地、300 亩丝苗米基地、1,000 亩小龙虾基地、甘肃东乡羊繁育基地、肇庆德庆贡柑产业园等在全国各地得以落地生根。

(三)始终秉持社会企业初心使命

作为碧桂园集团核心联盟企业、国强公益基金会旗下的社会企业,碧乡公司承担的责任和使命远比"打通渠道"要复杂得多。作为社会企业,碧乡并不以盈利最大化为目标。按照约定,碧乡所获得的盈利将返回国强公益基金会,继续用于公益项目。商业企业、社会企业、公益组织在解决贫困问题上不再是各自为战,不再是零和的竞争关系,资源、机制互补为社会问题的解决提供了一条中国特色的路径。

在公司运营中,平衡"商业"与"向善"更是一门大学问。社会企业的成立,能够用企业的运作模式弥补过去乡村缺失"现代性"的问题,帮扶对象切身感受到了思想观念上的变化,帮扶工作也有了"可持续"的重要依托。社会企业与一般企业有何不同?以东乡土豆饼干为例:如果从商业的角度,单纯考虑种植、运输等成本,企业采购土豆的首选肯定不是东乡。但为了帮扶东乡的村民,碧乡公司这样的社会企业会选择后者,降低利润率以平衡两者。所以,在基金会和碧乡的负责人看来,碧乡公司作为一家社会企业不仅在采购端注重"向善",还通过分红等方式反哺国强公益基金会,再循环投入到乡村发展中和其他公益项目造血,从而形成一种可持续的帮扶模式。但有时现实总是残酷的,社会企业"向善"的另一面,是"商业"。碧乡公司等社会企业都不可能单纯"为爱发电",或指望消费者长期"为爱消费"。提高产品的市场竞争力,是企业在激烈的商战中站稳脚跟的不二法门。从长远来看，公益性和商业性的博弈始终是社会企业发展过程中面临的最大挑战，如何在其中找到平衡点，形成良性循环，不仅对于碧乡和国强公益基金会，乃至对于中国社会企业行业都是一个值得探究的课题。

五、结论与讨论

以碧乡为代表的致力于乡村振兴的社会企业，其优势在于政策扶持和社会需求相对较为广阔，而其制约困境在于全产业链的维持成本较高和社会资本缺乏。碧乡作为一家社会企业在探索过程中，基于当地禀赋及市场需求，以产业振兴为核心驱动力，因地制宜地为贫困乡村提供可造血、可持续的产业和乡村发展规划方案。同时，碧乡还充分利用当地政府的政策和资源，包括推动土地流转、产业上下游协同发展等，协同内外资源，建设产业基地和产业园区，搭建营销渠道，例如全国消费扶贫广东馆、淘宝和京东等电商平台、线上线下销售渠道，打造地标性产品，培育知名农副产品品牌，提供培训和文旅等服务。

当前，碧乡参与建设的乡村振兴项目大都有着稳健的发展，这是碧乡在可持续推进乡村振兴中值得肯定的一点。但同时，由于一些项目的运营成本较高，商业价值和社会价值的平衡依旧是未来碧乡所面临的巨大挑战。为了保证社会企业的使命不发生漂移，始终保持初心，碧桂园陆续将旗下的几家社会企业，如碧乡、国华文旅、惠众小贷等公司的股权全部捐赠给了国强公益基金会，这种方式在一定程度上保证了公益使命不漂移，但在具体业务中，如何能够在坚持公益使命的同时有效维持企业运营是留给社会企业管理者的最大难题。碧乡在碧桂园集团和国强公益基金会的支持下，不断发展壮大，逐渐走出一条可造血、可持续、可复制的乡村振兴之路，为破解城乡二元结构贡献了新方案，让老百姓、村集体以及参与其中的社会各界力量都能实现共赢，共同助力乡村振兴的发展。

案例4　童萌亲子园：普惠性社区早教的探路者

2016年10月24日，童萌社会工作服务中心作为社会组织于成都民政局注册，2018年完成工商注册，同年获得社会企业身份。童萌团队专注中低端收入家庭0—3岁儿童早教事业，致力于打造社区普惠早教产品。目前，童萌以加盟店形式迅速展业，已在成都、南京、昆明等全国30余个城市的100余个社区建立了童萌亲子园，帮助超过200名妈妈创业就业，为超过200个社会组织提供儿童早教的能力建设服务，已累计服务超过30,000名中低收入0—3岁婴幼儿家庭。

一、创立契机：行业存在供需缺口　团队公益经验丰富

（一）行业背景：早教需求旺盛　供给"贵且不足"

2021年7月21日，国家卫生健康委员会人口家庭司司长杨文庄在国新办发布会上介绍，目前我国0—3岁婴幼儿约4,200万，其中1/3有比较强烈的托育服务需求。但调查显示，我国3岁以下婴幼儿入托率仅为5.5%左右，供需缺口很大。

家庭层面，0—3岁是孩子大脑发育的关键期，科学合理的早期教育可以充分发掘儿童的潜能。诺贝尔经济学奖得主詹姆斯·赫克曼（James J. Heckman）的研究也证明：投资0—3岁儿童早期不仅仅是保障儿童权利的基本要求，也是促进人的发展和教育公平、打破代际贫困、增强国民素质和国家竞争力的重要手段，具有很高的经济和社会效益。然而，童萌的调查显示，我国60%—70%的儿童主要由祖父母进行照护，且家长较少主动地去获取系统、科学的早期教育知识。

社会层面，婴幼儿缺乏有质量的照料是制约生育率的重要原因之

一。2019年5月，国务院办公厅出台了《关于促进3岁以下婴幼儿照护服务发展的指导意见》(以下简称《意见》)，明确指出3岁以下婴幼儿照护服务是生命全周期服务管理的重要内容，事关婴幼儿健康成长，事关千家万户。同时，"十四五"规划也提出要将"托育服务"作为一项重点来发展，并明确到"十四五"期末，每千人的托位数要从目前的1.8提高到4.5，满足托育相关需求。

2015—2020年，我国早教行业市场规模逐年增加，年均复合增长率高达17.19%；2020年中国早教行业市场规模达3,038亿元，同比增速保持在10%以上。根据各早教机构官网统计，7家代表性早教机构在一线城市网点数合计481家，二线城市网点数合计1,876家，三线及以下城市网点数合计1,971家①。尽管目前市场供给旺盛，但整体入托率仅为5.5%左右。这与目前早教市场中的供需结构性不匹配问题密不可分。

在商业供给方面，早教品牌机构市场下探不足，中低端收入人群难以负担。在目前商业性早教市场中，国际品牌金宝贝、美吉姆等机构定位高端，网点主要分布在一二线城市，45分钟单节课价格在200—400元左右，一年早教费用在1万—2万元左右。红黄蓝等本土早教品牌多分布于三线城市，意在服务中小城市群体，但收费也保持在年均6,000元的水平，且各地机构服务质量参差不齐。依据国家统计局数据，2021年全国居民人均可支配收入中位数为29,975元，人均教育文化娱乐消费支出仅为2,599元，商业性机构费用对于中端以下的收入人群依旧是一笔不小的开支。

在公益供给方面，更多关注贫困村镇地区，对于普通城镇中低端收入家庭资助存在空白。我国主要的大型基金会如中国发展研究基金会、中华儿慈会等，有针对0—3岁儿童早教的相关公益项目，但主要面向贫困的县乡、村镇等地区提供公益援助，对于普通城镇的普通家庭关注较

---

① "2021年中国早教行业产业链现状、市场竞争格局及发展趋势"，https://www.xianjichina.com/news/details_279405.html。

少。并且,我国相对贫困的地区早教资源更为匮乏,更需要公益力量进行支持,对于城镇中低端收入家庭更应调动社会力量进行补充。

在政策导向方面,此前国家没有专项经费和主管部门,服务在持续性和系统性上不足,希望结合社区与社会力量增加普惠性早教供给。《意见》明确提出"政策引导,普惠优先"原则,包含充分调动社会力量积极性,大力推动婴幼儿照护服务发展,优先支持普惠性婴幼儿照护服务机构等内容。此外,《意见》也强调要加大对社区婴幼儿照护服务的支持力度,并关注婴幼儿早期发展项目。

(二)团队介绍:公益从业经验丰富 迅速形成使命共识

童萌总部位于成都,是国内首个专注社区普惠性早教产品研发与推广的社会企业,愿景是让每一个儿童都能在社区内接受到优质的早期养育指导服务。其创立、成长与持续健康发展为行业树立了典范,而这成绩的背后离不开创始团队的价值认同与精心孵化。

一方面,童萌创始团队有丰富的公益组织从业经验,有能力通过优势互补助力产品从"培育"到"孵化"。创始人毛磊、邓富友曾共事于恩派公益组织发展中心(NPI),一起进行公益孵化器项目。此后,毛磊加入国际性非营利性慈善机构 AEA 教育基金会,从事儿童和妇女相关社会工作,并深耕于儿童板块中 0—3 岁儿童发展业务。邓富友则在 NPI 继续公益组织、社会企业孵化相关工作,负责过全国 30 余个城市的业务及团队管理、政府关系和资源拓展,积累了充足的项目孵化经验。

另一方面,童萌创始团队精准定位中低端人群早教市场空白,创始人毛磊在 AEA 工作了一段时间后发现该机构在儿童工作方面非常优秀,但目前我国在政策层面对于此类国际性组织有较为严格的监管限制,因此其难以在境内更好地发挥作用以解决中国儿童早教问题。而富有公益孵化经验的邓富友在详细了解毛磊所从事的 0—3 岁儿童早教项目后,发现了中国早教行业的巨大社会需求与市场缺口,二人一拍即合,决定成立早教领域社会组织。

此外，AEA团队也对童萌的创立发展进行背景与资源方面的扶持。毛磊在AEA的具有多年社区普惠早教及亲子课程开发经验的三位同事——吕洁心、郭丹和周丽瑶也在同一理念驱使下加入了童萌，组成了最初的联合创始团队。团队成员均对普惠性早教事业高度认同，并有丰富的早教、公益等领域工作经验，在综合考虑个人特长后形成了集对外联络、对内运作、教学管理、运营管理和课程研发五位一体、分工明确的管理团队，并具有高度使命感与凝聚力。

二、经营方式：兼具"一体两翼"优势 加盟助力普惠服务

（一）组织形式："一体两翼"经营 发挥社会企业独特优势

童萌创始团队成立之初创办的是一个非营利性机构，即成都童萌社会工作服务中心（以下简称"童萌社工"），于2016年10月24日在成都市民政局登记成立为民办非企业单位。在使用社会组织身份经营了一年左右后，童萌社工就取得了一定的影响力。

2018年，成都政府推出一些利好社会企业的政策，希望通过培育社会企业来实现一部分社会治理职能。童萌创始团队顺势而为，2018年4月正式在工商局注册了一家公司——成都童萌早启教育科技有限公司（以下简称"童萌公司"）。同年，童萌公司就被认证为成都首届12家社会企业之一，也是其中唯一一家从事0—3岁儿童早教事业的企业。

至此，童萌团队也正式拥有了两个独立法人身份，确立了"一体两翼"的经营模式。其中，"一体"是内部精简的12人全职管理团队，"两翼"的分工为：比较偏市场化和商业化的经营基本都以童萌公司的名义进行；而偏政府捐赠、企业资助、农村公益的经营就以童萌社工身份进行。另外，"两翼"的战略定位是：因为农村目前还没有找到特别好的商业模式，社会组织更多地做公益和农村部分；而社会企业主要做城市部分，运行更偏商业化。

在资金来源方面，社会组织资金主要来自捐赠，社会企业通过商业化运行可以实现盈利。童萌社工资本主要来源是政府购买服务和社会资助与捐赠，包括两个方面：一个是政府；另一个是基金会，如上海联劝基金会、澳门同济慈善会、北京三一基金会等专门做资助和爱心扶持的组织，这些爱心基金会的资金主要来源是企业家捐赠。

童萌公司将社区治理与企业运营理念相融合，采用社会化的手段动员社会力量、整合社会闲置资源，为社区 0—3 岁的婴幼儿提供离家近、可负担、有质量的亲子早教服务。童萌目前已在成都 37 个社区建立了童萌亲子园，并将社区早教产品推广到覆盖全国 17 个省份的 100 余个社区，帮助超过 200 名妈妈创业就业，为超过 200 个社会组织提供儿童早教的能力建设服务，已累计服务超过 30,000 名中低收入 0—3 岁婴幼儿及其家庭。

(二) 服务模式：明确社区普惠定位 加盟形式持续展业

不同于距离远、价格高和联结程度低的红黄蓝等商场早教机构，童萌亲子园业务定位即为"社区普惠早教"产品，具有离家近、价格亲民和熟人社群特点。在具体的运营模式上，童萌亲子园采用"123模式"，即：

1 间教室，选址社区内 40—80 平方米空间，一周开放 5—6 天；

2 位老师，即一位主教师、一位助教，并由区域经理进行支持；

3 类服务，提供空间和操作材料、分龄活动及课程和社群服务。

在体系课程方面，童萌亲子园专注社区型早教课程体系的研发与推广，并历经 6 年时间研发《萌动生活课社区早教生活化教学方案》，遵循"生活即教育"的理念，围绕幼儿"生活的教育"和"教育在生活中"设计并开展活动，为儿童提供丰富、生动的早期教育内容。在社群服务方面，童萌通过熟人社区实现"以点带面"。切准目前中低收入 0—3 岁婴幼儿家庭对社区的需求最旺盛的痛点，通过社区营造动员社区内居民参与，以良好社群服务打造熟人口碑。

此外，童萌通过盘活社区党群中心资源促成双赢。目前大多数社区中设置的党群中心使用率、利用率并不高,童萌设计项目时就充分利用这一点,希望把服务常态化植入社区党群服务中心,一方面降低童萌的租房成本,另一方面帮助社区提升党群服务中心人气。意向社区只要提供社区内40—80平方米空间,就可以零成本为社区引入童萌亲子园,而童萌通过"空间打造+体系课程+社群服务"的设计,让每一个家庭都可以轻松、便捷、快乐地拥有早教,开启"科学早教,就在社区"的育儿新时代。

在展业方面,童萌基于自身模式复制优势选择加盟店模式,并采用倒金字塔组织结构保证整体运行效率。童萌的意向合作加盟对象是热爱孩子、文化水平在大专以上的全职妈妈们,特别是因养育孩子有一段时间远离职场,现在需要一份离家比较近且工作时间能够兼顾家庭的工作的群体。首先,童萌具有自身体系化的版权,包含课程、商标和系统,可以尽全力帮助加盟妈妈复制成熟模式。其次,加盟费用门槛较低,成都地区免加盟费可直接在总部培训通过相关的资格认证,异地2万元加盟费由现有基金会补贴50%,剩下的部分实际上相当于一个老师培训认证的成本费用。最后,在盈利反哺方面,由于童萌采用阿米巴模式,即在整个经营体系里面独立核算,在实现盈利后分店加盟人获得70%,反哺总部20%,其余的5%用于公益基金,5%用于共济基金。因此,团队也将整个童萌叫作"社区普惠早教的创新创业平台",鼓励加盟妈妈们在自己的小区创业。

在倒金字塔组织结构中,所有的加盟店都属于前台,帮助童萌实现展业,实现让更多0—3岁婴幼儿家庭持续接受平价、便捷、质优的亲子早教服务的愿景。而中台则是各种职能支持,比如IT、财务、研发、传播、品控等环节,负责帮助加盟店顺利落地与运行。至于后台就是总部的战略制定、战略管理、公共关系、资源筹措等方面,起总揽全局、把控方向的作用。整体来说,就是形成一个前台、中台和后台搭配运行的机制。童萌目前的核心目标是做成一个小而强大的后台,然后去支持和推动整个前台的发展。最终,童萌希望形成一个"自主创生式"的组织,也就是一个"赋能"平台,使成套的体系和模式通过加盟的方式惠及更多家庭。

三、可持续性:以业务塑造核心 社区营造实现共建

(一)聚焦早教赛道 以价值链维持低成本

在产品与业务可持续方面,童萌公司通过自身的细分定位战略创造核心竞争力。

目前早教行业中头部品牌如金宝贝、红黄蓝等,主要业务有思维训练类、语言培训类、兴趣培养类以及综合类四类。其中,思维训练类、语言培训类、兴趣培养类又被合称为专业类,主要针对4—6岁儿童,也是目前市场中的主流。综合类早教机构有丰富的软硬件设施、多样的课程内容,更侧重婴幼儿身体机能的培养,所以客群能覆盖0—6岁儿童,与童萌有所重叠。此外,这些含有0—3岁儿童早教的机构大部分能实现全程托管服务,并有儿童用品代销、儿童摄影等相关增值服务内容,业务品类更加齐全,但收费也相对较高。

相较于早教行业中商业性早教机构,童萌公司只聚焦于0—3岁早教,具体的业务品类精准面向细分客户、细分市场,与行业竞争对手实现区隔。童萌公司只做面向二三线城市的社区里面中低收入家庭的早教课程,与大多数商业早教机构定位的客群不一致。此外,在具体产品业务方面,童萌公司只做以课时形式开展的早教课程,不进行全程的托管和相关增值服务的开发,在产品上与商业性机构也形成差异。但这种聚焦一方面契合了中低端收入家庭的最为核心的早教需求,另一方面也控制了童萌公司自身经营的成本与风险水平,是最适合童萌自身的赛道。

在盈利可持续方面,童萌公司在确保品质性能的前提下,通过价值链创新实现低价,除了30%的社会捐赠来源,业务自身经营也已实现盈利。童萌充分调动自身的资源,形成了低价可持续的价值链:在研发方

面,童萌通过公益基金资助、政府购买、专家志愿者完成前期研发积累;在固定资产成本方面,通过政府、社区、社会闲置场地资源整合,低偿或无偿获得场地和装修;在营销费用方面,基于政府、社区背书和社区动员方法,获得客户信任;在人力成本方面,动员培养社区妈妈担任老师、合伙人、加盟商,减少全职人员;在资本投入方面,采用有限极简模式,单店投资成本低,容易找到合作伙伴、加盟商、合伙人。

截至2021年年底,童萌在营门店(含协议筹备)数量破百,达到110个,机构营收自成立以来取得了年化93%的持续增长,其中当年来自用户付费的营收占比达到73%(之前四年均值仅为31%),基本完成了从社会组织向社会企业的转型,而预计次年这一比例将超过80%,在保障门店妈妈合伙人收益的同时,组织也得以持续发展。

(二)重视社区营造 践行"在地参与"与"多方协力"

童萌公司作为社会企业,在实现可持续发展方面另一个核心优势就是可以用社会化的方法和社会化的资源,去做整个社会闲置资源的动员、整合和激活。社区营造是社区自组织的过程,是提升社区内的社群社会资本,达到自治理的过程。社区营造就是要通过政府引导、民间自发、NGO帮扶,使社区自组织、自治理,帮助解决社会福利、经济发展、社会和谐的问题[①]。

社会营造对童萌的可持续发展有非常大的增益作用,童萌参与社区营造一方面可以使早教的观念潜移默化、深入人心,另一方面也可以提升早教的效果,更多惠及社区内居民。因此,童萌非常注重通过社区营造的方式动员居民、协同多方力量,实现社区普惠早教的共建共享。

童萌在开展服务中,将"在地参与"原则体现得淋漓尽致:第一是活动参与,童萌所有的亲子活动、亲子游戏、亲子课程都是"以儿童为中心",围绕儿童每一天的吃喝拉撒睡生活场景而设计,并且选用锅碗瓢盆

---

① 采用清华大学社会学系罗家德教授提出的社会营造概念。

等日常生活器具作为活动道具或工具,所有活动都是要求家长和儿童共同参与,他们不仅仅是"听课",更需要亲身实践、练习,每次亲子课程后还需要家长带着孩子完成作业,课程全程每位家长和儿童都是参与的主体;第二是就业参与,每个社区的童萌亲子园,童萌都优选本社区内全职妈妈、退休妇女等参与课程组织与场馆维护,协助解决社区就业;第三是治理参与,童萌还动员家长成立社区的"家长联谊会",孵化社区自组织,增强居民自助互助,提升居民社区资本;第四是经营参与,童萌鼓励家长成为童萌亲子园的股东、合伙人,深度参与社区童萌亲子园的运营管理,从被动地接受服务转变为主动地创造收益。

童萌深知社区营造需要"多方协力",需要准确把握社区自身与外来协助者之间的关系。因此,除了盘活社区内部资源,发动当地居民参与外,童萌也非常注重联动各界力量共同推动社区普惠早教的发展,包括政府的相关部门,如民政局、社治委、团委、妇联、卫健委、教育局、街道办等;公益的相关部门,如澳门同济基金会、北京三一基金会、上海联劝公益基金会等;学界相关部门,如四川大学、四川师范大学、四川省社科院、首都师范大学等。总而言之,童萌注重整合各界资源,因为有多方力量参与,才能为社区中低收入的0—3岁儿童的家庭提供有质量的便捷服务。

四、普惠性:平衡公益与商业 坚持反哺社会

(一)"低偿+免费"运行 平衡公益与商业

童萌公司作为社会企业以社会目标为导向,不以营利为最终目的。在具体业务经营上,童萌以"低偿+免费"的模式进行运作,并通过坚持两个30%运营原则平衡公益与商业,将一部分经营成果直接反哺社会。

一方面,童萌在定价层面坚守普惠属性,以市场价30%作为自身定价依据。传统的商业早教机构提供的0—3岁早教课程单价在150—300

元/节左右，依据地方经济水平有所浮动。童萌为实现科学而普惠的定价，参照门店所在地商业性早教机构的定价水平，将课程单价控制在市场价格30%以内，总体水平维持在30—50元/节，让绝大多数家庭可负担，并且对社区内低保、残疾等有经济困难的家庭免收课程费。

另一方面，童萌亲子园坚持场馆30%的免费开放时间，并将收入的一定比例捐赠给社区基金。童萌场馆不低于30%的时长免费开放给所有社区0—3岁的儿童及其家长，亲子园里面的儿童游乐实施、玩具、绘本，家长们都可以带着孩子免费玩或者免费借回家。最重要的是，童萌承诺社区店收益的60%回馈于该社区的妈妈老师及社区基金，并用社区基金资助社区开展社区营造相关公益项目或活动。

（二）坚持反哺社会 社会反响良好

童萌团队是一个高度价值认同及使命驱动的社会创新团队，这保障了童萌自创立以来一直坚守初心，没有发生愿景、使命、目标和价值观的漂移。童萌团队在共同讨论后决定了"让每一个家庭轻松、便捷、快乐地拥有早教"的愿景和"致力于推动更多社会力量参与儿童发展"的使命，并以"看见自己、拥抱变化、共建共享、成就他人"作为价值观的四大基石。此外，童萌在公司经营战略制定时也坚持反哺社会，积极践行社会企业的担当，踊跃向社区基金捐款，反哺社区其他公益事业的发展。

童萌的努力也得到了社会各方的高度认可。童萌获得了中国慈展会"中国好社企"认证、中国好公益平台品牌创建机构、中国儿童友好社区普惠典范项目、中国青年社会组织公益创投大赛银奖、四川省早期教育行业协会优秀会员单位、四川省妇女儿童公益项目大赛一等奖等一系列荣誉。并且，童萌还成为四川省质量监督管理局指定社区的早教服务标准化试点建设企业、成都市婴幼儿保育协会早期教育指导师培训认证基地和西南财经大学、西南石油大学、西华大学等高校的实习基地。

此外，童萌还与民政局、市场监管局、社治委（社区发展治理委员会）、共青团、妇联、质监局（质量监督检疫局）、教育局、卫健委等相关部门有密切联系，并在多方协助下获得宣传、资金等方面的补贴和扶持，并积极参与到四川省的省级社区早教标准的制定工作中，获得较为广泛的社会认可。

五、未来展望：坚守初心愿景 关注加盟发展

早教是婴幼儿接受良好教育、形成初步认识与培养良好习惯的起点。目前，中国有约 4,200 万的 0—3 岁的婴幼儿，属于童萌核心定位的中低端收入家庭这一部分客群大概占到近 50% 的比例。童萌目前的服务范围才 3 万人左右，体量上还存在巨大缺口。而且，童萌 2016 年年末才开始正式运行，无论是作为社会组织还是社会企业，都还处于初创时期，还有非常长远的发展道路。在国家政策的支持与保障下，早教行业发展前景良好。从家庭收入水平看，商业早教只能覆盖不到 15% 的群体，童萌所面向的城市普通家庭、县域家庭和乡村家庭具有庞大的基数。因此，童萌的具体目标是 5 年服务 100 万家庭，促进 0—3 岁儿童早教真正普及，让亲子园成为每一个社区的基础设施标配。不能因为距离或费用原因而让儿童错失促进早期发展的机会和权利。

童萌将继续打造自身产品核心优势，通过"课程体系 + 师资培训"树立自身早教品牌。一方面，继续研发优质教学内容。童萌目前拥有自身教材版权，并能提供 0—3 岁儿童共 200 节精品课及约 100 节主题课。童萌将在原有课程的基础上进行内容与形式的拓展与创新，力图更加适合幼儿身心发展。另一方面，加大师资培训力度。2021 年，童萌在 7 省举办线上或线下训练营 9 场，253 名学员结业，其中 54 人成功考取早教指导师证，超过 80 名学员结业后在社区中开展公益早教服务。童萌将继续健全教师岗前培训和定期交流制度，提高教师综合素质，为幼儿提供更加优质的教学与生活关心。

童萌将通过宣传、加盟与多方合作等方式继续扩大影响力范围，在为更多的家庭提供早教服务的同时重视服务质量把控。一是通过多样

化手段拓宽宣传途径。童萌可以借助新媒体技术进行主动宣传,如拍摄课程教学短片、幼儿生活片段等,将童萌提供的优质服务与品牌课程传播出去。此外,继续发挥"熟人客群"营销优势,以口口相传的信任树立童萌口碑。二是完善分店支持体系,针对不同地区、不同社区的需求与实际情况,从选址到管理到运营,童萌因地制宜进行企业复制。三是在加盟扩张时注重服务质量管理和合规风险防控。童萌对老师进行严格选拔,并签订相应承诺书与合同,完善每个分店的监控与保险配置。此外,童萌还将积极协调与吸纳相关社会力量,促进自身企业长足发展。

案例 5 老友记：智慧助老，让老人生活更美好

一、老无所依：老龄化社会的困境

根据国际共识，如果一个国家 60 岁及以上人口占全部人口的比重超过 10%，便意味着进入老龄化社会；如果 60 岁及以上人口比重在 10%—20%，属于轻度老龄化阶段；20%—30% 为中度老龄化阶段；超过 30% 是重度老龄化阶段。2000 年，我国 60 岁及以上老年人口占当时全国总人口的 10.2%，65 岁及以上老年人口占当时全国总人口的 6.96%，由此，我国进入老龄化社会，迄今已超过 20 年。2020 年实施的第七次全国人口普查结果显示，我国 60 岁及以上老年人口已超过 2.64 亿，占比 18.7%；65 岁及以上老年人口超过 1.9 亿，占比 13.5%。普查数据说明，目前中国正处于轻度老龄化阶段，并且中国也已成为世界上人口老龄化速度最快的国家之一[1]。

长三角地区是我国经济社会发展相对发达的区域，该地区的老龄化状况则更为深刻。在第七次全国人口普查数据中，长三角地区的老龄人口比例已超过 20%，已进入中度人口老龄化阶段。以上海为例，上海是中国最早进入老龄化（1979 年）且老龄化程度最高的城市。截至 2020 年年底，上海的户籍人口中，60 岁及以上老年人达 533.5 万人，占户籍总人口的 36.1%[2]。可见，仅就上海来说，老龄化问题已经相当严重。因此，中国面临的日益严峻的养老问题在以上海为代表的长三角地区表现得尤为明显，探索符合地情的养老服务模式已成为急需应对的一大挑

---

[1] 国家统计局新闻发言人就 2021 年 4 月份国民经济运行情况答记者问，2021 年 5 月 17 日。
[2] "长三角老龄人口比例超过 20% 已进入中度人口老龄化阶段"，中国新闻网，2022 年 1 月 14 日。

战。在此背景下，上海杨浦区老友记智慧助老服务中心（简称"老友记"）基于互联网理念和技术，研究国内养老产业模式，承接政府助老送餐等为老服务并进行"＋互联网"改造，旨在从老人的助餐问题着手，帮助老年人实现更美好的生活。

二、格物致知：老友记的迭代发展

老友记的创立缘起于创始人柴勇的一次公益创业。2015年，即将三十而立的柴勇开始思考自己下一阶段的人生应该如何规划，此时的他开始回归自己的初心：做养老。从事养老行业是柴勇一直想做的事情，这与他的成长经历有很大的关系。在他的成长过程中，奶奶对他的陪伴最多、影响最深，但在他高中期间，奶奶因为中风，开始慢慢需要有家人照顾，而自己当时又很难靠自己的能力去照顾奶奶，这使得柴勇一直以来都满怀愧疚。大学时期的柴勇还暗暗下定决心，在实现一定的积累之后就要去做养老。除了个人经历的影响，当然柴勇也看到了养老行业面临的巨大的需求和挑战。在上海，每三个上海人之中就有一个是老年人，而国内又没有一家以养老服务为主营业务的上市企业，养老服务需求存在巨大的供给缺口。进入养老行业，既能实现巨大的社会价值，又能弥补柴勇人生中的遗憾。2015年，在家人和朋友的支持下，柴勇找到了一批志同道合的人，开始将他们共同认同的创业理想付诸实践，以"互联网＋养老产业"的模式切入养老市场，通过互联网技术解决老年人在日常生活中遇到各种无助和困扰。

从2015年到2017年，柴勇一直在做养老相关的各类公益探索，包括做老年大学，老年人全科医生上门服务，教老人使用智能手机等。直到2017年，一次偶然的机会，因为街道负责给老年人送餐的阿姨摔伤了，柴勇团队就主动承担起了送餐的任务。在送餐的过程中，柴勇发现，要把这件看似简单的事情做好其实并不容易，他发现其中有很多值得改进的地方，比如助餐服务场所建设布局不够均衡、送餐服务和助餐管理不够精细等短板问题。而且，老年人由于器官衰退、消化功能减退、抵抗力低下等因素，如何保证老年人的饮食营养均衡，保障上门送餐的食物摄入和营养状况，让老年人吃得健康，也是一个非常重要的问题。再加上虽然科技的进步给我们的生活带来极大便利，但老年人似乎并没有充分享受到科技的红利，如何让老年人也感受到科技力量带来的温暖，也越来越为社会所关注。因此，在各种因素的驱动之下，2017年，柴勇以民办非企业的形式在杨浦区民政局注册成立了上海杨浦区老友记智慧助老服务中心，专注于为老助餐模式的探索。

机构成立后的一年时间里，也就是2017年到2018年这段时间，老友记开始在既有助餐项目的基础上尝试更多的改变。从原来只能订一顿午餐，变成晚餐也可以订；从原来只有一种套餐，变成两到三种不同的套餐；从原来只从一个餐厅订餐，变成两三个餐厅都可以订餐……老友记在助餐项目上开启了多种创新性的测试，希望给助餐项目增加多种不同的类型。经过一年的摸索，2019年起，老友记的业务覆盖范围已经从上海的一个街道扩展到了其他街道，从杨浦区扩展到了其他三四个行政区。

但是，老友记在创新过程中也接连不断遇到一些挑战，而正是在应对各种挑战的过程中，老友记才发生了进一步的迭代创新。比如，从2020年到2021年，在为老助餐配送的过程中，陆续有老年人反映饭菜不可口。追究其原因，老友记发现，如果只提供送餐服务，而做餐环节仍然由他人运营的食堂或餐厅来执行的话，对于老年人而言，一旦饭菜不可口，即便送餐服务做得再好，也不能让老年人满意。于是老友记主动将做餐环节纳入业务流程中，最初是将一家养老院的餐厅接手过来，到目前为止，由老友记运营并提供做餐、送餐服务的餐厅已有6家。再比如，老友记成立之初，在管理模式和运营成本方面存在非常大的挑战，面临各个方面的问题，于是机构开始引入许多商业机构都不一定会引入的先进的管理理念和管理方式，如包括物联网、技术点评等内容在内的一些数字化管理体系的建立，这使得老友记在成本控制、数字化能力和水平方面都积累了显著的优势。

三、科技赋能：让老年人生活更美好

（一）为老助餐的业务模式

上海杨浦区老友记智慧助老服务中心致力于为老年人提供更加智慧化的餐饮解决方案，机构的愿景定位为通过互联网的理念和技术，让老年人生活更美好。老友记以新零售角度切入居家养老服务，将自己定义为"基于15分钟养老生活服务圈物流体系的到家服务助手"，通过"融合餐饮＋配送＋公益＋社区营造＋标准化服务＋垂直养老运营"这一套组合拳实现单点突破，15元一大荤一小荤两素送餐上门的服务更具性价比。目前该模式已在上海完成1/10的市场覆盖。

从老友记的团队分布中可以看出其业务分布与整体流程。机构目前的团队分为五大板块：第一块就是一线的送餐服务骑手，大约150名，既有全职也有兼职；第二块是6个自营门店，也就是养老院的食堂和社区食堂，大约70名，也是既有全职也有兼职；第三块是总部人员，包括人事、行政、财务、法务、运营等，约有20名员工；第四块是志愿者，在志愿者管理中还采用时间银行的管理策略，机构的管培生和试用实习生等，优先从志愿者中来筛选，但受疫情影响，近两年的志愿者数量较少；最后一部分还包括一批外部的伙伴，在同伙伴的合作与磨合的过程中，一些还会转化为内部伙伴如股东、理事、运营负责人等。

目前老友记的业务中有大约60%属于政府购买服务项目，有30%属于国企一类的B端机构采购，也就是一些国企内部的养老机构购买老友记的服务，还有10%属于个人订餐，也就是老年人自己购买。除了提供最直接的为老助餐服务，老友记还通过数字化运营管理和一站式服务运营模式，为大型国企或做养老的企业提供数字化的支持，由企业买单老友记的养老数字化解决方案。换句话说，老友记的用户是老年人，但老友记的客户实际是一批为老年人提供服务的企业和政府部门。

| 公益、政府服务 | 助餐配送 | 社区及机构餐厅 | 支撑软硬件系统 |

图 2-2 老友记业务板块分工

（二）技术赋能，智慧助老

数字技术的运用是老友记以技术实现自我赋能，助力企业实现智慧助老愿景的重要途径。之所以将技术赋能运用到养老这一领域，根本的出发点在于老友记的目标就是让老年人生活更美好，而更直接的原因还在于看到了老年人在用餐方面存在的问题。老友记发现，一些老年人在订餐时只订午餐而不订晚餐，把中午剩下来的饭菜留到晚上继续吃，这一方面不符合食品安全的要求，另一方面也不能帮助实现老年人幸福美好的生活。而究其原因还在于成本和价格问题，当老年人觉得用餐偏贵而选择不合理的用餐方式的时候，老友记开始在降低成本和价格上下功夫，而最主要的策略就是用技术赋能的方式，将数字技术运用到为老助餐行业当中。在老友记的全部流程都采用数字化的方式进行改造之后，企业的业务管理流程也变得标准化，带来的结果就是成本和价格的降低。更多的老年人不再把午餐留到晚上，而是选择订两顿餐，这也大大提高了老年人的用餐和生活质量。

在推进智慧助老方面，老友记将整个企业的业务拆解成 1,700 多个流程职能点，分别体现在数字化管理流程当中，通过各个职能点的数据及时上传，将整个体系全盘打通，避免了数据孤岛，提升了数字化流程的颗粒度。此外，老友记还在自营食堂上线了"智慧食堂"，为老人提供更方便、更高效的用餐体验。目前食堂已全面实现自动化结算、自主充值、预付快取等功能,与传统食堂的结算方式相比,智慧食堂系统具有速度快、核算快、体验佳、少浪费等优势。结算台均采用无线射频识别技术(RFID),实现1秒结算,并且配备人脸识别设备准确率达100%,也有内嵌的扫码器,支付宝、微信都可以使用,单人结算时间控制在5秒内,极大程度提高结算时间和保证结算准确率。此外,结算盘还有更强大的功能,通过对食材的分析,客户可以直接在显示屏上看到选择食材的能量、蛋白质、脂肪、碳水、膳食纤维等各项指标,价格也会直接显示在电子屏幕上,这样可以让客户以更直观的方式了解选择食材的营养性和价格。

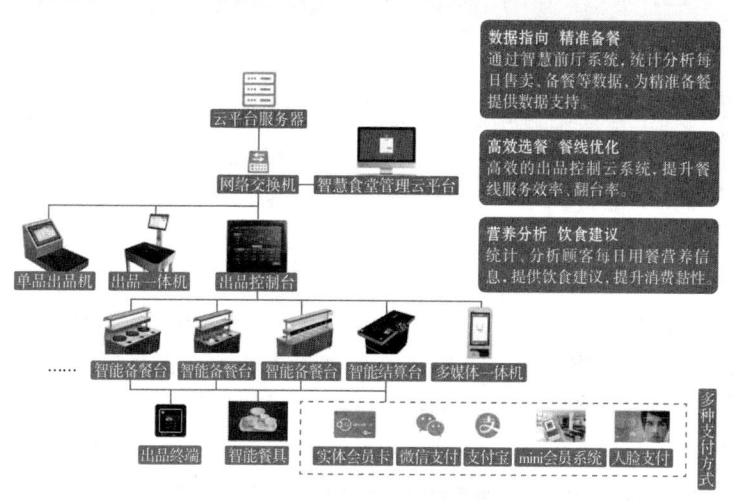

图 2-3 老友记为老助餐业务的数字化管理系统

(三)做为老助餐的整合供应链

基于智慧助老的理念,以及技术在为老助餐业务各个环节上的使用,老友记进一步成功摸索出其商业模式中的另一大特点:整合全产业供应链。2021年,作为上海地区实现从订餐、做餐、配送、系统软件、物联网智慧食堂、数字运营大屏全生态智慧场景自营的首家企业,老友记作为参展企业登上了上海国际养老、辅具及康复医疗博览会，会上，老友记展示了以数据科学管理理念驱动的全套一站式智慧助餐服务体系，包括智慧订餐小程序、完整配套运营体系、自营助老关爱员团队配送上门、自营供应链体系、无障碍支付以及餐品溯源等，以养老助餐为主的智慧生活服务，提供了一种全新的美好养老生活解决方案。在这套解决方案中，可以清楚地看到老友记商业模式的上述特点，即整合了从订餐、做餐、配送到运营和管理等各个环节的全流程产业供应链。

按照柴勇的表述，老友记围绕老人吃饭这件事情，从五个方面进行了整合：第一个环节是订餐，老人订餐的方式有线下订餐和线上订餐两种，后者具体包括电话订餐和小程序或 APP 订餐；第二个环节是做餐，从最初由他人运营食堂，机构只负责送餐，到如今直接运营 6 家餐厅，老友记已经主动把做餐这一环节纳入自己的商业模式当中，以期实现更高的服务品质；第三个环节是配套服务，如配送服务，这是老友记创立之初的核心业务，也包括上门收费服务等，当然在配套环节中还涉及一些细节性的问题，如针对老人是否享受政府补贴的问题，相应地研发制作一些辅助软件系统；第四个环节是营养支持，更多地体现在产品研发上，比如针对糖尿病、心血管疾病的产品研发；第五个环节是政府服务，一些国企在使用老友记的服务时，也需要由老友记协助提供与政府相关的监管、信息反馈等服务，如日报、月报、数字大屏等。这五大板块，老友记全部实现了自营，也因此实现了为老助餐业务的全流程多环节的成功整合，这是老友记商业模式成功的关键。

四、总结与讨论

老友记在为老助餐这件事情上进行了长期专注的深耕，以格物致知的工匠精神，努力修炼内功。虽然目前老友记的营业额是每月 150 万元，是一个接近于盈亏平衡的状态，但老友记却将目前的探索努力视为内修的过程，成功必将是一个自然而然、顺水推舟的结果。老友记在为老助餐服务提供的过程中形成的理念和组织模式是一套正在实践中的帮助行业去解决社会问题的方案,未来的目标也将朝着塑造一个新的行业标准而努力。在不断的探索之下,老友记"离真相越来越近"。

  当然在这一过程中,老友记也正在面对一些挑战,这些挑战也是老友记在今后实现规模化发展中所必须回答的问题。例如在团队人员方面,需要老友记的员工具备多种品质,包括公益的初心、对社会愿景的认同,以及具备不断学习的能力。在老友记不断追求全流程数字化管理的情况下,更要求员工不断适应新的管理思维,掌握先进的管理技术和管理能力,以推动老友记的数字化建设进程。这是老友记自我成长过程中必备的条件之一。此外,对于老友记来说,目前最大的挑战还在于,老友记必须探索出一种成熟可行的商业模式,才能更大力度地吸引社会资本的进入,实现更大的社会影响力。目前来说,虽然养老产业正成为朝阳产业,但相对于其他行业来说,养老行业目前还不成熟,成功的商业模式也非常稀缺。因此,如果老友记的商业模式日渐成熟并形成一定的行业标准,将有助于机构的发展壮大并实现规模化,目前老友记不懈努力的目标就在于此。

案例6　聪明空气公司：干净空气不是奢侈品

2013年1月13日，北京市气象台发布北京气象史上首个雾霾橙色预警，整座城市被污浊的空气笼罩而显得暗淡无光。2013年全年，北京市PM2.5年均浓度值超过《环境空气质量标准》要求的1.5倍左右，全年优良天数不足一半，市民平均每周就要经历一次重污染天气。如此糟糕的空气质量状况也让时值在北京做社会心理学博士研究的美国人托马斯·托尔赫姆（Thomas Talhelm）出现了频繁咳嗽的问题，考虑到可能是雾霾所致，所以托马斯想要购入一台空气净化器来为自己提供可供呼吸的清洁空气。

一、"风扇+滤网"，揭开空气净化器的神秘面纱

在选购净化器的过程中，托马斯发现自己心仪的那台空气净化器价格竟达数千美元，而且仅一台净化器也无法满足自己的现实需要，高昂的价格对于当时还是学生的他来说根本无法负担。托马斯不禁开始质疑"市面上的空气净化器为何如此昂贵"，于是，他开始尝试研究空气净化器的原理。仅用一个下午的时间，托马斯就发现，大部分空气净化器的核心的构造是HEPA滤网，其在20世纪40年代就已被发明且没有专利保护，在网络上以相对低廉的价格就可以购买得到，然后再用一个风扇让空气通过过滤器出去就可以实现净化空气的目的。如此，托马斯就尝试订购了HEPA滤网并将它和家里的风扇绑在了一起，使用四周，滤网上就肉眼可见已布满黑色的污垢。紧接着托马斯又买了一台激光粒子计数器看其是否能够过滤PM2.5这样的小粒子，经过上百次测试后，结果让人喜出望外，自己仅花费200元制作的净化器竟能够实现和当初自己想购买的昂贵净化器一样的效果。

托马斯将测试结果公布到了网上,想要告诉更多人创造清洁的空气其实并不昂贵,这也吸引了众多对 DIY 净化器感兴趣的人。2013 年,托马斯与几个伙伴一起在北京举办了三场沙龙,教人们如何自己制作空气净化器,获得了良好的反响,沙龙活动也越办越多。随着 DIY 净化器的理念为更广泛的人群所接受,慢慢地,公众对于净化器也产生了新的诉求。聪明空气公司(Smart Air)的 CEO——帕迪(Paddy)说:"当时有人跟我们说他们自己不想花费时间制作净化器,或者并不知道应该买什么样的风扇,问我们能不能直接把风扇卖给他,甚至问我们能否直接生产净化器供他们购买。"糟糕的空气质量,昂贵的净化器产品,以及公众对于呼吸清洁空气的强烈现实诉求,最终令聪明空气公司应运而生。

二、创新发展模式,用商业力量解决社会问题

2013 年,聪明空气公司正式创立,旨在通过研发高效可负担的空气净化器和公益环保教育,揭露隐藏在空气净化市场上的真相,帮助更多的人抵抗空气污染的危害。2018 年,聪明空气公司正式认证成为中国第 11 家 B Corp,2019 年又相继认证成为北京社会企业、中国金牌社企,通过发挥商业的力量来解决社会问题。从成立之初,驱使聪明空气公司前进的就不是贪婪的投资者欲望,而是想要帮助更多人抵抗空气污染危害的使命。为了促进使命的达成,聪明空气公司始终致力于从事两大方面的工作:一是研发和提供平价有效的空气净化器,二是分享普及空气污染知识和持续研究结果。

(一)化繁为简,洁净空气轻松达

市场上,一台空气净化器的价格除了包含其自身的生产成本之外,还被附有商家的广告营销费用以及中间商所赚取的差价等,同时,商家还会为净化器添加一些额外的附加功能,使得净化器的价格节节攀升,最终通过消费者买单来获取高额的商业利润。而聪明空气公司的实验

结果显示，空气净化器的原理很简单，仅需"风扇+滤网"就能够有效地实现空气过滤。同时，针对现有许多品牌额外附加的多样化智能操作功能，帕迪则认为："很多净化器会配有手机APP操作，人们可能会觉得这种智能的会更好，但实际上我们会认为，其实一个净化器用APP操作就会很复杂而且会增加额外的生产成本，我们倾向于简捷操作的设计，让消费者不太需要动脑子就可以进行使用，同时也可以控制产品的成本。"为了打破空气净化市场"高价=高效"的规则秩序，聪明空气公司力图凭借自己将洁净的空气送到用户的手中。其通过去除过多的设计和多余的附加功能，经由不停地研发、测试和调试，以此来保证每一台空气净化器在性能和价格上都能够具备较高的竞争力，让更多的人能够负担得起清洁空气的价格。

基于此，在初代净化器的基础之上，聪明空气公司逐渐推出了"大炮""小胖""大胖"等一系列较为成熟的净化器产品，不仅设计简单、成本较低，而且可以实现非常有效的净化效果。同时，聪明空气公司还将它们各自的适用面积、净化效率、最高噪声、HEPA寿命等有关数据在网络上进行公布，消费者可以根据自己的实际使用需求来选购合适的产品。如果想要进一步过滤甲醛之类的有害物质，聪明空气公司还提供了活性炭滤网供消费者自主选购。2017年，聪明空气公司与欧尚超市合作进行新产品的研发，聪明空气公司设计净化器的内部结构，欧尚则负责产品外观。"当时我们的理念是，有时候人们想要购买一台净化器，但是会因为它并不好看的外观而觉得没有必要。因为它并不像是一台冰箱一样，冰箱对大部分人来说是必须有的，因此好不好看无所谓，你必须要放。所以我们就想要使净化器看起来更像是一件家具，让人们想要放置的同时也会觉得它好看。"帕迪讲道。由此，聪明空气公司正式推出了空气净化器，在具有强调的净化效果的同时，采取了北欧式的外观设计风格，使其进一步兼具了实用性与美感。

后来，聪明空气公司发现，一天中人们的生活场所是在不断变化的。用户可能在家中放置了净化器，但在其工作的场所中却不一定有，如此一来，其在一天中的很多时间里没有办法呼吸到清洁的空气。为了能够让更多的人呼吸到干净的空气，2021年，聪明空气公司成功研发出了一款QT3迷你便携风扇净化器，让人们随时随地都可以畅享深呼吸。

与市场上其他品牌的净化器相比，虽然聪明空气公司在营销能力上与一些大品牌的生产商存在着较大的差距，但是其致力于为消费者打造出最具性价比的净化器。聪明空气公司相信，有相当一部分消费者愿意多花一些时间自己去了解、选择一款更有价值的产品，而不仅仅将生产品牌作为选购的唯一依据。因此，聪明空气公司利用自己专业的研发团队，在净化器的工作效率、噪声、滤网寿命等性能方面不断进行优化，设计出了多款相较于其他品牌性价比更高的产品，同时在产品外观上也进一步区别于市面上大多数单一方形的净化器，更加具备设计感。至今，聪明空气公司通过淘宝、京东、亚马逊、代理商等线上、线下销售渠道已累计售出了8万台空气净化器，10万片HEPA滤网，为用户节省了1,000余万美元，给超过60个国家的消费者带去了洁净的空气。

（二）意识倡导，呼吸健康共守护

空气净化器能过滤新冠病毒吗？口罩湿了还可以戴吗？住高楼PM2.5是否会少？真的必须一整天开着净化器？许许多多与人们的日常生活密切相连、有关呼吸健康的问题不断涌现，在网络上寻求解答却被无数众说纷纭的信息所吞噬，令人摸不着头脑，此时，获得一个科学的应答就显得尤为重要。为了让更多的人了解到空气污染对人体的危害，提升对抗空气污染的意识，掌握科学的呼吸健康知识，同时打破空气净化市场的信息不对称，使越来越多的人能够享受到廉价的清洁空气，聪明空气公司坚持向社会公众提供免费的科普教育。

在线上，聪明空气公司通过官方网站以及微信、知乎、微博等社交媒体平台累计发布了500余篇口罩、净化器、检测仪、雾霾臭氧、甲醛等相关的中英文科普文章，受众覆盖全球近200个国家，累计阅读量超3,000万。"用数据说话"是聪明空气公司的态度。在新冠疫情暴发初期，口罩成为了稀缺物品，许多人不得已只能选择科学家所说的"最后一招"——自制口罩。一时间，纸巾、毛巾、衣物，甚至橘子皮都成为了人们自制口罩的材料。到底哪种材料才是自制口罩的最佳材料？针对这一问题聪明空气公司发布了一篇名为"什么材质的自制口罩能预防新冠病毒"的文章，用科学的实验数据进行了解答。短短三天时间，这篇文章就获得了300万的阅读量，也意味着聪明空气公司很可能通过一篇科普文章的力量就为数百万人的健康保驾护航。从数据来源看，聪明空气公司所发布的文章主要划分为两种类型。一类文章是基于科学家已经发表的研究论文，这类文章虽质量较高，但大多篇幅很长，且其中涉及的专业术语、计算公式等对于大部分人而言较为晦涩难懂，所以聪明空气公司通过将其转换成通俗易懂的文字来增强文章的可读性，以让更多的人能够接收到严谨的科学知识。另一类文章则是基于聪明空气公司自己演出的实验数据所发布的文章，在此类文章中其会公开提供所有相关的测试数据，以此来接受社会公众的监督，保证文章的严谨性。

在线下，聪明空气公司与自然之友、绿色光年等100余家组织合作举办沙龙活动，现场与公众分享空气污染知识，交流环保理念，一起制作空气净化器。成立至今，聪明空气公司已在全球20个国家累计举办了800余场沙龙，超过25,000人在面对面教育中获得了相关知识。之所以坚持做沙龙，帕迪这样解释说："我们的一篇文章可能总计阅读量能达到五六千次，尽管流量是非常大的，但仅仅通过一篇文章来让人们获得有关雾霾的知识增量也许并没有那么多。而人们通过参与我们的教育沙龙，即使平均每场人次只有30人，但通过我们的社会影响力评估报告来看，沙龙这样的模式对于人们有关雾霾的教育水平会带来较为显著的提升，并且后续还会持续产生一些积极的反馈，所以科普文章和沙龙这两个模式我们都要走。"聪明空气公司沙龙主要包括三个部分：知识分享、DIY净化器，以及现场测试。首先，聪明空气公司会通过分享创始人的故事告诉大家清除室内的颗粒污染其实只需要一个简单的HEPA滤网，而后向其解释滤网和口罩的工作原理，进而再通过精确的数据呈现给大家净化器究竟能清除多少污染物颗粒。然后，工作人员会带领大家一起动手制作一个属于自己的空气净化器，每个人仅需15分钟的时间就能够 DIY 出一台能够有效清除家中 PM2.5 颗粒的空气净化器。最后，通过使用 Dylos 颗粒测试仪，聪明空气公司会在现场为每个人测试自己所制作的净化器，让大家更为清晰直观地看到净化效果。除了沙龙的亲身参与者，聪明空气公司沙龙的受益人群还进一步辐射到了参与者及社区合作方的周边人群，许多人在沙龙结束后购买了空气净化器，并且部分沙龙参与者还进一步成功转化为聪明空气公司科普内容的忠实读者。

（三）社会导向，商业利润零保留

在空气净化市场上，虽然存在着众多的企业为消费者提供多样化的空气净化器产品，以此来"帮助"消费者应对雾霾等空气污染问题对人体健康造成的伤害，但是聪明空气公司却选择了以社会企业的形式，用商业的力量来解决社会问题。从利润分配来看，聪明空气公司将100%的利润尽数投入到了创造清洁的空气之中，其中，60%用于教育沙龙，20%用于公开数据和测试，20%用于将聪明空气公司的理念推广到世界各地，这也直观地凸显出了聪明空气公司与普通的空气净化器生产企业的区别。"一般企业生产空气净化器主要是为了获取更多的利润，而聪明空气公司与它们相比最大的区别就是我们的目标是保护人，我们希望以自己的社会影响力去帮助到更多的人，所以我们做的一些选择可能并不利于我们赚钱，但是却能为社会带来好处。"帕迪说道。在聪明空气公司早期财务最紧张的时候，曾经有投资人想要投资其产品，但前提是要将产品的售价从200元涨至300元，这与聪明空气公司的发展目标显然是背道而驰的，帕迪说："没有这些投资我们可能会发展得很缓慢，但是我们做的事情是非常有价值的。"

三、构建制度保障，助推形塑可持续发展能力

（一）多元创收，保障组织稳前进

组织如何生存并获得可持续的发展能力是众多社会企业面临的一大难题。聪明空气公司在创业之初，运作资金均由团队人员自行投入，后来，随着聪明空气公司的净化器开始逐渐为公众所熟知，慢慢地有越来越多的人向其购买产品。其通过在淘宝网上进行产品预售的方式，先获得一部分的资金回流，而后再用这些钱去进行采购，通过这样的方式逐步实现了组织的顺利运转，因此，从2013年开始聪明空气公司就已无须员工自己进行资金投入。2018年起，随着我国一系列雾霾环境治理政策的陆续出台，空气质量状况获得了极大的改善，部分公众因此便认为空气污染问题已经解决，故而不再需要购买空气净化器这类产品，这使得聪明空气公司在中国的销售收入遭受了较大的冲击。随着国内市场的不断萎缩，聪明空气公司也积极向国外市场进行拓展，不仅能够保证组织获得可持续发展的资金来源，更可以让更多国家的人提升对于空气污染的防范意识，呼吸到干净的空气。2018年，聪明空气公司有80%的收入源于国内市场，国外市场收入仅占总收入的20%，到了2021年，聪明空气公司在全球7个地区成立了注册办事处，销售网点遍及8个国家，国外市场收入占据了总收入的80%，但又被尽数投入到了教育、产品研发和市场开拓中去。

（二）社会企业认证，注入发展新能量

获得社会企业的认证也为聪明空气公司的发展带来了新的活力。对于国外市场而言，聪明空气公司先前所获得的共益企业认证帮助其能够具备更高的品牌认可度，会有更多的人因此愿意选择聪明空气公司进行合作或者选择购买它们的产品。而获得中国金牌社企以及北京市社会

企业的认证对于聪明空气公司来说更加是锦上添花，特别是对于其国内市场的发展大有裨益。"假如我们想要做一个沙龙，合作方可能会因为我们是一个商业公司而怀疑我们是真的想要提供免费的教育还是仅仅想推销我们的产品，但是我们有了中国社会企业认证和共益企业认证之后，他们就会更加愿意与我们进行合作。"帕迪表示。除此之外，认证为社会企业也帮助聪明空气公司结识了诸多同样追求商业向善的优秀社企，链接到更多的领域内资源，社会企业间可以形成相互的支持，并且通过合作产生更大的能量，让越来越多的人认识、认可、认同社会企业。

（三）使命坚守，维护价值间平衡

如何保持公益与商业之间的平衡，避免出现使命漂移，是每一家社会企业在发展过程中都会面临的重要问题。针对这一问题，帕迪坦言，由于周围从事空气净化器生产销售的企业都是利润导向的，先前也没有此类可借鉴的社会企业模式，因此，其在发展过程中会很容易受到同行营销方式的影响，进而面临着向商业偏颇的风险。为了能够坚守组织发展初心，让更多的人可以呼吸到新鲜的空气，聪明空气公司主要采取两种方式来保证其使命不会发生漂移。第一，使命聚焦。回顾组织发展使命是聪明空气公司做决定时所遵循的重要原则。聪明空气公司每次做决定时都要回头看一看其组织的发展使命，以此判断这个决定是否是依据其使命所做出的，当发现与组织使命出现偏差时，则会进一步慎重思考这一决定是否应该执行。诚然，这样的方式也并非完美无缺，组织发展是一个需要不断进行调整的动态平衡过程，决策在执行的过程中同样面临着偏差风险，因此还需要能够根据现实的整体发展情况来进行适时的修正。例如，聪明空气公司将某一年的工作重点放在了新产品的研发上，以此来促进业务拓展，但是其后来发现在教育上的投入稍显不足，因此，在第二年就会投入更多的资源到公众教育的业务中去。第二，制度保障是平衡公益与商业的重要依靠。聪明空气公司接下来会在组织内部打造民主治理结构，所有的员工都可以进行持股，以此不断增进组织的整体凝聚力。"对于我们来说,公益与商业是一件始终都要去平衡的事情,企业的发展也不可能一直稳定,但这并不是一件坏事,这反倒是社会企业最有意思的一点。"帕迪说。

四、坚持商业向善,以"破"为立促发展

世界卫生组织的数据显示,世界上大约有91%的人口生活在空气质量水平未达标的地方,环境(室外)和家庭空气污染的综合影响导致每年约有700万人过早死亡,其中低收入和中等收入国家尤甚。而20个污染最严重的国家中有16个国家在亚洲,仅从我国来看,根据生态环境部通报的环境空气质量数据可知,2021年1—10月,全国339个地级及以上城市平均优良天数比例为87.5%,虽同比下降了0.2个百分点,但毋庸置疑的是,我们仍然面临着空气污染的问题。

在应对空气污染问题上,聪明空气公司从自制空气净化器的初步解决方案开始,最终探索形成了一套"意识倡导 + 平价产品 + 社会企业"的系统性解决方案,用自己的力量向公众证明了洁净的空气并不是奢侈品。诚然,聪明空气公司目前的发展仍然面临着诸多现实的阻碍。一方面,资金的压力仍然存在。受限于资金,聪明空气公司只有等产生销售订单后才能去进行后续的采购等活动,这样的方式实际上在一定程度上限制了组织的发展速度。另一方面,公众知晓度依然有待提升。帕迪直言:"营销是我们较为弱势的一个点,这会导致虽然我们自己知道所做的是好的事情,但是其他人可能并不认为我们能为其带去那么多的好处,较低的社会认可度进而就会令组织后续的发展动力面临枯竭的风险。"这些问题仍然需要聪明空气公司不断探索组织创新发展的新思路。

谈及聪明空气公司后续的发展规划,除了继续加强公众教育,将聪明空气公司推广到更多的国家和城市之外,帕迪更加希望在未来他们能够"破坏"更多的行业。从雾霾引发的身体不适,到无法负担的空气净化器,再到"空气净化器为何如此昂贵"之谜的神秘面纱被一点一点地

揭开，聪明空气公司以实际行动破除了买卖双方的信息不对称。其通过公开透明的实验和数据向人们展示了空气净化器的核心构造与作用原理，让消费者能够真正地了解到自己在为什么买单，彻底打开了空气净化市场的"黑箱"。事实上，帕迪认为除了空气净化器，在净水器、化妆品等诸多行业中也同样存在着产品售价远远高于其实际成本的问题。因此，在未来，聪明空气公司希望能够不仅仅局限于空气净化器行业，还可以向更多的行业"进攻"，持续推动商业向善。

案例7　从精准扶贫到乡村振兴
——善品公社的可持续发展之路

在习近平总书记明确提出精准扶贫的理念后,中央办公厅在《关于创新机制扎实推进农村扶贫开发工作的意见》中,将建立精准扶贫工作机制作为六项扶贫机制创新之一。国务院扶贫办随后制定了《建立精准扶贫工作机制实施方案》,在全国推行精准扶贫工作。随后2016年11月23日,国务院发布《关于"十三五"脱贫攻坚规划的通知》,明确指出,农林产业扶贫、电商扶贫、资产收益扶贫、科技扶贫是产业发展脱贫的重要内容。

2015年1月29日,善品公社应运而生。秉承"授人以鱼不如授人以渔"的理念,以"让诚信生产实现价值"为使命。希望通过"以合作社为组织基础,善品公社为统一品牌"的模式,在小农户与城市消费者之间架起一座信任的桥梁。让农户诚信生产的产品赢得消费者信任,让农民有尊严地劳作,可持续地增收,最终实现"耕者有尊严、食者得健康"的美好愿景。七年间,从电商扶贫、产业扶贫、消费扶贫、战疫扶贫到乡村振兴,善品公社笃行致远,步履不停。

一、缘起:大国小农的基本现实

(一)电商扶贫初试水

2013年雅安地震后,中国扶贫基金会前往现场开展灾害救援及灾后重建工作。在评估完灾后重建工作后,如何支持社区农业发展,培育更多合作社,为农民可持续发展赋能成为了基金会灾后重建的重点工作。而恰逢全国互联网电商进入快速发展时期,农村电商刚刚兴起,成为了活跃城乡市场的重要渠道,为我国农村脱贫攻坚工作带来新的可能。基于多年互联网思维和能力的沉淀,中国扶贫基金会不禁思考,电商扶贫是否可以成为产业扶贫的新抓手?是否可以在雅安重建工作中发挥重要作用?

于是,在时任中国扶贫基金会秘书长的刘文奎的牵头下,成立专门工作小组,开始试水电子商务项目。2014年9月在当地政府的引荐下,工作组来到了以红心猕猴桃为主要产业的省级贫困村,为了更好地帮助这些农户灾后重建,帮助优质农产品卖出好价格,基金会将本地猕猴桃通过互联网进行推广试水。以众筹的方式售卖,邀请明星、媒体等资源协助,仅仅三天就通过线上渠道销售猕猴桃1万多斤,销售额达到11万元;一个月后再次尝试推广,结果三天销售额猛增到26万元。这两次推广让农户们吃到了甜头,也让中国扶贫基金会意识到"互联网+"在农产品销售领域的巨大发展潜力。

(二)社会问题再思考

然而突然的成功带给中国扶贫基金会更多的是关于农村可持续发展的困境和思考。首先,一次两次的成功和卖空农产品无法从根本上解决贫困农户收入低、城乡贫富差距大的现实问题。当下的小农户经营的方式规模小,经营分散,很难形成规模效应。另一方面,小农户连接市场的能力相对较差,抗风险能力较弱,资源整合能力较差。单靠小农户经营方式,贫困农户增产增收可谓难上加难。其次,在摸索电子商务的过程中,基金会工作小组发现非常棘手的问题,即农产品的质量难以保障。在现有的农产品市场定价规则下,个体农民往往处于劣势,缺乏话语权,只能靠使用化肥、农药甚至膨大剂来提高产量,达到"薄利多销"的效果,最终造成了"劣币驱逐良币"的局面,破坏了消费者对农户和农产品的信任关系。要实现农户可持续发展,增产增收,必须破解农产品的质量和安全问题。

基于此,刘文奎认为,电商扶贫方兴未艾,要想帮助农民通过互联网电商受益,一定要打破三大瓶颈:农户分散生产方式形成的规模瓶颈、缺乏有效制约导致的质量瓶颈以及长期以来形成的消费者对农产品的信任瓶颈。如果不能有效解决以上三大瓶颈,电商扶贫就难以有效可持续地展开[①]。因此,为了充分发挥基金会资源优势,有效帮助贫困农户增收,基金会决定建立专业团队,打造独立统一品牌,建立专业化的品牌运营队伍来实施电商扶贫。

2015年1月29日,善品公社(北京中和农道农业科技有限公司)正式成立,希望通过"以合作社为组织基础,善品公社为统一品牌"的模式,在小农户与城市消费者之间架起一座信任的桥梁。

二、探索成形:社会企业的解决之道

(一)黄果柑危机惊险一试

善品公社团队成立后,石棉黄果柑成为了第一个正式产品,接受大众检验"以诚信生产"到底是否可以"实现价值"。2015年7月份,善品公社来到雅安石棉县坪阳村,发现当地拥有近2,000亩的黄果柑合作社有484户农户在社,然而大部分农户并没有参与合作社的生产运营。因此,为了打造"真正"的合作社,实现小农户抱团生产经营,善品公社决定从改造合作社入手,经过动员、培训和筛选,最终85户农户成为了合作社第一批认证果农。善品公社的运营总监冯忠德表示,在这个过程中最难的是农民原有观念和方法的转变。动员时,在这片土地上耕作了几十年的老农户们对于善品公社提出的生产质量标准和质量提升计划半信半疑;实施间伐时,对自家丰产期果树满含情感的老农们难以下手,坐在地上心疼地大哭……善品公社就这样一家一户深入到农户中间,一步一步引导农户接受并转变。最后,怀着对脱贫增收的愿望,对美好生

---

① 刘文奎:《乡村振兴与可持续发展之路》,商务印书馆2021年版。

活的期望,这85户认证果农慢慢地接受了新的品质管理办法,严格按照要求疏花疏果;人工除草,不得使用除草剂;以农家肥、有机肥为主要肥料……县里推动多年,但难有进展的标准化种植理念,最终被善品公社一点一点"磨"成了。这一路走来,刘文奎不禁感慨:"这是乡村工作最磨人的地方,也正是乡村工作最迷人的地方。"①

为了真正让利于小农户,善品公社尽可能压缩各种中间费用,让小农户收益最大化,最终以高于往年2倍的价格收购了6万斤符合善品公社标准的黄果柑,2016年3月9日,在苏宁易购的大力支持下,石棉黄果柑新品上市发布会在鸟巢国际会议中心如期举办。这是善品公社第一次正面面对市场的竞争,第一次"触网"线上销售,所有人都是满怀希望却又极度忐忑焦虑。然而由于品牌知名度尚未打开,市场竞争激烈,前几天的销售不尽如人意。于是,善品公社全力推动,多管齐下尝试销售渠道:积极推动市场化运营,在苏宁易购、微商城、天猫等商业平台上架销售;同时发动腾讯公益等公益平台进行捐购分销;刘文奎甚至手写了一封致消费者的信,向消费者介绍善品公社的模式,以及诚信生产的价值。最终在短短十天内,善品公社就完成了10万斤黄果柑的认购,向消费者、农户、政府、支持者证明了"以诚信生产创造价值"是可行的!

黄果柑的成功给农户吃了定心丸,越来越多的农户认可了善品公社的模式。2017年1月11日,石棉县坪阳黄果柑专业合作社2016年度分红大会在坪阳村举行,这是善品公社首次举办合作社分红大会,从此开启了合作社连续5年分红。截至2021年年底,合作社注册社员已经达到了325户,覆盖了1个乡镇的4个村②。

(二)社会企业模式锤炼摸索

黄果柑惊险一跃后,善品公社认识到贫困乡村发展的艰难和挑战,

---

① 刘文奎:《乡村振兴与可持续发展之路》,商务印书馆2021年版。
② 2022年4月善品公社负责人冯忠德访谈材料。

光靠爱心和公益资源无法应对日趋残酷的农产品市场竞争，必须稳扎稳打，继续优化善品公社上下游的电商扶贫模式，逐渐摸索出一条用社会企业运营的模式，利用电子商务机遇开拓农产品销售的渠道，以农民合作为基础，以产品和服务为关键，以市场为导向的可持续发展道路。

现任善品公社运营总监的冯忠德谈道，经过五六年的锤炼摸索，深耕产业链，善品公社目前已经形成了较为成熟的一套核心运营模式，即"**小农组织有序化，农产品品质管理标准化，农产品公共品牌市场化，经营管理团队本土化**"①。

小农组织有序化是指善品公社坚持以农民合作为基础，支持农户抱团，组建小农户为主的合作社，以合作社改造为重点构建集体行动载体，破解单家独户、分散化生产模式的规模和效率瓶颈。通过对当地已有合作社进行股权改制，逐级筛选出对合作理念、运作模式等高度认同的农户，并适度提高社员出资额度，使入社农户形成更紧密的利益"共同体"，围绕本土团队、内生机制和业务运营三大核心模块全面提升合作社发展能力，将其培育为农业全产业链中小农组织化的重要载体，这是政府或企业主导的传统合作社所不能比拟的。

农产品品质管理标准化是指善品公社以技术规程和机制创新为重点构建品控管理体系，生产安全、优质农产品，破解粗放化经营难题和农产品质量和安全瓶颈。以品类为单位整合科研专家、农技人员、本土能人共同编制更具适应性的农产品生产技术规程，建立涵盖生产、流通关键环节的农产品标准化管理体系，并且通过诚信认证、五级品控执行体系等系统性措施落地执行，大幅提高标准化程度和产品品质。

农产品公共品牌市场化是指善品公社以优质产品和内容为载体，以善品公社品牌叠加县域公共品牌的方式，合力构建地域农产品公共品牌，破解消费者的品牌信任瓶颈。通过品牌定位、包装设计、传播策划、内容运营以及品牌跨界等方式，通过产品上市发布会以及产业高峰论坛

---

① 2022年4月善品公社负责人冯忠德访谈材料。

等载体,借助艺人代言、全渠道推广等渠道,逐步提高地域公共品牌影响力,提升市场信任度,促进小农户与市场的有效衔接,最终实现产业提质增效和农户可持续增收致富。

经营管理团队本土化是指善品公社坚持挖掘农村本地能人资源,赋能并培养当地人才团队,以此破解社区层面农业产业发展的主体缺失或能力不足瓶颈。通过对当地人才结构的分析,从合作社带头人和村庄能人(具有较强经营技能、生产技能或社区服务技能的人)中选拔潜在的本土化管理团队,并进行培训和支持,尝试将现代企业制度与农村传统的熟人治理结构结合起来,最终通过村庄内生动力和内生资源实现村庄可持续发展。

善品公社通过市场的力量在农户和消费者之间建立了一套良性互动机制。这套核心运营模式体现了社会企业在解决贫富差距问题上的优越性和创新性。通过一系列制度和机制突破,实现对农业产业链的整体赋能提升,形成了**政府统筹监督、企业主体多维对接、合作社组织赋能、社员深度参与的相关利益主体共建共享的"全链式"产业扶贫新格局**。全链式创新模式注重多元利益主体在产业扶贫和产业振兴中多方资源整合,使得产业发展中不同利益主体职能明确、任务清晰,合作形式高效有序、对接顺畅。在此模式中,当地特色产业发展水平显著提升,产业链中各类市场主体实现经济与社会效益,合作社组织得到有效赋能,社员的收入与能力获得提升。

三、破茧成蝶:可持续发展之术

(一)初见成效

即便是在2020年疫情大考之下,善品公社合作社规模一直保持快速发展。截至2021年12月底,善品公社项目惠及四川、云南、陕西、新疆等19省份109区(县)的138家合作社,其中9家荣获"省级农民合作社示范",3家被农业农村部评为"国家级农民合作社示范社",2家被农业农村部认定为全国典型示范合作社案例。在14省份建设了35个仓储中心,建立品控管理示范基地327,346.9亩,开发及帮扶农产品超过100品,陪伴着44,561户农户实现可持续增收[1]。

在品牌建设上,善品公社通过内容营销,打造了黄果柑宋奶奶、玉露香梨闫老爷子等农户代表案例。通过整合营销,支持了石棉黄果柑、蒙顶山红心猕猴桃、隰县玉露香梨、滑县面粉等30余款农产品品牌共建,打造品牌美誉度,提升品牌溢价,从而助力农户增收。

在传播影响上,善品公社网络传播量至今累计超过25亿次;得到苹果、摩根大通、微博、字节跳动、快手、阿里巴巴、腾讯、中国证监会(含20余家券商类企业)、吉利控股集团、中国三星、中石油、中国民生银行、中国旅游集团、平安集团、阳光保险集团、顺丰等近百家企业捐赠、供应链及品牌资源支持,以及与超过150位艺人、超过100位网红合作,产业发展领域的"社会企业生态圈"初步形成[2]。

(二)平衡机制

混合性是社会企业的本质属性,这就决定了如何有效平衡商业运营和社会目标的双重底线的平衡发展,是每一个社会企业都要面临的重要问题,也是社会企业是否能可持续发展的先决要素。善品公社从三个维度保证其社会目标的稳健性。**首先,善品公社始终坚持"三不原则"**:一是不压低商品该有的市场价格和价值,保障农户利益;二是不哄抬实际价格牟取暴利,保障消费者利益;三是不虚假宣传,建立良性的生产者和消费者互动及诚信体系。**其次,善品公社秉持"让诚信生产实现价值"的初心和价值观**,在做任何决策时始终将农户利益、农产品质量放

---

[1] 善品公社(公众号):"跨越山海共向未来,善品公社七岁啦",2022年1月29日。

[2] 2022年4月善品公社负责人冯忠德访谈材料。

在首位。在选人、用人、提拔人时都时刻将诚信生产的价值观作为重要的考核内容和培训内容。**再次是善品公社的利润锁定机制**,从制度设计上保障其社会属性和非营利属性。善品公社的运营资金来源,主要由投资方的资金、政府采购服务收入、基金会项目执行款及产品销售资金盈余组成。善品公社的全部利润不会进行分配,将全部再次投入机构运营和再生产过程,在治理层面保障其社会使命不会发生漂移。

(三)可持续发展机制

善品公社一步一个脚印走到目前的规模,主要依靠以下"五有"优势:

农民有需求。目前我国已经完成了全面脱贫攻坚任务,正在走向下一个一百年,乡村全面振兴成为了乡村发展的核心。如何保持现有的脱贫成果,平稳走向乡村振兴,实现农民持续增收是当地政府亟须解决的现实问题。农民有增收的需求,消费者有获得优质农产品的需求,而善品公社一直以来坚持的"以农民合作为基础,以产品和服务为关键,以市场为导向的可持续发展道路",围绕全产业链前后端的系统性帮扶举措,是乡村振兴,尤其是欠发达地区亟需的模式,有利于实现"耕者有尊严、食者得健康"的美好愿景。

合作有基础。"火车跑得快,全靠车头带",合作社一直以来是善品公社深耕上游的重中之重。善品公社认为小农户抱团为主的合作社模式是一套能够保证小农户受益的利益机制,有利于促进小农户可持续参与和受益,最终让产品变商品,商品变钞票,实现发展成果共享。因此,对于善品公社而言,合作社绝不是传统的产品生产基地,而是产业扶贫和产业振兴的重要抓手。为此,善品公社在整个过程中重点对合作社进行改造、赋能,将其培育为农业全产业链中小农组织化的重要载体。**在生产环节**,合作社以统购农资降低社员生产成本,并组建产业服务队(由农机、农技和工人三支队伍组成),有效解决了种植大户和散户劳动力不足等问题。**在物流仓储环节**,合作社建立洗选中心,将产品进行商品化、标准化处理,提高产品溢价。**在销售环节**,合作社可以代表农户参与市场交易，为小农获得更大的议价权并对接优质稳定的销售渠道。在此模式中，合作社对于产业链整体提升的另一个重要功能在于积淀本土人才。善品公社通过对合作社运营团队的赋能，以及运营团队自身在运行实践中的锻炼，为当地产业转型升级积累一批涵盖管理、经营、技术的本土人才，整体提升产业发展的人力资本。

市场有信任。冯忠德谈道，未来农业一定是一个多元化的市场，满足的是消费者多元化的需求①。但是生产者和消费者之间缺乏信任的桥梁，善品公社就是要建立起这样一座信任的桥梁，让生产者相信，生产出优质产品就能获得同等回报；让消费者相信，同等的价值可以买到相称的优质农产品。为此，善品公社建立起了一套诚信关联的制度：**从生产端入手**，借助合作社将全村的生产进行利益捆绑，加强农户诚信生产的意识和标准化技术的提升，赋能生产优质农产品的能力和技术；**从消费端入手**，通过品牌打造和内容传播让大家知晓产品的价值。在消费者社群运营中，通过社区故事让消费者了解产品背后的故事，了解产品的生产过程和生产者的生活，邀请线下消费者亲自去生产地体验等②，增强消费者的忠诚度和黏性。尽管善品公社微商城和公众号的粉丝量和其他大V相比并不算多，但大部分都是认可善品公社理念的"回头客"，转化率高。善品公社不仅仅是一个销售的平台，更是生产者和消费者之间的诚信纽带，促进生产者和消费者直接"对话"，最终让诚信生产实现价值。

发展有资源。善品公社通过整合各类社会资源，有序地、系统性地导入资源，支持地方特色农业全产业链赋能升级，在政府统筹下构建起"政府+社会企业+农村社区"合作机制，具体来说有以下三类资源导入。**首先是政府资源**。在善品公社产业扶贫模式中，政府的重要职能主

---

① 2022年4月善品公社负责人冯忠德访谈材料。
② 陈键、刘峤：《供给侧视角下的电商扶贫营销管理——基于中国扶贫基金会善品公社的案例分析》，《社会政策研究》，2017年4月。

要在于以下两个方面：一是统筹资源；二是监督项目执行。依托政府的产业规划和布局，利用政策倾斜，整合资源，发挥社区治理和产业经济功能。**其次是市场资源**。善品公社经过反复探索实践，逐步明确了与市场主体多维对接各项资源的产业扶贫发展理念。在此基础上，善品公社系统导入渠道资源打通产业链条壁垒，注重生产基地与流通环节企业的有效衔接，与线上线下多个渠道平台和营销平台建立长效合作，例如通过自建善品公社微商城平台，对接苏宁易购、天猫、淘宝、京东、抖音、快手、一条等国内有影响力的电商平台及内容电商，打通线上渠道；帮扶合作社打通盒马鲜生、沃尔玛、家乐福、易果等线下商超渠道，促进合作社大幅提高线下销售规模。同时动员捐赠企业、中国扶贫基金会合作企业伙伴，通过产业帮扶、电商帮扶、消费帮扶、品牌传播联动等形式，助力品效合一。**最后是公益资源**。善品公社依靠中国扶贫基金会多年积累的公益资源，低成本和其宣传推介资源相整合，助力提升产业扶贫项目知名度及扶贫农产品销售规模。

风险有把控。冯忠德指出①，目前善品公社面临的风险点有三个：**第一是诚信风险**。善品公社针对合作社赋能其中很重要的一个方面是建立了行之有效的合作社绩效评估体系，从3个阶段5个维度100多项指标入手评估合作社的规范性、参与性、服务性及可持续发展性，规范合作社运营能力，差异化赋能合作社，全面降低诚信风险。**第二是产品风险**。通过农产品品控管理体系和数字化探索转型，大幅提高标准化程度和产品品质，降低产品质量风险。**第三是服务风险**。善品公社通过传播其理念和价值观，引导更多的生产者、服务者和消费者接受并相信"让诚信生产实现价值"。

---

① 2022年4月善品公社负责人冯忠德访谈材料。

四、突破腾飞：社会企业的乡村振兴之路

（一）面临挑战

跨越山海，连接城乡，善品公社已经走入第七个年头，个中辛苦和挑战，一言难尽。善品公社开创了"社会企业电商扶贫品牌运营商"的先河，七年里积累了宝贵的经验和教训。无论是机构发展，还是农村工作，都倾注了众多善品人的心血。刘文奎为善品公社定下了三个发展阶段，而只有市场能力建设、产品能力建设和人员能力建设全方位稳定发展时，才有可能步入下一个腾飞阶段。然而目前善品公社还存在以下挑战。

首先是市场能力建设尚有很大发展空间。善品公社不是一个"短平快"的项目，深耕上游的工作重点决定了善品公社不仅仅是介入市场端和消费端，还必须花费很大的人力、物力、精力在上游生产端的社员和合作社的培育与赋能上，并建立信任关系。上游承载能力必须要和市场拓展能力相匹配，达到平衡，才能稳定发展，有序扩张。目前善品公社的核心模式已经逐渐稳定，上游潜力和基础相对较牢，但是市场拓展存在一定短板，线上和线下销售渠道有待进一步开发和拓展，用户维护和沉淀能力也有待提升。

其次是人员能力建设有待进一步挖掘。乡村振兴的重点是人才的振兴，乡村本土人才的能力建设更是发展的重点。善品公社一直坚信只有依靠和充分挖掘乡村内生力量才能真正做到乡村内源式发展和可持续发展，因此乡村本土人才的选拔显得尤为重要。虽然善品公社已经逐渐形成了一套规范化的人才培养体系、相对成熟的平台和丰富的资源，然而善品公社在挑选和物色合适的合作社带头人和乡村能人过程中遇到极大挑战。随着目前乡村空心化的加剧，在贫困地区很难接触到有能力、有理想、有创业家精神、肯扎根乡村的青年带头人。

（二）未来展望

乡村振兴的大背景，为善品公社带来了新的机遇，也提出了更高的要求。善品公社不仅仅是一个帮农户卖农产品的品牌平台，与善品公社结成伙伴关系的合作社也不仅仅是一个个农产品的生产基地。未来，立足乡村振兴，善品公社及合作社希望逐渐成为乡村治理的有效抓手，成为集经济和社会服务功能于一体的综合性产业助农平台。为此，善品公社未来会继续在以下几个维度持续发力。**首先，继续加大对合作社的体系性赋能和扶持力度**，促进合作社功能进一步升级。以合作社作为乡村治理抓手，协助农村社区治理和全面发展，充分发挥农村内生力量和内生资源优势，充分赋能贫困地区农户。加强与地方政府合作，将合作社发展融入当地乡村振兴战略实施政策框架，争取合作社发展扶持项目或配套产业基础设施改善、产业扶持等项目。**其次，进一步探索县域产业融合发展模式**。构建县域产业链联合体，推动县域特色产业高质、高效发展，覆盖更多村庄，带动更多农户分享发展成果和实现生活富裕，促进乡村全面振兴。**最后，进一步深化对外交流与合作**。一方面从合作内容、合作区域以及合作形式等方面继续深化政府合作，扩大模式影响力，在乡村振兴领域发挥更大作用；另一方面拓展国际交流与合作，引进合作社发展、供应链建设等领域的国际经验，并加强国际经验的本土化研究，加强中国产业扶贫模式的输出，为全球性产业减贫贡献"中国方案"。

总之，善品公社产业扶贫模式已经显现出重要的制度价值和发展成效，下一步善品公社将致力于强化模式总结和推广，积极参与乡村振兴伟大征程，让善品模式覆盖更多的欠发达地区，带动更多的农户实现价值增收，最终实现"耕者有尊严、食者得健康"的美好愿景！

2.3 小结

他山之石，可以攻玉。在分析我国社会企业发展现状之前，本章节首先回顾了欧美、亚洲五个国家的地区经验，从社会企业的政策背景、政策工具、政策支持和监管、政策颁布后社会企业发展及面临的困境等维度进行了全面的梳理和分析，通过梳理我们发现国外社会企业政策制定过程一般呈现如下几个特点。

首先，各国虽然都对社会企业进行了不同程度的政策制定，但其实都有重点关注的行业或类型，被当作解决某一类问题的重要抓手和途径。例如英国的社会企业立法主要针对解决社区问题、促进社区利益的社区利益公司；意大利的社会企业主要是以社会合作社的形式存在；韩国的社会企业虽然在法律范围上较为宽泛，但实际上政策相对集中，主要为了制度化解决社会结构性失业问题，促进就业发展；日本社会企业主要致力于区域振兴及城市建设，促进地区发展。这样做的好处是避免了政策效应影响不大的局面，各国在发展社会企业时主要以当地面临的不同问题或需求为出发点，创新性地采用社会企业作为传统问题解决模式的补位选手。**其次，各国社会企业的发展离不开中央和地方政府的支持。**特别是英国、意大利、日本、韩国，这四个国家社会企业的发展离不开政府的大力推动，得益于各国将社会企业发展上升到重要的经济发展战略高度。这些国家社会企业的发展都离不开从中央到地方完善的政策体系，包括立法规制、评审认证、行政监管、支持培育、摘牌退出等整个环节。特别是在支持环节，涉及税收优惠、财政支持、人才培养、宣传推广、能力建设、社会网络搭建等多种政策工具使用,全方位支持社会企业在解决社会问题领域的发展。虽然日本并没有专门针对社会企业进行立法,但是日本政府为社会企业提供了强有力的财政支持和多样化的融资工具选择与税收优惠,并积极推动社会企业与一般企业之间的协同发展。

我们希望通过对国际社会企业政策制定的对比和分析,方便我国进行针对性的政策学习和政策迁移。然后,本章节回顾了中国社会企业的兴起和生成路径。总的来说,中国社会企业的兴起离不开政府部门、市场部门、第三部门以及国际机构的共同努力。从转型的视角来看,我国社会企业的生成路径主要包括三种:非营利组织市场化转型而来、商业企业公益化转型而来以及公益类事业单位向社会企业转型。除了以上三种途径,近年来随着社会企业的推广和传播,各级政府扶持社会企业政策的不断出台和双创热潮的涌现,西方社会企业理念越来越被关注并接受,越来越多的民间力量开始尝试直接设立新的社会企业,而不是由传统的非营利组织或商业企业转型而来,这也是近些年越来越多的一种类型。

虽然从外部环境来看,我们亟须完善社会企业生态环境,协同各个行动主体,共同构建适宜社会企业生存发展的土壤。但是更重要的其实是社会企业自身能力的建设和提高,打铁还需自身硬。研究团队对各地社会企业实践特色进行案例分析。特别选择了目前政府亟须解决的社会治理问题领域的案例展开调研工作,撰写案例以展现各类型社会企业的实践经验,包括社区服务类社会企业、乡村振兴类社会企业、教育惠民类社会企业、养老服务类社会企业和环境能源类社会企业。更重要的是,**我们用鲜活有生命力的社会企业案例展示了社会企业可持续发展的多重经验**,例如政策创新支持、清晰的愿景和使命、商业运营能力、社会企业家精神、科技赋能产品、创新规模化、社会目标稳健等维度。**第一是政策创新支持**。成都的社会企业政策创新走在全国前列，将社会企业作为城乡社区治理的抓手，因此在成都也陆续涌现出非常多基于社区服务和社区利益的创新实践。社区社会企业和物业类社会企业就是成都两大典型的政府支持并主导的社会企业。从郫都区的试点情况来看，政府是推动社区社会企业发展的强大驱动力。政府通过商业化逻辑和市场化运作，解决了社区公共服务供需不平衡、社区资源闲置、居民社区参与程度不高等治理问题。**第二是清晰的愿景和使命**。聪明空气公司将致力于提供干净空气、普及环境污染教育作为组织一直以来坚守的使命和愿景。聪明空气公司每次做决定时都要回头看一看其组织的发展使命，以此判断这个决定是否是依据其使命所做出的，当发现与组织使命出现偏差时，则会进一步慎重思考这一决定是否应该执行。这也是为何聪明空气公司能作为中国第一家接受美国共益企业认证的重要原因。**第三是优秀的商业运营能力**。我们选取了依托于碧桂园集团的碧乡作为案例，展示了碧乡如何充分发挥企业的运营优势，运用全产业链方式展开优质农产品研发与营销、消费助农平台运营，促进乡村振兴的经验。**第四是坚守社会企业家精神**。金鸿新诚创始人虽然身处商业属性非常明显的物业行业，但是，他一直坚守"解决社会问题优先"的原则，坚信"我们是一家人"，致力于通过商业的力量来解决社会问题，以市场手段实现社会目标，塑造良好的物业与居民关系，进而实现更高层次的社区治理成效。**第五是科技赋能核心产品和服务**。科技赋能企业已经是不容置疑的企业增长杠杆，但是在社会组织和社会企业领域，我们用科技解决社会问题才刚刚开始。数字技术的运用是老友记以技术实现自我赋能、助力企业实现智慧助老愿景的重要途径。2021年,老友记成为上海地区实现订餐、做餐、配送、系统软件、物联网智慧食堂、数字运营大屏全生态智慧场景自营的首家企业,在上海完成1/10的市场覆盖。**第六是达成社会价值规模化**。社会企业"小而美"已经成为国内外共识。社会价值如何复制?如何将宝贵的经验扩散到更广的地区成为社会企业规模化掣肘的重要因素。童萌亲子园坚守"一体两翼"的运营方式,打造自身产品核心优势,通过"课程体系+师资培训"树立自身早教品牌,更是通过拓宽宣传途径、完善分点支持体系、注意风险防控等加盟方式将童萌亲子园开到了全国30余个城市的100余个社区,帮助超过200名妈妈就业,为超过200个社会组织提供儿童早教的能力建设服务,并累计服务超过30,000名中低收入0—3岁婴幼儿家庭。**第七是保持社会目标和商业目标的平衡**。善品公社从成立初始就秉承"授人以鱼不如授人以渔"的理念,以"让诚信生产实现价值"为使命,希望通过"以合作社为组织基础,善品公社为统一品牌"的模式,在小农户与城市消费者之间架起一座信任的桥梁。

总的来说,我们希望通过多个领域典型案例的调研和深描,为我国社会企业如何实现可持续运营总结经验和教训,也为后续我国社会企业政策工具的使用提供参考。

3. 我国社会企业政策创新与扩散现状

3.1 我国社会企业的制度化进程

3.1.1 中央及地方政府政策支持概述

目前,全国层面尚无关于社会企业的法律身份的专门政策法规,学界和实践界缺乏对社会企业政策支持和制度化进程的系统梳理。从地方微观政策来看,目前有四家地方政府开始实施推动社会企业发展的政策;从民间认证机制来看,目前我国社会企业的认证工作主要是由中国慈展会委托深圳市社创星推动实施的。

本章梳理了近十年来中央和地方政府推动社会企业制度化相关的政策和文件(见章节最后)。其中,有四家地方政府出台相关政策,对社会企业和社会投资发展的支持态度和行动有了突破性进展,对国内其他省市具有示范意义。

早在2011年《中共北京市委关于加强和创新社会管理全面推进社会建设的意见》和《北京市社会建设"十二五"规划》中就提出"积极扶持社会企业发展,大力发展社会服务业",这是全国首个涉及社会企业的省部级文件。2016年《北京市"十三五"时期社会治理规划》更加重视社会企业的作用,"开展专题调研,研究扶持政策,分类开展试点,大力推动以服务民生和开展公益为重点的社会企业发展",并提出了鼓励各类组织向社会企业转型、加大培育支持力度、建立社会企业绩效评估体系等内容。2018年3月北京市社工委推动成立北京社会企业发展促进会,同年8月支持北京社会企业发展促进会、北京社启社会组织建设促进中心发布《北京市社会企业认证办法(试行)》,迈出了扶持社会企业发展实质性步伐。

广东省佛山市顺德区是国内最早开展社会企业认证的地方政府。2014年8月顺德区委区政府出台《顺德区深化综合改革规划纲要(2013—2015年)》,提出"加快社会组织和社会企业培育发展"。顺德社会创新中心于2014年9月出台了《顺德社会企业培育孵化支援计划》,明确在企业中开展社会企业认证工作的标准和程序。2016年顺德区社会创新中心发布《顺德社会企业培育孵化支援计划(修订稿)》,调整了准入门槛,采取分级认证,意在鼓励更多企业参与。

深圳市福田区把建设社会影响力投资高地提升到区域发展战略高度,从构建生态体系的宽阔视角服务社会企业发展。2017年年底,区政府出台《福田区关于打造社会影响力投资高地的意见》。这是国内第一份支持社会影响力投资的政府文件,对实现福田区金融产业和社会事业跨界融合、创新发展具有里程碑意义;2017年12月3日,在深圳市福田区香蜜湖畔召开的"全球公益金融论坛暨2017社会影响力投资峰会"上,由国际公益学院首倡,77家金融、公益、实业、媒体等机构共同发起《全球社会影响力投资共识》(又称《香蜜湖共识》),呼吁各国政府与地区广泛开展合作对话,构建全球社会影响力投资合作网络平台;2018年福田区出台《关于打造社会影响力投资高地的扶持办法》及实施细则,为社会影响力投资生态体系中的各类主体给予事后资金扶持。

比较而言，成都市在推动地方社会企业发展方面更具突破性。成都市高度重视社会企业在基层治理创新中的有益功能，并将其作为加强和完善城乡社区治理的新抓手。2017年9月成都市委市政府发布《关于深入推进城乡社区发展治理建设高品质和谐宜居生活社区的意见》，首次提出"鼓励社区探索创办服务居民的社会企业"。2018年4月成都市政府办公厅下发《关于培育社会企业促进社区发展治理的意见》，并将社会企业发展及社会企业项目运行纳入各区（市）县政府年度目标管理体系进行绩效考核。成都市工商局牵头草拟《关于培育社会企业促进社区发展治理的意见》，初步构建起社会企业培育、支持、监管政策框架。随着社会企业发展的开展，成都市区级层面的扶持力度逐步加大，2020年，成都市新的社会企业政策出台，政策更新迅速。

除上述地方政府的政策支持外，2021年武汉东湖新技术开发区管委会在相关社区治理政策中也开始提及社会企业在治理中的积极意义并积极布局社会企业培育；安徽省、贵州省、广东省相关部门也委托相关研究机构前往北京、成都等社会企业发展"先行地"展开调研；郑州市民政局主办、郑州市孵化基地负责具体实施的2022郑州市社会企业种子库建设也将展开征集开展。

总体而言，我国社会企业与社会投资行业宏观政策环境向好，但国家出台"社会企业"专项法规政策的条件还不成熟，至今国家政策文件中"社会企业"只有统战部公布的文件中以专有名词出现。另外，各地地方政府创制社会企业政策的主要动因是高层领导支持，顺应地区发展战略，同时能得到各级政府部门的认知共识。目前，各地处于政策落实之初，执行效果有待关注。其影响因素包括：政府、市场、社会之间的合作伙伴关系，主管部门体制及一线公务员的业务能力[①]。李健认为，我国社会企业已初步具备进入政策议程的现实条件，但是社会企业政策尚未大规模出台的原因主要是"政策之窗"尚未打开或者缺少企业家的助力，呼吁更多的社会精英加入到社会企业家阵营中来，在公共渠道发声[②]。

3.1.2 社会企业的行业制度化

中国慈展会社会企业认证是中国第一个民间出台的社会企业认证。其认证的主要目的是提高政府、基金会、企业、社会组织以及公众对社会企业的认知，探索有中国特色的社会企业发展道路，推动社会企业成为解决当下社会问题的有力抓手，成为人民追求美好生活的有力帮手。其长远目标是推动中国成为全球社会企业强国，实现新时代中华民族的伟大复兴。认证执行团队依据当下中国社会企业发展现状，跨界联合专业机构共同为社会企业提供以社会企业认证为首要目的，涵盖社会企业孵化、能力建设、社会企业传播、社会企业治理、产品对接及社会企业金融的"1+6"服务。帮助中国社会企业高效优质发展，推动中国成为社会企业强国。其主办单位以及执行单位包括深圳市中国慈展会发展中心、北京大学公民社会研究中心、中国人民大学尤努斯社会事业与微型金融研究中心、億方公益基金会、国际公益学院、中国公益研

---

① 北京市社启社会组织建设促进中心、南都公益基金会编：《中国社会企业与社会投资行业调研报告 No.1》，社会科学文献出版社2019年版。
② 李健：《社会企业政策：国际经验与中国选择》，社会科学文献出版社2018年版。

社会企业的政策创新与扩散

究院、深圳市社创星社会企业发展促进中心、国际公益学院公益金融与社会创新中心等社会组织和高校科研机构。

中国慈展会社会企业认证是嵌入在中国慈善项目展示会中的一个行业品牌,从2015年起,到2019年12月,5年来已对超过2,300家企业和机构开展认证,其中通过认证的社会企业为329家(2015年7家,2016年16家,2017年106家,2018年109家,2019年91家),遍布全国27个省市自治区的47个领域,涵盖生态环保、无障碍服务、社区发展、公益金融、养老助老、教育服务、弱势群体就业、农业发展、互联网创新、妇女权益、公共安全等十几个领域,关注14类特定群体。其认证机制也不断演变和升级,自2020年9月20日起,社会企业行业认证调整为常态化认证,即社会企业随时申请,随时认证,全年将安排两次集中认证发布与授牌仪式。图3-1为中国社会企业认证发展历程概览。

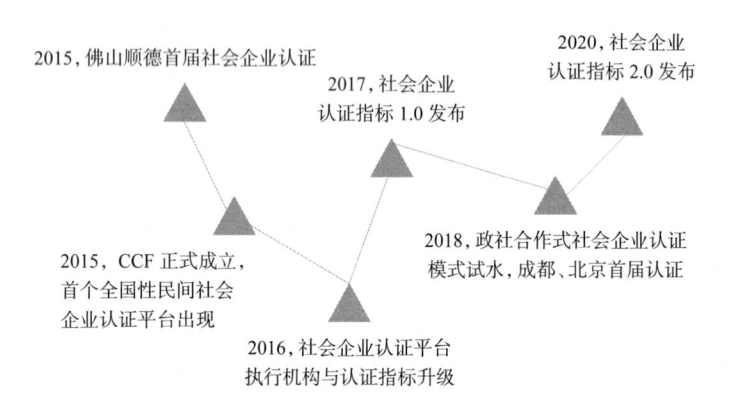

图 3-1 中国社会企业认证历程

注:图表来源于社创星整理的中国社会企业认证概览。

总体而言,中国社会企业的制度化进程随中国社会企业成长成熟程度变迁,从上述演变历程可知,中国社会企业制度在这一阶段逐步成形。除正式制度化进程不断加快外,民间倡导与行业研究也在不断深化,如共青团中央推出的"成思危社会企业发展论坛",中国社会企业与影响力投资论坛推出的"向光奖"评选,以及商业向善活动、星展基金会支持的社会企业奖助计划,汇丰集团中国社会企业支持计划,亿方基金会的社会企业研究与投资项目,友成企业家扶贫基金会的"猎鹰"年会,渣打银行与恩派合力推出的"社会企业助力计划",社企星球等民间机构推出的各类社会企业倡导品牌。江西、湖南、重庆等地也积极参加了首届社会企业发展论坛,各大高校研究机构推动的社会企业研究论坛也持续加深交流合作。总之,中国社会企业发展沿着"民间倡导+地方政府政策推动"的路径得到各方力量的支持,现阶段对其制度化进程展现的特征规律尤其是政策经验进行梳理和深度研究,是更好地发挥其创新功效、助力其基层治理价值实现以及进一步对其进行培育发展的首要关卡。

3.2 我国社会企业政策创新与扩散的地方经验

我国国家层面还未对社会企业进行顶层的政策设计,不过,公益慈善领域的政策一直处于完善过程。2016 年《慈善法》的出台规范涉及慈善组织的登记、监督检查和慈善募捐等问题,明确了大慈善的概念,扩展了慈善组织的范围,在一定程度上也为社会企业的发展提供了良好的机遇。有证据显示,《慈善法》出台后,2017年社会企业政策认证通过数量同比增长 10 倍。随着社会企业的蓬勃发展,一些地方政府也在积极探索支持和发展社会企业的相关政策,根据社会企业认定平台(CSECC)2021年8月的最新统计,全国已完成社会企业(行业)认定的机构有299家,经过认定的社会企业现在分布在全国34个省份中的27个,省域数量分布见表3-1。在分析社会企业发展的现状中我们也可以看到,目前北京、广东、四川的社会企业发展较快,这是因为从2016年起这些地域进行了一定程度上的社会企业政策探索。

表3-1 已认证社会企业的省域分布

省份	社会企业数量
安徽省	1
北京市	36
福建省	2
甘肃省	3
广东省	84
广西壮族自治区	1
贵州省	1
海南省	3
河南省	5
湖北省	5
湖南省	8
江苏省	15
江西省	1
辽宁省	2
内蒙古自治区	2
宁夏回族自治区	1
青海省	1

（续表）

省份	社会企业数量
山东省	5
陕西省	3
上海市	17
四川省	75
西藏自治区	1
云南省	6
浙江省	19
重庆市	2

注：数据来源于社创星官网。

3.2.1 试水初探：北京市社会企业政策创新

2011年，北京提出要大力发展社会服务业，积极扶持社会企业发展。2016年，北京市委、市政府发布了《北京市"十三五"时期社会治理发展规划》，明确提出要发展社会企业，通过调查研究、分类试点逐步发展社会企业；加大政府购买社会企业公共服务，加快配套政策制定，加强培育扶持力度，开展社会企业家继续教育和专业培训。2018年8月，为进一步推动社会企业用创新理念和市场化机制有效解决社会问题，提高保障和服务民生水平，从而加快建设国际一流和谐宜居之都，北京成立社会企业发展促进会，并推动实施2018年北京市社会企业认证工作，出台《2018年度北京市社会企业认证工作方法》，进一步对社会企业认证、扶持和监管做出详细规定。在区县层面则主要是围绕2019年7月31日昌平区发布的《昌平区回天地区社会企业认证与扶持试点办法》进行政策试验,在回天地区进行社会企业认证。2022年4月26日,北京市社会建设工作领导小组审议通过了《关于促进社会企业发展的意见》(如表3-2)。

表3-2 北京市主要社会企业政策

政策名称	发布单位、时间	主要内容
《北京市"十三五"时期社会治理发展规划》	北京市社会建设工作办公室(2016年11月23日)	提出"大力发展社会企业",开展专题调研,研究扶持政策,分类开展试点,大力推动以服务民生和开展公益为重点的社会企业发展
《北京市社会企业认证办法(试行)》	北京市委社会工委市民政局指导北京社会企业发展促进会(2018年8月8日)	认证分星级与执行标准、资金人才支持、监督管理
《昌平区回天地区社会企业认证与扶持试点办法》	北京市昌平区委社会工作委员会、北京市昌平区民政局(2019年8月13日)	认证分级与执行标准、引进外来社会企业标准、扶持措施、监督管理
《关于促进社会企业发展的意见》	北京市委社会工作委员会、北京市民政局	培育目标、认定标准、扶持方向、金融支持

为全面地对各地区政府社会企业政策进行综述和基本规律的把握,在结合以往政策分析框架的基础上,针对社会企业政策创新,我们通过构建"政策内容—政策导向—政策扩散"分析框架以对各级地方政府社会企业政策创新做较为包容式的抽象概括,对政策内容、政策导向和政策扩散的基本特征进行总结。**北京市作为社会企业政策出台最早的城市,在社会企业的政府支持与监管规则上主要体现了开放包容式的政策内容、创新试点的政策导向、稳步的政策扩散三个基本特征。**

(1)开放包容式的政策内容

2009年,北京市社工委正式成立,而后委托相关科研机构对

3．我国社会企业政策创新与扩散现状

社会企业这一新兴事物进行调研，北京市委研究室下属首都社会经济发展研究所在对社会企业调研的基础上，上报了有关社会企业的提案并获得了上级政府批示。由此到2011年，北京市委出台的《中共北京市委关于加强和创新社会管理全面推进社会建设的意见》首次提出"积极扶持社会企业发展，大力发展社会服务业"，这是国内地方政府的政策文件中最早提出发展社会企业的官方表述。同年，《北京市"十二五"时期社会建设规划纲要》发布，也提到积极发展社会企业。在这个阶段，虽然北京市政府部门关注并积极跟进了社会企业政策，但是未有实质性的推动。真正的政策破局是2016年《北京市"十三五"时期社会治理发展规划》（以下简称《规划》）的出台，该规划第三大点"引入市场机制，创新公共服务供给"中第四小点"发展社会企业"，不仅对重点发展的社会企业类型以及现有组织形式可以转型成为社会企业的类型进行了详细规定，还提出了出台配套政策以及培育措施，支持社会企业在北京的发展，并列专栏对社会企业进行了一个简要的定义和基本介绍，尤其是在政策中保持着一种"肯定试水"的积极态度。

现阶段，尽管对社会企业还未有很鲜明的总体认知，北京市政府部门政策先行，在2016年出台的《规划》的基础上，受北京市民政局指导，2018年北京市社会企业发展促进会正式成立，尽管促进会采取社会组织的法律身份进行活动，但也意味着北京市社会企业培育发展有了正式的组织机构，《规划》中列专门条目对社会企业进行细致规定起到了关键性推动作用。表3-3是该社会企业政策文件对社会企业的介绍专栏。

表3-3 《规划》中的社会企业引介专栏

> 专栏5 社会企业
>
> 目前,国内对社会企业的概念并没有清晰的界定,一般认为社会企业是通过商业手法运作,赚取利润用以贡献社会的机构,其所得盈余用于扶助弱势群体、促进社区发展及社会企业本身的投资。英国社会企业联盟(The Social Enterprise Coalition)对社会企业的定义是运用商业手段,实现社会目的,并具有如下共同特征:①企业导向:直接为市场生产产品或提供服务。②社会目标:有明确的社会或环境目标,如创造就业机会,培训或提供本地服务。其伦理价值包括对本地社会技能建设的承诺,为实现其社会目标,其收益主要用于再投资。③社会所有制:治理结构和所有制结构通常建立在利益相关者团体(包括员工、用户、客户、地方社区团体和社会投资者等)或代表更广泛的利益相关者对企业实施控制的托管人或董事参与基础之上的自治组织。

2018年,《北京市社会企业认证办法(试行)》出台,对社会企业的培育发展目的和基本概念、基本原则、认证流程、基本权益进行了一一规定。北京市社会企业发展开始以认证方式发放社会企业标志对其进行鼓励发展,同年认证工作得以展开。2019年,中共北京市昌平区委社会工作委员会和北京市昌平区民政局联合发布《昌平区回天地区社会企业认证与扶持试点办法》,其基本目的是在回天地区社会治理三年行动计划的背景下,挖掘一批具有一定规模、一定影响力和辐射力的社会企业,在回天地区基本形成鼓励社会企业有效参与社会治理的支持体系,引导社会企业在回天社会治理创新、社区服务发展等方面发挥积极作用。

总体而言,北京市社会企业政策在内容上采取兼容并包的姿态,从2011年的政策文件中对社会企业的作用首次肯定,到2016年专门针对社会企业进行界定和引介,再到社会企业在北京市的认定和鼓励,再到2019年昌平区专门出台社会企业政策对社会企业创新予以政策试点,从政策延续性和政策力度上能够看到北京市对社会企业采取了积极肯定以及逐步支持的策略。

3．我国社会企业政策创新与扩散现状

表3-4 北京市社会企业政策内容比较

政策维度 政策名称	政策目标	支持措施	激励监督机制
《北京市"十三五"时期社会治理发展规划》	推动以服务民生和开展公益为重点的社会企业发展，支持传统组织转型	政府购买社会企业服务；开展社会企业家继续教育和专业培训；建立北京市社会企业联盟	建立社会企业绩效评估体系，市场激励和社会监督
《北京市社会企业认证办法（试行）》	培育和发展社会企业，引导社会资本参与社会问题的解决，加强和创新社会治理；完善公共服务体系；树立行业标杆，提升行业规范化程度	政府引导、社会参与、择优扶持；资金、人才、空间、品牌支持	违规除名机制
《昌平区回天地区社会企业认证与扶持试点办法》	鼓励社会企业有效参与社会治理的支持体系，引导社会企业在回天地区社会治理创新、社区服务发展等方面发挥积极作用	孵化培育支持、办公用房租赁补贴、人才扶持、政府购买服务支持、引入社会影响力投资、建立支持型平台、学术研究支持、社会企业标志使用	对违规者在社会企业名录中将其除名，同时向社会公示；建立社会企业联盟自律公约制度；律师和会计师事务监督；新闻媒体、社会公众监督
《关于促进社会企业发展的意见》	力争到"十四五"末期，本市基本建立促进社会企业发展的体制机制，社会企业纳入党委政府工作议程和相关部门工作体系等。在此基础上再用十年时间，力争健全完善本市支持社会企业发展的制度体系和政策体系，社会企业成为经济发展、民生保障和社会治理的重要主体，对首都率先基本实现社会主义现代化的贡献充分彰显	明确社会企业重点扶持方向，促进社会企业高质量发展，加大财政税收支持力度，完善社会企业金融支持，加大政府购买社会企业产品和服务力度，加强行业政策支持，建立社会企业培育孵化基地，拓展社会企业参与基层社会治理途径等	创新社会企业社会属性监管，加强社会企业信用监管，完善社会企业行业监管机制，组织开展社会企业星级评定活动，建立社会企业退出（摘牌）机制

资料来源：根据相关政策文件整理。

181

从政策内容角度来看，北京市社会企业政策不断完善，尤其是在昌平区开展的政策创新比较全面地对社会企业的扶持措施以及监督手段进行了规定，对于社会企业发展可能需要的基本资源进行一定程度的支持，对于可能出现的问题也颁布相关条目进行风险防控，而2022年颁布的《关于促进社会企业发展的意见》则更为系统全面。总体上来说，北京市社会企业政策采取的是一种开放包容的政策取向，逐步从笼统模糊到细致明确。

（2）创新试点的政策导向

北京市社会企业政策创新实践开端于治理语境下探索基层社会治理创新路径，经由治理图景从总体式向精细化的变换过程，并在回天计划下由基层政府进行政策试验的方式探索社会治理的创新机制。概言之，北京市寄希望于通过试点，探索社会企业助力基层治理创新，回应北京市大型社区治理难题以及多项民生服务问题的解决。

2016年《北京市"十三五"时期社会治理发展规划》中提到"开展专题调研，研究扶持政策，分类开展试点，大力推动以服务民生和开展公益为重点的社会企业发展"，以及"按照政企分开、分类改革、试点先行、鼓励创新的原则，推动政府直接主办的公益类、经营性事业单位转变为社会企业，引导具有公益性质的养老、助残、教育培训等机构转变为社会企业"。可见，民生与公益是北京市社会企业政策的重点。北京市作为国际化大都市在快速发展过程中催生了诸多大城市病，传统的组织机制无法有效回应这类问题的解决，因此聚焦于用商业模式可持续地解决社会问题的新机制便成为了"试验对象"。此外，文件中还特别提到一些政府举办的公益类组织和经营性事业单位需要转型为社会企业，这在一定程度上也回应了政府职能转移等政府部门改革的内容。2018年,一份名为《优化提升回龙观天通苑地区公共服务和基础设施三年行动计划(2018—2020年)》(以下简称"回天计划")、旨在解决回天地区公共服务难题的政策横空出世。回天地区作为北京城市化进程中形成的大型居住区,近年来交通拥堵、公共服务配套不足等问题日趋严重,居民反应强烈。为优化提升该地区公共服务和基础设施,有效解决城市发展的痛点,特制定这一行动计划。"回天计划"涉及公共服务提升攻坚工程、交通治理攻坚工程、市政基础设施完善攻坚工程、打造大型居住区治理示范四大工程,所需资金巨大,涉及人群广泛,针对这类在城市飞速发展中出现的大城市病,为寻找更加契合的解决模式,2019年,昌平区发布《昌平区回天地区社会企业认证与扶持试点办法(试行)》,希望社会企业在创新社会管理、参与社会治理、改善社会服务等方面能发挥积极作用。

尽管北京市相关部门对社会企业的价值和功能予以高度的重视,不过,北京的政策是以试点为导向,没有一开始就大面积铺开。在实践领域,2017年下半年北京市启动社会企业试点工作,在报名的23家机构中选出了12家"准社会企业",划分为"示范单位"和"试点单位",并委托两家支持性机构展开社会企业培育工作。在政策制定领域,无论是市一级还是区一级,都采取政策试点的方式推进。在市级层面,2018年,北京市民政局将社会企业认证、培训、后续支持等一系列工作委托给第三方机构,即北京市社会企业发展促进会完成。促进会在社会企业认证、培育发展、研究上做了大量工作,包括连续开展了两届北京市社会企业认证,发布《北京市社会企业认证办法(2019)(试行)》。针对社会企业研究的空缺,北京市委社会工委、市民政局委托北京社会企业发展促进会开展北京社会企业蓝皮书的研究和编纂工作，经过十个月的努力，《北京社会企业发展报告》（2019）面世，至2021年年底，共有52家社会企业诞生。不过，北京市社会企业尚缺乏相应的法律框架的规制，目前主要是由行业性组织进行管理。在区级层面，北京市将回天地区看作政府直接开展培育工作的试点，昌平区从2019年起，连续开展了三届回天地区社会企业认证工作，共有33家回天地区社会企业获得授牌。总的来说，从以上北京市社会企业政策实践和政策的执行情况来看，北京市社会企业政策呈现明显的设计层面大胆创新、实践层面试点先行的特征。

（3）稳步的政策扩散

如上所述，北京市社会企业政策一开始并未在区级层面大面积铺开，只由昌平区政府进行一定范围内的政策试点。调研发现，政府部门并非不想大力推进社会企业在北京市生根发芽，而是一方面积极肯定社会企业在社区治理中的积极功能，另一方面又对如何从政策层面培育发展社会企业没有一个清晰的思路。这可能也是由于北京市积极倡导发展社会企业的是民政部门，而社会企业大多又是在市场监管局登记的小微企业，民政部门缺乏有效的监管手段，势必在政策推广中存在较大的掣肘。而且，由于社会企业横跨商业和公益两个领域，容易导致公共政策风险的存在，一项政策必须经过实践的反复检验才能较好地避免诸多不必要的风险，因此，尽管在公共政策破冰上北京市选择积极拥抱社会企业的态度，但是最终的实践推动还是采取试点先行、逐步推广的审慎行为。在访谈中，相关部门负责人也明确表示："到目前为止，我们推动社会企业发展的文件有了一个雏形，正在准备报市里面，最大的困难是部门之间没有配合，因为各个部门对于社会企业的认知没有达到一定的基础,应当从行业联动方面破局。"① 经过一段时间的试点,2022 年 4 月,北京市社会建设工作领导小组印发了《关于促进社会企业发展的意见》的通知,其政策目标是力争到"十四五"末期,基本建立促进社会企业发展的体制机制,社会企业纳入党委政府工作议程和相关部门工作体系;基本建成社会企业行业支持体系,主管部门和行业组织相互配合,推动社会企业服务管理规范化;部分重点领域支持社会企业发展的政策基本成熟,社会企业的贡献较为明显;社会企业和社会企业家精神得到社会认可,市场化、社会化支持体系初步形成;社会企业的吸引力不断增强,认定社会企业超过 300 家。在此基础上再用十年时间,力争健全完善本市支持社会企业发展的制度体系和政策体系,社会企业成为经济发展、民生保障和社会治理的重要主体,对首都率先基本实现社会主义现代化的贡献充分彰显。在政策支持层面,要明确社会企业重点扶持方向,促进社会企业高质量发展,加大财政税收支持力度,完善社会企业金融支持,加大政府购买社会企业产品和服务力度,加强行业政策支持。在市、区、街乡因地制宜合理布局建立社会企业培育孵化基地,拓展社会企业参与基层社会治理途径等。在政策监管层面,要创新社会企业社会属性监管,加强社会企业信用监管,完善社会企业行业监管机制,组织开展社会企业星级评定活动,建立社会企业退出(摘牌)机制。可以说,北京市经过长期的试点和探索,扶持和监管社会企业的政策不断完善,并最终在全市范围扩散。

---

① 引自北京社工委工作人员访谈资料。

3.2.2 打造孵化平台：广东省佛山市社会企业政策及其扩散

广东省是中国经济发展的领头雁，在经济发展腾飞进程中也不断加强其社会问题解决的能力，并体现在其对公益慈善事业和社会组织、社会企业的培育方面。在社会企业政策方面，2013年，广东省出台的《2013年广东深化社会体制改革工作要点》（粤委办发电〔2013〕53号）首次提到广东省社工委将"鼓励发展社会企业"，而后在"双创浪潮"下，2014年8月，《顺德区深化综合改革规划纲要（2013—2015年）》提出"加快社会组织和社会企业培育发展，制定社会企业标准和扶持政策，积极培育社会创业家、企业家，引导社会资本创办社会企业，推动商业运作解决社会问题"。出于顺德繁荣的市场经济以及亟待解决的社会问题，选择民营企业众多的佛山市顺德区进行政策试验有良好的基础。2014年9月，《顺德区社会企业培育孵化支援计划》出台，佛山市顺德区社创中心在顺德区社会工作委员会指导下出台了这一全国首个地方性社会企业认证标准。结合调研以及佛山市社会企业发展可知，广东省佛山市社会企业政策更多的是一种公益慈善视域下的主体性培育，旨在推广一种社会企业的理念，即兼顾商业与公益两方面的优势解决社会问题，而不是一味地强调商业万能模式或纯公益慈善支出模式。

（1）总体性支持的政策内容

佛山市顺德区社会创新中心（以下简称"社创中心"）是区委区政府设立的法定机构，在区社会工作委员会（以下简称"区社工委"）等政府部门指导下，2012年，社创中心将社会企业理念引入顺德,推动社会企业的本土实践,孵化和培育了一批社会企业,探索以商业模式解决社会问题的新路径。2014年9月,出台了国内首个社会企业标准——《顺德区社会企业培育孵化支援计划》。2015年6月,在国内率先开展社会企业认定工作。2016年广东省佛山市顺德区印发《顺德区社会企业培育孵化支援计划(修订稿)》,由区社创中心负责统筹全区社会企业孵化培育支援,旨在推动社会企业的发展,培育社会企业家,在公益事业中引入社会资本参与,该计划对社会企业认证、扶持、评价和监管做出明确的规定,对促进社会企业的孵化和发展具有重要意义,其社会企业认证扶持工作自2016年延续至今。2020年11月20日,佛山市顺德区社创中心印发《顺德区社会企业发展支持计划》(顺社创〔2020〕18号)。下面对这三个主要的公共政策涉及的内容进行一定的梳理。

表3-5 顺德区社会企业政策内容比较

政策名称 \ 政策维度	政策目标	支持措施	激励监督机制
《顺德区社会企业培育孵化支援计划》	加快培育顺德区社会企业;培育社会企业家;促进公共服务完善升级;满足群众需求,增加顺德区福祉	社创中心统筹孵化工作;社会企业认定支持;金融支持、创投资金支持、社会购买、结对帮扶、人才培训支持、宣传推广等	荣誉表彰制度;数据收集监测;违规除名等
《顺德区社会企业培育孵化支援计划(修订稿)》	加快培育顺德区社会企业;培育社会企业家;促进公共服务完善升级;满足群众需求,增加顺德区福祉	社创中心统筹孵化工作;社会企业认定支持;金融支持、创投资金支持、社会购买、结对帮扶、人才培训支持、宣传推广、降低社会企业准入门槛并分级制认定等	荣誉表彰制度;数据收集监测;违规除名等

（续表）

政策维度 政策名称	政策目标	支持措施	激励监督机制
《顺德区社会企业发展支持计划》	发挥顺德区社会企业在推动社会治理、乡村振兴、公共服务中的作用，联动多元主体发展有顺德特色的社会企业	资源对接支持、拓展资源渠道、能力建设支持、搭建沟通交流平台、加强宣传推广、社会企业标志使用	荣誉表彰制度；数据收集监测；社区监督、违规除名等

资料来源：根据相关政策文件整理。

纵观顺德区社会企业政策变迁，顺德区顺应社会企业发展趋势，不断更新社会企业政策，为顺德区社会企业发展提供相关扶持措施。尽管依赖于社创中心执行社会企业发展支持政策，相关指导单位也发生了变化，但在国内社会企业发展尤其是成都市社会企业发展势头迅猛的情境下，为发挥顺德社会企业在推动社会治理、乡村振兴、公共服务中的作用，联动多元主体发展有顺德特色的社会企业，在区委政法委的指导下，顺德区社创中心于2020年发布《顺德区社会企业发展支持计划》，并同步启动第四届顺德区社会企业认证。从整体上看，顺德区社会企业的扶持政策体系相对更强调对于社会企业主体的孵化培育。

（2）回应热点问题的政策导向

顺德区社会企业政策侧重针对特定领域的政策变迁。无论是2014年出台的政策，还是2016年出台的修订版，均针对顺德地区经济社会发展过程中出现的弱势群体照顾、社区公共服务、乡村振兴和农业发展等特定时期热点社会议题，制定并修订相关表述。如2020年发布的《顺德区社会企业发展支持计划》提到"符合顺德区社会治理'众创共善'计划专项资金使用规定的，可申请资助；符合广东省德胜社区慈善基金会可持续社区发展基金资助范围的，可申请资助"。其主要是针对社区慈善事业，为使相关社会企业能够得到应有的支持，2020年文件中特别强调对在乡村振兴领域中活跃的社会企业进行赋能，如"针对社会企业发展领域，提供相关政策解读和行业信息服务，鼓励和支持社会企业以市场公平竞争的方式参与政府采购；引导符合条件的社会企业申报小微企业、科技型中小企业、农业创新型企业或合作社、现代服务业企业等政府扶持政策；邀请专业导师或专业机构开展主题和能力培训，提升社会企业运营发展能力"。在调研顺德区社创中心时了解到，顺德区社会企业未来发展重点关注两方面：一是产品化发展，社会企业需要有竞争力的核心产品，有可量化的社会效益，才能说服购买主体；二是多方的持续推动和支持，社会企业仍处于一个起步阶段，需要政府给予政策与资金扶持，需要平台机构给予培育支持，需要市民关注和参与。未来，顺德区社会企业发展将与公共服务可持续发展、文化保育、乡村振兴结合起来，打造顺德区社会企业品牌。可见，其沿着社会企业解决社会问题的路径，充分发挥这一治理工具的积极意义，回应社会热点问题并解决需求。

（3）滞阻有限的政策扩散

从2014年至今，顺德区社会企业政策随时间的推移，政策内容也不断迭代。然而，顺德区发展社会企业的经验始终未在佛山市其他区得到扩散，或拓展到其他地域，只是连年仅在顺德地区认定，至今已经认定了四届。在调研中发现，在顺德这样一个民营企业经济发达的地区，大多数社会企业以小微型企业形式存在，能够发挥的功效有限，社会企业产品也得不到良好的拓展和推广，得到认定的社会企业的发展同样也比较艰难。

3.2.3 投资驱动：深圳市福田区社会企业政策及其扩散

2017年，深圳市福田区政府出台《福田区关于打造社会影响力投资高地的意见》，这是国内第一份支持社会影响力投资的政府文件，它对实现福田区金融产业和社会事业跨界融合、创新发展具有里程碑意义。

（1）资源集聚型政策内容

2018年，《福田区关于打造社会影响力投资高地的扶持办法》出台，在多个角度推动社会影响力投资的基础上，专门提到"支持社会企业发展"和"支持社会企业产业园区建设"。对通过认证的社会企业给予一次性3万元支持，每年根据实际情况调整年度支持总额，鼓励社会企业申报福田区社会建设专项资金资助项目。此外，支持社会力量在福田区建设社会企业产业园区，经区政府审核同意，按照项目投资额的30%，一次性给予最高100万元的建设支持，主要用于园区环境建设、公共服务、信息化建设等。这一政策的中心目标即吸引外来投资者落户福田，如2017年出台的相关政策条目所述："包括发行社会影响力债券、探索设立一批社会影响力投资引导基金、发展慈善信托、支持社会企业和有关中介组织发展、鼓励社会责任型投资。"同时，加大对社会影响力投资资金扶持力度，2018年额度为3,000万元。此外，福田还将在支持社会影响力投资业态、优化社会影响力投资环境等方面推出具体举措。

（2）配合经济发展的政策导向

从福田区出台的两份涉及社会企业的公共政策来看，福田区社会企业政策只是福田区社会影响力投资战略中的一类主体。尽管对社会企业发展制定了相应的扶持措施，如通过认证的社会企业能够获得3万元资金支持，以及社会企业拥有申报福田区社会建设专项资金获得资格，然而主要是为了服务于福田区经济产业投资需求，并不是专门性地重视并推动社会企业在福田区的发育发展。

与其他城市一样，福田区的政策创新也没有在深圳其他区得到政策扩散。

3.2.4　全面布局：四川省社会企业政策及其扩散

比较而言，四川省社会企业政策得到了较好的创新扩散。成都市对社区治理的高度重视给予社会企业发展的良性土壤，成都市充分重视社区治理创新，培育了一大批社区服务机构，居民参与社区治理的热情相对较高。2018年，成都市出台《成都市人民政府办公厅关于培育社会企业促进社区发展治理的意见》，明确提出要加强和创新社会治理，加大培育社会企业，为社会企业参与社会治理、参与公共服务等发展提供有利条件，大力构建共建共治共享的社会治理新格局，并就培育社会企业促进社区发展提出总体意见。随后各个区进行了政策制定与实施。例如，2019年武侯区发布《成都市武侯区社会企业扶持办法（试行）》，激发了多元主体社会企业认定申报的热情。2019年12月6日中国共产党四川省第一届委员会第六次全体会议通过的《中共四川省委关于深入贯彻党的十九届四中全会精神推进城乡基层治理制度创新和能力建设的决定》，在二十二条专门提出"积极发展社会企业，探索社会企业工商登记和行业认证制度……探索社会企业、社会组织托管政府和社区公共空间开发无偿和低偿收费的公益项目"。

在此基础上，2020年，四川省进一步支持社会企业培育发展。为认真贯彻落实《中共四川省委关于深入贯彻党的十九届四中全会精神推进城乡基层治理制度创新和能力建设的决定》和《四川省市场监督管理局办公室关于在成都市等地探索培育社会企业的通知》（川市监办函〔2020〕40号），进一步推进了四川省城乡基层治理制度创新和能力建设，提升了社会企业发展水平。2020年4月2日，四川省市场监督管理局召开探索培育社会企业座谈会，邀请省民政厅、省财政厅、省住建厅3个省级部门以及成都、绵阳、宜宾、泸州、内江5个地市州市场监管局参加。2018年至2020年6月，成都市认证各类社会企业63家（其中成都市认证社会企业39家），经济规模约3.5亿元，从业人员1,638人，平均每家社会企业提供26个就业岗位。以成都黄大姐家政、中和农道科技等企业为代表的社会企业，已经成为调动社会资源参与社会治理的创新案例，是保民生、保就业的新生力量。2020年7月14日，内江市发布《关于印发〈内江市社会企业登记管理办法（试行）〉的通知》（内市监发〔2020〕138号），大力培育社会企业；2020年12月30日，绵阳市人民政府办公室印发《关于大力培育发展社会企业的实施意见（试行）的通知》（绵府办发〔2020〕43号）。社会企业政策得以在四川省全面铺开。下面就成都市、内江市、绵阳市社会企业政策进行一定的梳理和比较。

3．我国社会企业政策创新与扩散现状

表3-6　四川省市级社会企业政策比较

政策维度 政策名称	政策目标	支持措施	激励监督机制
《成都市人民政府办公厅关于培育社会企业促进社区发展治理的意见》（成办函〔2018〕61号）	通过开展社会企业评审认定试点工作，培育发展一批社会企业，发挥其示范引领作用，形成社会企业科学有效参与社会发展治理的可复制的制度性成果，全市社会力量参与社会企业机制全面形成	一是构建三个体系，即社会企业培育发展体系、社会企业政策支持体系、社会企业监管服务体系。二是建设两个平台（系统），即社会企业综合服务平台和社会企业信用公示平台。三是建立三项制度，即社会企业评审认定制度、社会企业信息公开披露制度、社会企业退出（摘牌）制度	轻触式监督原则，即依法加强对企业经济属性的监督，探索创新对社会企业社会属性的监督；要建设一支对党忠诚的社会企业家队伍，发挥党组织在社会企业发展中的政治引领和政治核心作用
《内江市市场监督管理局关于印发〈内江市社会企业登记管理办法（试行）〉的通知》（内市监发〔2020〕138号）	为持续深化商事制度改革，创新市场主体参与基层治理的新方式，探索社会资本依法参与公益事业的新路径	主体支持，即社会企业可通过商务秘书企业等集群注册的方式托管经营地址，允许其通过"一照多址"等登记改革方式设立多个经营场所；支持城乡社区（居委会、村委会）作为特殊法人，采取资产入股、众筹等方式兴办社会企业	法律监督；信用信息社会监督；登记机关监督
《绵阳市人民政府办公室印发关于大力培育发展社会企业的实施意见（试行）的通知》（绵府办发〔2020〕43号）	积极探索社会企业在创新社会管理、参与社会治理、改善社会服务、提高民生水平、不断满足人民群众美好生活需要等方面的实现路径，着力构建共建共治共享的城乡基层治理新格局	明确经营范围；创新登记制度；支持灵活创办；鼓励社区参与；实行评审认证；优化金融服务；落实财税政策；畅通政府采购；强化能力建设；加快平台建设；加强企业党建	建立监管体系；实施信用监督；加强行业监管；实行社区考核；推进行业自律；建立退出制度

注：成都市还发布了其他市级政策，这里为方便分析只采用了2018年出台的这一文件。

通观上述三个市级社会企业政策以及成都市各区县政策创新扩散现状，四川省社会企业政策在政策内容上呈现充分重视并全面推进的特征，在政策导向上呈现多地域联动铺开且突出培育社会企业社会治理功效，在政策扩散特征维度则呈现出市级邻近多点扩散+区县铺开的特点。

（1）充分重视并全面推进的政策内容

四川省社会企业政策在政策内容上并不局限于社会企业某一方面的属性发挥，而是全面重视其作为治理创新机制的工具效应，培育各个领域社会企业助力社会发展。从市级政策来看，除内江市规定培育扶持涉及医养康养、早教教育、家政服务、室内装修维修和物业管理五个行业的新设立登记社会企业，非营利社会组织转型为社会企业外，成都市与绵阳市均未限定社会企业培育扶持发展的行业领域，两市对于合规的社会企业都予以认可，绵阳市市级政策还采取"培育发展社会企业重点工作任务分解表"的方式对社会企业培育工作划分17大点建立执行体系，可见其对社会企业的重视程度。在区县层面，成都市各级区县政策陆续跟进，包括武侯区、金牛区、成华区、温江区、简阳市、郫都区、大邑县、新津区、青白江区、崇州市等地均有相关政策出台，各地政策也根据本地特色添加了相关创新举措。因此，从总体上看四川省社会企业政策，无论是在市级还是在区县一级均具有全面系统推进的特征，针对社会企业认定、扶持、监督管理制定了一系列政策。

（2）多地铺开培育治理绩效的政策导向

四川省社会企业的政策目标在于调动社会力量参与社会治理，在政策导向上有迹可循的是其注重充分发挥这一类社会创新主体的整体治理绩效。四川省从"十三五"时期便十分注重城乡基

3．我国社会企业政策创新与扩散现状

层治理，培育了大量社会组织，创新了诸多社区治理工具和具体方式，同时也积累了居民参与公共事务的社会氛围，尤其是成都市推进的社区总体营造以及社会企业培育等创新举措，更是为新时代社区治理共识的形成奠定了基础。因此，在社会企业政策层面，四川省并不将社会企业限定于某一类组织类型，而是充分接受社会企业在社区治理、社区经济、养老服务、农业发展、残障人士服务等领域的有效功能，在政策上给到相关认定支持以及可能的培育措施。

（3）市级邻近多点学习＋区县铺开的政策扩散

四川省社会企业政策围绕成都市进行多点扩散。2018年以来，成都市坚持党的领导、政府引导、各方参与、创新思维、市场驱动、社会共益的原则，构建由多元主体共同参与的社会企业生态系统，出台了一系列政策措施，建立了社会企业全生命周期政策保障体系。经过三年的培育发展，成都市共发展各类认定社会企业106家，其中本地认定的成都市社会企业69家（不包括已经摘牌的3家），涉及养老服务、就业促进、社区经济等多个社会领域，成为全国认定社会企业数量最多、发展最为活跃的城市，为成都市城乡社区发展治理和社会服务供给多元化发展增添了动力。2020年，内江市与绵阳市加入了社会企业发展行列；2021年，《成都市社会企业培育发展管理办法》（成办发90号文）发布，优化了若干条扶持政策，标志着成都市社会企业发展进入新的阶段。成都市社会企业政策在成都市市场监管局以及成都市社治委的大力推动下，连续出台多部对社会企业发展利好的政策文件，大力促进了成都市社会企业的发展，为邻近市域社会企业政策学习提供了良好的榜样。此外，成都市内部各区县社会企业政策也相继试水，多地区社会企业政策执行出现政策创新，如武侯区的扶持措施中，专门提到"信贷支持：对获得'武侯成长贷'，且通过成都市工商局认定的武侯区社会企业，按同期人民银行贷款基准利率计算给予贷款利息10%、每户每年总额最高10万元的经费补助"。再如成华区提出的"实施社会企业创始人关心关爱'熊猫计划'，实行区级领导联系社会企业创始人制度"。各地均根据自身特色对本地社会企业发展提供政策支持。2021年，四川省地方金融监督管理局发布《关于同意启动"社会企业板"相关筹备工作的复函》，提出同意启动"社会企业板"，支持社会企业挂牌交易。

除上述四个城市外，2021年起，社会企业政策大面积开花的局面虽然并未出现，但是郑州市、武汉市以及湖南省和安徽省的政策松动也引起了各地各领域的广泛重视。如武汉市东湖新技术开发区颁布的《武汉东湖新技术开发区社会企业认证和激励暂行办法（试行）》，提出大力培育扶持社会企业，充分发挥社会企业在社会发展治理中的积极作用。

3.3 小结

中国社会企业政策扩散初期采用社会企业认证方式进行，不将政策边界进行严格的限制，而是发挥社会企业这类创新主体的内生动力，在现有制度框架下以服务民生和创新经济两个维度给予一定的政策支持和合法地位确认。表3-7对四个城市社会企业政策进行了各个维度的比较。在上述共性外，各地社会企业政策的探索也存在着明显的倾向性。例如，北京市是最早在政策中明确发展社会企业的城市，不过，一开始只是选择试点，成立社会企业促进会，以民间组织方式发起推动，比较谨慎，渐进推进，直到2022年，北京市才出台了《关于促进社会企业发展的意见》。而成都则是一开始就在全市范围，由市委社治委和市场监管局联合推动，尽管认证工作也是交给了社会组织进行，但是其后期通过成都市社治委进行政策推动，在社区层面大力推进信托制物业创新以及社区社会企业创新，大大扩展了社会企业发展空间。深圳市福田区的特征更为明显，其服务于本地经济发展，通过十分有利的政策优惠吸引各种可能的投资主体进入福田区从事社会影响力投资以及社会创业活动，拉动投资活动繁荣。佛山市顺德区则依靠社创中心这一孵化平台开展政策试验，致力于解决本地发展过程中的社会问题，尤其是弱势群体就业扶持以及残疾人帮扶，具有很强的社会目标导向，尽管顺德区社会创新中心大力推进社会企业培育工作，但负责社会企业发展的民政部门在政策推动和政策扩散方面的力度有限。可见，每个城市在推动社会企业发展过程中各具特点，尽管各地社会企业政策扩散遭遇到不同程度的阻滞，但依然能够说明中国社会企业的发展正朝着迅速吸收内化"本地知识"，等待制度破窗后迎来快速发展的道路摸索前进。

表3-7 北京、成都、顺德、福田四地社会企业政策比较

维度 地域	社会企业定义	组织形式	认证标准	扶持措施
北京	社会企业是以追求社会效益为优先目标，依靠提供产品或服务等商业手段解决社会问题的企业或其他法人主体	企业或其他法人主体	1.使命任务；2.注册情况；3.经营管理；4.信用情况；5.社会效益；6.可持续发展能力；7.有一定比例的税后利润用于投入公益事业或企业自身发展	社会服务参与支持；重点扶持；资金、人才、管理支持；宣传支持与社会企业标志

（续表）

维度 地域	社会企业定义	组织形式	认证标准	扶持措施
成都	经企业登记机关登记注册，以协助解决社会问题、改善社会治理、服务特定群体或社区利益为宗旨和首要目标，以创新商业模式、市场化运作为主要手段，所得部分盈利按照其社会目标再投入自身业务、所在社区或公益事业，且社会目标持续稳定的特定法人主体	公司制企业（股份有限公司、有限责任公司）、农民专业合作社	1.清晰的双重宗旨；2.法人、注册情况；3.三人以上经营一年的经营情况；4.信用状况	登记便捷；股权交易社会企业板；财税支持；政府购买；人才培养；宣传支持与社会企业标志
顺德	以协助解决社会问题、改进社会治理、服务于弱势及特殊群体或者社区利益为宗旨和首要目标，以创新商业模式、市场化运作为主要手段，所得盈余主要用于或逐步加大用于再投入其社会目标、所在社区、公益事业的特定法人单位	公司制企业（股份有限公司、有限责任公司）、个人独资企业、合伙企业、个体工商户、农民专业合作社	1.使命目标；2.注册情况；3.三人以上经营一年的经营情况；4.可持续发展能力	专项资金支持，包括众善计划与基金会资金；资源对接；能力建设；沟通交流；宣传与社会企业标志
福田	无特别规定	无特别规定	无认证	资金支持；社会企业产业园区建设支持；人才支持；活动论坛支持；配套项目支持

表 3-8　社会企业政策梳理

年份	文件名称	文件要点
2011.06	《中共北京市委关于加强和创新社会管理全面推进社会建设的意见》	积极扶持社会企业发展,大力发展社会服务业(最早在社会政策文件中使用社会企业概念)
2011.11	《北京市"十二五"时期社会建设规划纲要》	提出"积极扶持社会企业"
2011.11	《宁夏回族自治区慈善事业促进条例》	鼓励发展社会慈善企业,并界定了社会慈善企业的五种形式:不分配利润,并将利润用于慈善事业的企业;持续开展慈善公益救助活动的企业;向社会持续捐赠每年所得利润达到一定比例的企业;集中安置残疾人和特殊贫困人员达到职工总数一定比例的企业;集中供养生活困难的老年人、残疾人的企业。依照规定,社会慈善企业可根据企业慈善项目投资规模享受贷款贴息;行政事业性费用、企业所得税地方分享部分可依法减免。这可以说是国内首个涉及社会企业的地方性法规
2013.03	中共中央十八届三中全会《关于全面深化改革若干重大问题的决定》	党的十八大报告指出"改善民生和创新管理中加强社会建设",通过创新体制机制逐步建立以公众参与为主的新型社会治理格局
2013.09	国务院《关于政府向社会力量购买服务的指导意见》	明确要求在公共服务领域更多利用社会力量,加大政府购买服务力度,为社会企业和社会投资发展提供了重要的制度保障
2013.03	《2013年广东深化社会体制改革工作要点》	广东省社工委将"鼓励发展社会企业"
2014.07	李克强总理在达沃斯论坛夏季高峰论坛上提出了"大众创业,万众创新"	李克强总理提出"打造大众创业、万众创新和增加公共产品、公共服务'双引擎'",为增强社会企业的感召力和吸引力提供了绝佳的政策指引
2014.08	《顺德区深化综合改革规划纲要(2013—2015年)》	提出"加快社会组织和社会企业培育发展",制定社会企业标准和扶持政策,积极培育社会创业家、企业家,引导社会资本创办社会企业,推动商业运作解决社会问题
2014.09	《顺德区社会企业培育孵化支援计划》	佛山市顺德区社创中心在顺德区社会工作委员会指导下出台全国首个地方性社会企业认证标准

（续表）

年份	文件名称	文件要点
2014.10	国家发改委《关于加快推进健康与养老服务工程建设的通知》	鼓励社会资本通过独资、合资、合作、联营、参股、租赁等途径采取政府和社会资本合作（PPP）等方式，参与医疗、养老、体育健身设施建设和公立机构改革
2015.03	顺德区开展社会企业认定工作	经认定的社会企业，将获得资金、人才、能力等方面的扶持
2016.11	《北京市"十三五"时期社会治理规划》	提出"大力发展社会企业"，开展专题调研，研究扶持政策，分类开展试点，大力推动以服务民生和开展公益为重点的社会企业发展
2016.12	财政部、民政部《关于通过政府购买服务支持社会组织培育发展的指导意见》	大力推进政府向社会组织购买服务，引导社会组织专业化发展，为培育社会企业和其他社会组织能力建设提供制度保障
2017.09	成都市委市政府发布《关于深入推进城乡社区发展治理建设高品质和谐宜居生活社区的意见》	首次提出鼓励社区探索创办服务居民的社会企业
2017.12	深圳市福田区政府出台《福田区关于打造社会影响力投资高地的意见》	这是国内第一份支持社会影响力投资的政府文件，它对实现福田区金融产业和社会事业跨界融合、创新发展具有里程碑意义
2018.04	深圳市福田区出台《关于打造社会影响力投资高地的扶持办法》及实施细则	为社会影响力投资生态体系中的各类主体给予事后资金扶持
2018.06	成都市人民政府办公厅《关于培育社会企业促进社区发展治理的意见》	初步构建起社会企业培育、支持、监管政策框架，走在了全国前列
2018.08	北京市社会发展促进会《北京市社会企业认证办法（试行）》	启动了社会企业试点工作，迈出了扶持社会企业发展的实质性步伐
2019	《昌平区回天地区社会企业认证与扶持试点办法》	挖掘一批具有一定规模、一定影响力和辐射力的社会企业，在回天地区基本形成鼓励社会企业有效参与社会治理的支持体系，引导社会企业在回天社会治理创新、社区服务发展等方面发挥积极作用
2019	成都市各区县政策扩散	各区县根据自身条件出台了特色化的扶持政策

（续表）

年份	文件名称	文件要点
2019	《中共四川省委关于深入贯彻党的十九届四中全会精神推进城乡基层治理制度创新和能力建设的决定》	积极发展社会企业，探索社会企业工商登记和行业认证制度……探索社会企业、社会组织托管政府和社区公共空间开发无偿和低偿收费的公益项目
2020	《顺德区社会企业发展支持计划》	在资源对接支持、拓展资源渠道、能力建设支持、搭建沟通交流平台、加强宣传推广、社会企业标志使用方面予以支持
2020	《四川省市场监督管理局办公室关于在成都市等地探索培育社会企业的通知》	进一步推进四川省城乡基层治理制度创新和能力建设，提升社会企业发展水平
2020	《关于印发〈内江市社会企业登记管理办法（试行）〉的通知》（内市监发〔2020〕138号）	大力培育内江市社会企业
2020	《关于大力培育发展社会企业的实施意见（试行）的通知》（绵府办发〔2020〕43号）	积极探索社会企业在创新社会管理、参与社会治理、改善社会服务、提高民生水平、不断满足人民群众美好生活需要等方面的实现路径，着力构建共建、共治、共享的城乡基层治理新格局
2021	《成都市民政局关于对转型社会企业的社会组织实施贷款贴息补助的通知》	为支持社会组织多元化发展，增强社会组织转型社会企业的能力，促进社会多元主体参与城乡社区发展治理，2021年成都市社会组织发展专项基金中将安排一定资金，对转型社会企业的社会组织给予适当贷款贴息补助
2021	《关于同意启动"社会企业板"相关筹备工作的复函》	提出同意启动"社会企业板"，支持社会企业挂牌交易
2021	《成都市社会企业培育发展管理办法》	修订之前的版本，优化了若干条扶持政策
2021	《武汉东湖新技术开发区社会企业认证和激励暂行办法（试行）》	提出大力培育扶持社会企业，充分发挥社会企业在社会发展治理中的积极作用
2022	《关于促进社会企业发展的意见》	这是我国省级层面的第一份促进社会企业发展的政策文件，是北京市社会企业发展的重要里程碑。首次全面提出了针对社会企业的重点扶持、培育、孵化、监管与支持政策

4. 我国社会企业政策创新与扩散的动力机制与影响因素

　　2019年党的十九届四中全会提出，必须加强和创新社会治理，构建基层社会治理新格局。基层社会治理成为实现有效社会治理的基本领域，基层社会治理创新也成为国家治理创新的重要组成部分。社会企业被认为是一种新兴的现代社会治理创新载体，社会企业的混合属性决定了它能够通过市场和商业的手段解决一定的社会问题，达成社会目标，创新公共服务供给。在推动社会治理现代化的科学发展新阶段，各级政府应该充分认识到社会企业在创新社会管理、参与社会治理、改善社会服务等方面发挥的积极作用。自2011年起，有关社会企业认证及支持的创新政策在北京、佛山、成都、武汉等地陆续开启，构建了从登记、认定、扶持到摘牌的全生命周期政策保障体系。特别是成都市培育社会企业的政策创新走在了全国前列，不仅扩散至下辖多个区县及周边城市，甚至通过自下而上的政策学习路径扩散到上级政府。2022年1月四川省民政厅、中共四川省委组织部、中共四川省委政法委发布《关于印发〈四川省"十四五"城乡社区发展治理规划〉的通知》。通知中明确提出，要"积极发展社区社会企业"，"推动出台鼓励社区服务类社会企业发展的政策文件"。

　　然而，对于国内社会企业的创新政策扩散过程还有很多未解

4．我国社会企业政策创新与扩散的动力机制与影响因素

答的疑问。虽然各级政府出台文件或政策支持和培育社会企业发展的政策创新越来越多，但也出现了一些创新不可持续、不可扩散的异化问题。例如，有些地方社会企业的政策支持只局限于一地而缺乏普适性，或"昙花一现"，或"人走政息"，或"原地踏步"，形成了独特的"孤岛"现象、"烟花"现象。又比如在此之前，中国社会长期非均衡发展（如东西部经济差距、城乡二元化隔阂等），使得后进地区的政策创新主要来源于学习和模仿发达地区的政策实践，尤其体现在经济和公共服务等领域。为何这次成都市政府创新成为全国多个地方政府争相取经的对象？为什么社会企业的创新政策能在成都快速地得到向下和向上的扩散，并在短时间内在全国范围形成较大影响？为什么有的地方培育发展社会企业的创新政策只局限于当地，甚至停滞了？各地的社会企业政策创新的做法和模式有何区别？社会企业政策扩散的过程是怎么样的？影响培育社会企业政策扩散的主要因素是什么？推动创新扩散的动力机制是什么？这些是本章节将要尝试回答的问题。

　　从研究方法上看，目前我国还没有从省级或市级层面大规模地出台社会企业认证及支持性政策，因此很难采用事件史研究方法或定性比较分析的方法展开实证研究。这一章节以中国各级政府出台的培育社会企业政策为样本，主要利用案例比较方法和政策文本分析对社会企业培育和支持政策扩散特征及其决定因素进行实证研究。在中国开展社会企业政策创新扩散研究的意义至少体现在两个方面：一是有助于理解地方政府的决策过程，即为什么要采纳培育社会企业这样一项"创新"且"富于冒险性"的公共政策；二是有助于总结我国社会企业政策推广的经验教训，为社会企业相关政策在省级层面甚至全国层面的政策制定带来新的洞见和发现。

4.1 政策创新与扩散的理论基础

国际上关于政策创新与扩散的研究始于美国密歇根大学教授杰克·沃克(Jack Walker)在1969年发表的文章《美国各州的创新扩散》。沃克教授认为,地方政府的政策创新即一个政府首次采纳的政策或项目,无论这个政策或项目已出现多久,也无论其他政府是否已经采纳它,只要该政府是第一次采纳,就是政策创新[1]。后来,政策创新概念不再局限于政策本身的原创性,而是聚焦于政策扩散过程,这对于各级政府的政策实践有重要启发。在此基础上,罗杰斯(Everett Rogers)进一步指出,一项创新传播的过程就是扩散,它包括一种新思想随着时间流逝,通过某种渠道在社会系统内传播沟通的过程[2]。清华大学公共管理学院朱旭峰教授认为,政策创新和政策扩散在很多情况下其实是站在不同角度对同一个政府过程的观察[3]:城市A根据本地区实际情况制定并颁布一项新政策,鉴于该政策在全国范围内属于首创,可以定义这个政策过程为政策创新。另一地方政府B采纳了这一政策创新的过程。因此政府B的这一个政策过程对A来说是政策扩散,对政府B来

---

[1] Walker, J. L. (1969), "The diffusion of innovations among the American states," *American Political Science Review*, 63(3): 880–899.

[2] Rogers, E. M. (2004), "A prospective and retrospective look at the diffusion model," *Journal of Health Communication*, 9(S1): 13–19.

[3] 朱旭峰、张友浪:"创新与扩散:新型行政审批制度在中国城市的兴起",《管理世界》,2015(10):16。

说是政策创新。因此,政策的创新与扩散在研究过程中很难进行明确划分,更多情况下政策创新与政策扩散被当作同一个研究领域[1]。虽然国内外学者们的表述各有侧重点,但总体来说也具备一些共性:一是政策扩散涉及多个主体,这些主体之间相互影响、相互作用;二是都强调政策扩散是一项政策过程,存在一定的时序性。对于创新扩散理论的研究大致可以归为三个方面,即对为什么扩散(影响因素)、怎样扩散(过程阶段)和如何扩散(扩散模型)的研究分析。

识别政策创新扩散的动力问题,有助于帮助我们理解地方政府为什么想要开始一项创新政策,以及是否有足够的积极性来采纳和推进创新。从各地政府创新实践来看"地方政府并不缺少创新的愿望和能力"[2]。丹尼斯·荣迪内利(Dennisa Rondinelli)[3]认为西方政府创新主要有两个动因:绩效落差和政治领袖的战略构想,也可以称之为问题驱动和精英驱动。张玉提出创新的动因既存在于客观的制度环境之内,也存在于主观的内在需求之中[4]。傅大友等提出创新动因在于外部、内部和主体[5]。陈家刚提出,政府创新的动力是其面临的危机形势,即权威危机与管理性危机。政府创新的动因也可以归纳为发展型动力、竞争型动力和压

---

[1] 雷叙川、王娜:"地方政府间的政策创新扩散——以城市生活垃圾分类制度为例",《江西行政学院学报》,2019。
[2] 陈天祥:"中国地方政府制度创新的角色及方式",《中山大学学报》(社会科学版),2002,42(3):8。
[3] 丹尼斯·A.荣迪内利:"人民服务的政府:民主治理中公共行政角色的转变",贾亚娟译,《经济社会体制比较》,2008(2):115—123。
[4] 张玉:"地方政府创新的基本动因及其角色定位",《云南社会科学》,2004(3):4。
[5] 傅大友、芮国强:"地方政府制度创新的动因分析",《江海学刊》,2003(4):7。

力型动力①。发展型动力在于谋求地方发展；竞争型动力是指地方政府在相互竞争中出于压力而开展的创新；压力型动力是指迫于某种现实压力，不得已不得不。杨代福认为，在中国政治情境下，除了公众需求的激励以外，官员换届也是地方公共政策制定者采纳政策创新的重要动因②。中国俗话说，"新官上任三把火"，新任的地方官员更倾向于接受创新，这不仅仅是出于建立功绩和树立权威的考虑，也是中国"晋升激励赛"的压力③。

识别影响创新扩散的影响因素有助于我们理解为什么有的政策在某些地方产生很大的影响，并很快得到扩散，为什么有的政策在某些地方却很难推进。国外学者通常从内部因素和外部环境因素两个角度探讨政策创新扩散的影响因素④⑤⑥。内部影响因素一般包括动机因素、资源和障碍因素⑦，具体涉及政策创新扩散的障碍及克服障碍可用的资源、公共需求、经济发展水平、财政资源、行政级别、区域位置等；某一辖区的社会、经济与政治特征，具体则涉及人口结构、居民收入水平、产业结构，政策涉及问题严

---

① 陈家刚："地方政府创新与治理变迁——中国地方政府创新案例的比较研究"，《公共管理学报》，2004，1(4): 7。

② 杨代福："中国政策创新扩散：一个基本分析框架"，《地方治理研究》，2016(2): 9。

③ 周黎安："晋升博弈中政府官员的激励与合作——兼论我国地方保护主义和重复建设问题长期存在的原因"，《经济研究》，2004(6): 8。

④ Tolbert, P. S., Zucker, L., G. (1983), "Institutional sources of change in the formal structure of organizations: the diffusion of civil service reform, 1880-1935," *Administrative Science Quarterly*, 22-39.

⑤ Berry, F., S., Berry, W., D., (1990), "State lottery adoptions as policy innovations: an event history analysis," *American Political Science Review*, 84(2): 395-415.

⑥ Walker, J., L. (1969), "The diffusion of innovations among the American states," *American Political Science Review*, 63(3): 880-899.

⑦ Berry, F., S., Berry, W., D., (1990), "State lottery adoptions as policy innovations: an event history analysis," *American Political Science Review*, 84(2): 395-415.

重性、政府规模和官员选举制度等①。外部因素包括地方政府竞争、社会文化、公众舆论、上级压力、邻近效应、社会稳定、政策网络，以及政策企业家对政策创新与扩散的影响②③④。

但是这种简单的内外部因素的划分涉及诸多诸如政治、人口、制度等一系列特征变量，对于我们全面而清晰地理解影响政策创新扩散的因素有一定的难度。而且，这些模型普遍适用于以美国为代表的联邦式民主国家，很难考虑到中国背景下地方政府创新扩散的媒介与背景因素。朱旭峰和张友浪将地方政府创新扩散的动力框架归纳为创新扩散的背景、主体、客体和媒介这一综合性扩散动力框架⑤。具体来说，第一，影响创新扩散的背景因素是指从横向和纵向两个维度来概括当今复杂多变的环境：从纵向看，包括全球、国家和辖区等层次；从横向看，包括政治、经济、文化、社会和自然等方面。第二，在主体方面，主要是指决定采纳和不采纳某项创新的地方政府，他们直接决定了一项创新的传播程度。政府在财政收支与资金分配、人员流动、制度设计、党派关系，以及政府间网络等方面的特征在很大程度上决定着政策能否被采纳、采纳机制以及扩散速度。第三，在客体方面，主要是被采纳、改变

---

① Tolbert, P. S., Zucker, L., G. (1983), "Institutional sources of change in the formal structure of organizations: the diffusion of civil service reform, 1880–1935," *Administrative Science Quarterly*, 22–39.
② Wejnert, B. (2002), "Integrating models of diffusion of innovations: a conceptual framework," *Annual Review of Sociology*, 28(1): 297–326.
③ Mintrom, M. (1997), "Policy entrepreneurs and the diffusion of innovation," *American Journal of Political Science*, 738–770.
④ Mintrom, M., Vergari, S. (1998), "Policy networks and innovation diffusion: the case of state education reforms," *The Journal of Politics*, 60(1): 126–148.
⑤ 朱旭峰、张友浪："地方政府创新经验推广的难点何在——公共政策创新扩散理论的研究评述"，《学术前沿》，2014(17)：15。

或拒绝的政府创新本身。包括创新收益、创新的成本与风险,政策的相对优势性、可观察性、议题显著性、复杂性等[1][2][3]。政策属性即政策特征、特点、性质,它可揭示不同政策的差异性,也决定了扩散的速度。第四,在媒介方面,推动政府创新扩散的媒介既包括组织,也包括个人。从组织层面看,主要是指新闻媒体、政府间互动的社会网络和拥有自身利益导向的团体;从个人层面看,主要是指那些努力推动政策变化的政策企业家。某种创新之所以得以在各个地方政府之间扩散,除了地方政府决策者的推动,往往也是因为存在新闻媒体的报道和传播,存在一定的网络平台帮助分享知识,存在相关的利益团体在推广,或者存在带有明确诉求的个人在积极倡导。

还有一些学者通过阐述政策创新扩散理论机制和构建创新扩散的模型来解释影响政策创新扩散的因素,寻找可能的创新采纳者和扩散的路径。扩散的机制也被认为是影响政策扩散的原因和扩散的结果之间的中介因素[4]。学界普遍认为,驱动政策扩散的机制主要是学习、模仿、竞争和强制等[5][6]。随着众多学者对政策创新与政策扩散研究的不断深入,国内学者根据中共公共政策行

---

[1] 郭磊、秦茜:"省级政府社会政策创新扩散研究——以企业年金税收优惠政策为例",《甘肃行政学院学报》,2017(1):11。
[2] Rogers, E. M. (2004), "A prospective and retrospective look at the diffusion model," *Journal of Health Communication*, 9(S1): 13-19.
[3] Mintrom, M. (1997), "Policy entrepreneurs and the diffusion of innovation," *American Journal of Political Science*, 738-770.
[4] 杨代福:"中国政策创新扩散:一个基本分析框架",《地方治理研究》,2016(2):9。
[5] Shipan, C. R., Volden, C. (2008), "The mechanisms of policy diffusion," *American Journal of Political Science*, 52(4): 840-857.
[6] Heinze, T. (2011), "Mechanism-based thinking on policy diffusion: a review of current approaches in political science," KFG working paper, No.34.

动者的实践及其特点,对扩散的主要机制展开深入研究。杨代福将其扩展为强制、诱致、学习、竞争、模仿和社会化六种机制①。王浦劬和赖先进将其进一步细分为学习、竞争、模仿、行政指令和社会建构五种扩散机制②。值得注意的是,学习机制、竞争机制、模仿机制是基于公共政策制定者自愿的基础上推动政策扩散。而行政指令机制、社会建构机制是公共政策制定者被动接受和推动公共政策扩散的过程。特别是社会建构机制中,政策的扩散离不开地方政府部门、媒体及大众的协同行动。特别是近年来大量的知识精英参与公共政策过程,例如科学家给中央领导写信、专家学者参与政府决策论证咨询,以"递折子"的形式建言献策,以知识扩散和决策咨询为载体,间接地推动了各类公共政策扩散机制的快速运行。由此可见,除了时间、空间因素之外,决定中国公共政策扩散独特性的,主要在于中国公共政策制定和扩散主体的特点及其面临的环境。

识别政策创新扩散理论机制和构建创新扩散的模型可以帮助我们更好地理解如何扩散的问题。总的来说,政策扩散形式主要以不同行政层级政府间的垂直扩散和相同行政层级政府间的水平扩散为主。从构建具体的扩散模型来看,贝里和贝里(Berry and Berry)提出了全国互动模型、区域扩散模型、"领先—跟进"模型和垂直影响模型③。全国互动模型假设地方政府官员处于一个能够相互交流的网络中,区域扩散模型假设政府采纳政策主要受相

---

① 杨代福:"中国政策创新扩散:一个基本分析框架",《地方治理研究》,2016(2):9。
② 王浦劬、赖先进:"中国公共政策扩散的模式与机制分析",《北京大学学报》(哲学社会科学版),2013(6):10。
③ Berry, F. S., Berry, W. D. (1999), "Innovation and diffusion models in policy research," *Theories of the Policy Process*, 169(5).

邻地区或经济文化资源相似的地方政府的影响,"领先—跟进"模型强调先行地的先行先试与跟随者的学习效仿,垂直影响模型强调自上而下的政策辐射和自下而上的政策吸纳。国内学者王浦劬和赖先进总结了中国政府公共政策扩散的四种基本模式:自上而下的层级扩散模式;自下而上的吸纳—辐射扩散模式;同一层级的区域和部门之间的扩散模式;以及不同发展水平区域间政策跟进扩散模式,即政策先进地区向政策跟进地区的扩散模式[1]。

总的来说,西方国家因为国家治理模式的不同、社会环境的差异、传统观念的差异与我国存在着国情的差异,进而也会对政策创新扩散机制产生一定的影响。在中国的情境下,地方官员的政治流动、制度压力、政府自身特征、政策的绩效合法性与技术可行性都有可能是影响中国政策扩散的重要因素[2][3]。除此之外,经济因素也是政策创新扩散研究过程中不可忽视的一个方面。与地方利益契合度较高的政府创新项目可以得到更好推动和扩散;而当政府创新项目与地方利益契合度不高时,政府创新扩散很可能陷入虚与委蛇的境地[4]。中国幅员辽阔、国情复杂,仅依靠中央政府的行政指令对全社会各领域实现有效调控,极不现实。我国国家治理过程中趋向于采取多中心治理模式,各级政府共同发挥作用,中央政府更多的是发挥宏观调控作用,地方基层政府在政策落

---

[1] 王浦劬、赖先进:"中国公共政策扩散的模式与机制分析",《北京大学学报》(哲学社会科学版),2013(6):10。

[2] Zhu, X., Zhang, Y. (2016), "Political mobility and dynamic diffusion of innovation: the spread of municipal pro-business administrative reform in China," *Journal of Public Administration Research and Theory*, 26(3): 535-551.

[3] 张克:"全面创新改革的中国模式:政策试验与推广",《华东科技》,2015(12):1。

[4] 曹龙虎、段然:"地方政府创新扩散过程中的利益契合度问题——基于H省X市2个综合行政执法改革案例的比较分析",《江苏社会科学》,2017(5):12。

实方面事实上发挥着更大的作用。鼓励地方政府政策创新并且将成功经验加以扩散，被认为是中国政府推动改革的重要经验①。

培育发展社会企业是中国地方政府在社会治理过程中的一次大胆尝试和创新行为。2011年首次出现在《中共北京市委关于加强和创新社会管理全面推进社会建设的意见》和《北京市社会建设"十二五"规划》文件中。文件中提出"积极扶持社会企业发展，大力发展社会服务业"，这是全国首个涉及社会企业的省部级文件。在这十年来，有关培育和鼓励发展社会企业的政策在全国地方政府经历了相对缓慢的发展过程。但是自2018年成都市出台《成都市工商行政管理局关于发挥工商行政管理职能培育社会企业发展的实施意见》（成工商发〔2018〕25号）之后，全国各地社会企业政策出现了一个急速升温的阶段，北京、武汉、上海等多地政府相继出台有关培育和指导社会企业发展的政策，社会企业相关政策在全国扩散开来。但是，目前社会企业的学者和实践行业的有志之士对于社会企业在全国的政策扩散过程缺乏一定的认知，对于影响社会企业政策扩散速度和结果的主要因素也缺乏系统性的理解。接下来，本章节通过对社会企业的创新政策的充分调研，了解目前国内社会企业的政策支持环境，特别是创新政策的扩散过程，致力于研究如何有效地推动社会企业创新的扩散，既保证创新扩散的效率又能充分发挥创新解决本地问题的效果，对于加快我国社会企业行业生态系统建设、促进具有竞争能力的社会企业崛起有重要意义。

---

① 陈那波、蔡荣："'试点'何以失败？——A市生活垃圾'计量收费'政策试行过程研究"，《社会学研究》，2017(2)：174—198。

4.2 社会企业政策创新与扩散的动力机制

政策创新扩散的动力机制回答了为什么地方政府愿意开始实施一项创新政策,以及地方政府作为第一集团行动者为什么会有创新的积极性。对于地方政府干部来说,是否突破现状、发起创新,如何平衡政府创新带来的预期收益与预期风险是他们考虑的首要问题。陈雪莲和杨雪冬在分析了 20 个 "中国地方政府创新奖" 之后发现,中国地方政府官员为了降低或者回避创新的政治风险,采取的策略通常是:改革公众反映强烈的领域,设计创新方案时积极学习借鉴其他地区已有的改革经验,创新措施取得上级的认可后再实施[1]。这也和我们调研社会企业政策创新扩散的发现非常一致。经过我们对北京、成都、佛山市展开的深入调研,**我们观察到我国地方政府在采纳或推进培育发展社会企业政策时主要基于内部压力和外部环境的双重驱动**。

4.2.1 内部压力驱动

(1) 地方社会治理需求的问题驱动

问题驱动型创新的动因通常源自解决地方问题,谋求地方发展,创新措施多是为了应对原有体制和工作方式中的问题而推

---

[1] 陈雪莲、杨雪冬:"地方政府创新的驱动模式——地方政府干部视角的考察",《公共管理学报》,2009, 6(3): 11。

出，应付上级和利益驱动的情况属于少数。当地方政府面临治理问题时，最容易产生创新性观念，创新行为也容易被采纳。

在我们调研和对地方社会企业政策解读的过程中发现，**多数地方政府在将社会企业主体纳入政策体系时，往往是基于完善地方社会建设和创新社会治理的需求考量**。中共十八届三中全会在《关于全面深化改革若干重大问题的决定》中明确指出"改善民生和创新管理中加强社会建设"，通过创新体制机制逐步建立以公众参与为主的新型社会治理格局。**然而多数地方政府在推进基层治理创新的过程中发现两大问题**。

首先是地方社会治理的问题种类繁多，需求多样。除了传统的养老、教育、医疗等公共服务供给和需求的矛盾，近几年出现的例如精准扶贫、乡村振兴、文化保育等新需求和新规划也亟需在基层治理中采取创新工作方式。以北京市为例，在调研中我们了解到"社会企业"首次出现在政府文件中是2011年北京市出台的《中共北京市委关于加强和**创新社会管理全面推进社会建设**的意见》。其中在第二项重点任务"着力在创新服务中加强社会管理"中明确提出"积极扶持社会企业发展，大力发展社会服务业"，这不仅是全国首个涉及社会企业的省部级文件，并且是在创新社会管理任务下提出，体现了地方政府开展基层社会治理创新的需求。类似地，仅从标题来看，北京市及其他地方政府社会企业相关文件均是在参与社会治理和社区服务供给领域提出的，这体现了地方政府在顶层设计中对社会企业的主要功能定位和首要任务即深入推进社会治理。例如2011年出台的《北京市"十二五"时期**社会治理规划**》《2013年广东**深化社会体制改革**工作要点》；2017年成都市委市政府发布《关于**深入推进城乡社区发展治理**建设高品质和谐宜居生活社区的意见》;2018年,成都市出台《成都市人民政府办公厅关于培育社会企业**促进社区发展治理**的意见》;2019年《中共四川省委关于深入贯彻党的十九届四中全会精神**推进城乡基层治理制度创新**和能力建设的决定》;2021年10月上海浦东新区人民政府发布《探索**大城市治理**的浦东样板》,鼓励发展社会企业等"**善经济**"来治"**大城市病**";2022年1月四川省民政厅、中共四川省委组织部、中共四川省委政法委发布《关于印发〈四川省"十四五"**城乡社区发展治理**规划〉的通知》等。

虽然总的来说,地方政府对社会企业的主要期待是创新社会治理,解决社会问题,**但是每个城市面临的具体的社会治理问题也略有差异**。在调研中我们发现,北京、上海作为特大城市,面临一系列的超大社区治理问题和多种"城市病",北京市政府寄希望于社会企业助力基层治理创新,主要为了回应北京市解决大型社区治理难题以及多项民生服务问题。一方面社会企业在大城市中有良好的经济社会和文化的土壤,另一方面大城市也面临更多样化的需求和社会问题。地方政府相信,社会企业在大城市更有其用武之地。成都市政府最初的动机是为了解决城乡社区发展治理问题,特别是城市社区公共服务供给问题、基层社区治理问题和居民利益诉求问题。因此成都市近几年的社会企业政策和培育的主体主要是围绕社区经济和居住改善领域,特别是社区社会企业及物业社会企业,在全国的学界和行业领域掀起了广泛的讨论和学习的热潮。而佛山市顺德区本身拥有非常丰富的企业家资源和经商传统,当地政府最初想解决的问题就是要去解决"经济建设这条腿很长,但是你的社会治理这条腿跟你的经济先发的地位严重地不匹配"①的问题。因此，顺德近些年出台的政策致力于培育社会企业家精神，发挥顺德社会企业在推动养老、助残、乡村振兴等领域的作用，联动多元主体发展有顺德特色的社会企业。

其次是社会治理主体的数量严重不足。随着社会需求和社会利益的多元化，原本单独依靠政府和本身发育不完善的社会组织很难完全满足公共服务供给，解决社会矛盾的需求。因此北京、顺德等地的地方政府明确提出"培育社会治理主体"是最初推进社会企业相关政策的动机之一。推动社会建设和社会治理是一个循序渐进的过程，在与北京市相关官员访谈中我们了解到，北京这十几年关注社会建设和社会治理，其中一个关注的重点是在社会建设和社会治理当中，可能要更多地培育各类社会主体。原来北京市更多是通过社区社会组织和志愿服务来进行社会创新。但是即便是现在，北京市社会组织发展都不是最好的，本身还有一些缺陷，因此在承接公共服务、解决社会问题时常受到掣肘。自从2013年提出社会治理创新理念，特别是要求"充分发挥各类主体作用"后，北京市政府逐渐将社会企业作为一类主体，纳入社会治理创新的规划中来，社会企业包括一般的商业企业和社会组织，它们都是社会治理和社会建设的主体，在灵活性和可持续性上有不可比拟的优势。而在2018年这次社会企业政策研究中，财政局和发改委的领导在回天社区的调研中发现，社会企业在回天地区社会治理中发挥了突出的作用，"和我们传统的政府力量，包括社区自治力量不一样，是另外一种比较灵活的，或者是比较有效的一种"治理主体，引起了市领导的注意，并对其开展了相关政策研究，获得了

---

① 引自顺德区社会创新中心工作人员访谈文稿。

蔡奇书记的批示，这也是北京市 2018 年社会企业政策发生破局的主要动因之一。

再次，社会治理主体的能力欠缺。我们知道社区里面存在很多民生问题，例如一老一小服务、社区环境问题、社区物业管理问题等，都与党和政府在基层治理的任务和目标是息息相关的。首先从财政压力来看，自从党的十八大以来，国家和政府对社区治理的需求越来越高，但是目前经济放缓，政府财政压力也越来越大，单纯依赖政府，通过政府购买服务的资金机制支撑社会组织参与社区治理、提供公共服务渐渐显露出弊端。特别是基层政府财政实力本身不太雄厚的城市，这种"变相输血"的方式的可持续性逐渐受到质疑。社区治理的主体迫切地需要引入社会资源共同参与，致力于提供竞争性服务和可持续性服务。其次从目前社区社会组织的能力建设来看，多数被访者表示目前社会组织仍然需要继续培育和扶持，一直存在发育不完善、能力不健全的问题，在公共服务供给的评估来看依然存在参差不齐的现象，因此，引入社会企业的形式，通过参与市场公平竞争的方式，提供竞争性服务可以作为潜在的选择。

总的来说，问题驱动型创新正是地方政府创新的意义所在，直接遭遇原有体制局限性约束的地方政府为解决问题而设计和发起的改革措施最具可操作性，也最有利于制度的改良和完善。尤其是在制度、结构等方面属于常态的情况下，与地方利益契合度较高的政府创新项目可以得到更好推动和扩散；而当政府创新项目与地方利益契合度不高时，政府创新扩散很可能陷入虚与委蛇的境地[①]。

---

① 曹龙虎、段然："地方政府创新扩散过程中的利益契合度问题——基于 H 省 X 市 2 个综合行政执法改革案例的比较分析"，《江苏社会科学》，2017(5)：12。

（2）地方官员牵头的精英驱动

荣迪内利[1]认为西方政府创新主要有两个动因：绩效落差和政治领袖的战略构想，也可以称之为问题驱动和精英驱动。精英驱动也就是说地方政府的一些创新性举措源于政治领袖或政府外精英的"战略构想"，政治领袖的战略构想有时能为政府设置全新的方向和日程，带来创新。我们在调研中发现，社会企业政策的扩散因为其特殊性，不是源自上级政府推动下产生的自上而下扩散，**地方政府内部工作人员其实才是创新的主要发起者，而领导干部的精英驱动作用尤为突出**。

中国政治制度有着特定的府际关系与干部制度，而这深刻影响着中国的地方政府创新扩散过程[2][3]。在中国地方政府创新中，领导干部发挥主要作用，因为在中国相对集权和个人化的领导负责制的体制下，只有获得领导干部认可或者由领导干部本人推动的改革创新才有可能实施。地方政府领导干部，特别是"一把手"的肯定和批示是推动政策进程的重要因素。**这也是我们在调研社会企业政策扩散过程中，所有地方政府都明确提出的关键性因素，甚至是决定性因素之一**。除了社会企业发挥的价值正好契合当地社会建设和社会治理的需求以外，被调研的地方政府愿意尝试社会企业创新政策或开展社会企业政策试点往往基于两方面的压力。**首先是地方政府创新的压力**。2012年党的十八大报告中

---

[1] 丹尼斯·A.荣迪内利："人民服务的政府：民主治理中公共行政角色的转变"，贾亚娟译，《经济社会体制比较》，2008(2)：115—123。
[2] 朱旭峰、张友浪："创新与扩散：新型行政审批制度在中国城市的兴起"，《管理世界》，2015(10)：16。
[3] 马亮："府际关系与政府创新扩散：一个文献综述"，《甘肃行政学院学报》，2011(6)：9。

提出，要通过创新体制机制逐步建立以公众参与为主的新型社会治理格局。国家治理现代化亟需各地政府开展政府治理创新，因此近些年涌现了大批地方政府创新的案例和经验。面对上级政府对创新政策的要求，或者地方政府之间竞争的压力，各级地方政府也面临巨大的如何有效开展社会治理创新的压力。**其次源自地方领导政绩和晋升压力**。所谓晋升激励，是指在中国政府的干部制度中，官员需要通过政绩来表明自身的能力，从而获得晋升[①]。阿舒勒[②]在分析美国的公共创新激励机制时提到，美国政府的官员有很强的接受新鲜理念的强烈动力，因为创新最有可能推动他们的职业发展。而在中国地方政府创新中，出于对政绩的需求，领导干部对旨在改善政府绩效、提高公众认可度的政府创新自然是高度敏感的。俗话说，"新官上任三把火"，新任的地方官员也更倾向于接受创新，这不仅仅是出于建立功绩和树立权威的考虑，也是中国"晋升激励赛"的压力[③]。

北京市 2007 年成立社工委，2008 年就接到市委批件，提出要关注社会企业这一主体，但是因为当时北京市社会组织和慈善环境等其他条件还不成熟，培育社会组织、提高社会组织和慈善志愿行为是当时的工作重点，因此积极培育社会企业的相关政策并没有获得很多关注。北京市社会企业政策真正走进大众视野就是 2018 年北京市社会企业促进会的成立和《北京市社会企业认证办

[①] 周黎安："晋升博弈中政府官员的激励与合作——兼论我国地方保护主义和重复建设问题长期存在的原因"，《经济研究》，2004(6)：8。

[②] 阿兰·阿舒勒："公共创新与政治激励"，陈雪莲译，《经济社会制比较》，2003(4)：25—30。

[③] 周黎安："晋升博弈中政府官员的激励与合作——兼论我国地方保护主义和重复建设问题长期存在的原因"，《经济研究》，2004(6)：8。

法(试行)》的出台,特别是2019年《昌平区回天地区社会企业认证与扶持试点办法》的颁布,开启了北京市区县政策试点进程。而这一系列政策的出台主要是因为北京市领导在回天地区调研时看到了社会企业在解决社会问题、创新社会治理上的优势,研究机构就把社会企业的一系列政策、发展历程、理论基础、国外先进经验,包括北京市社会企业目前的发展向市领导做了汇报和介绍,并提出了政策建议,因此蔡奇书记和陈吉宁市长都做了肯定和批示,要求研究如何培育和发展社会企业,这才促使了北京市社会企业认定工作的开展。

同样地,**成都市**社会企业的发展、城乡社区治理都离不开成都市委主要领导对城乡社区治理的关注和大力推动作用。作为全国双创第四城,成都是名副其实的"创新热土"。2017年,成都市在全国率先设立城乡社区发展治理委员会,出台《关于深入推进城乡社区发展治理建设高品质和谐宜居生活社区的意见》,明晰城乡社区发展治理的基本方向和重点环节。为推进超大型城市治理体系和治理能力现代化,成都市深入探索社区治理体制机制创新。2018年成都市委书记很快对城乡社区治理相关要求及培育社会企业的意见做了相应批示,成立市场监督管理局新经济处,专司社会企业和社区治理建设相关事务,鼓励各部门(主要是市场监督管理局和社治委)共同协作,创新各类主体参与社区治理创新。

除了北京、顺德、成都等地依靠"一把手"推进的经验,2021年广东省、贵州省和安徽省在推进培育社会企业政策中都有所动作,多省组织了调研团队到北京、成都、顺德、深圳等地参访和调研。据了解,2021年多个省级政府开始关注社会企业,主要缘起于国务院发展研究中心于2021年6月发表了"关注社会企业的兴起,探索公共服务和社会治理的新方式"的文章,并进入内参。各省份领导都有机会看到这篇内参,因此掀起了一股培育发展社会企业的政策学习潮流。安徽省省长很快做出批示并安排政策研究室分三路到北京、成都和安徽本地社会企业进行调研。同样地,贵州、广东省也是类似的情况。

4.2.2　外部环境驱动

一般来说,影响政策扩散的外部环境因素通常包括上级压力、下级政府的诱致、相邻或对标地区出台的政策创新力度等府际关系因素[①②],和全国范围内已采纳创新的比例、相关新闻报道的数量、全国性或区域性交流网络、政策企业家、公众压力诉求等其他外部因素[③④⑤]。我们在调研中发现,社会企业政策的扩散离不开地方政府部门、媒体及大众的协同行动。**影响地方政府愿意采纳或接受社会企业政策的外部动力主要源自政策企业家的推动和其他地方政府的示范效应。**

首先,政策企业家的游说和沟通为社会企业创新政策扩散搭建桥梁。根据美国著名政策学者约翰·金登(John Kingdon)的界定,

---

① 杨代福、董利红:"我国城市社区网格化管理创新扩散的事件史分析",《重庆行政:公共论坛》,2014,15(4):5。
② 陈新明、萧鸣政、史洪阳:"地方人才政策创新扩散的动因分析——基于中国城市'人才新政'的实证研究",《企业经济》,2020,39(6):7。
③ 李文彬、王佳利:"地方政府绩效评价的扩散:面向广东省的事件史分析",《行政论坛》,2018,25(6):9。
④ 李健、张文婷:"政府购买服务政策扩散研究——基于全国31省数据的事件史分析",《中国软科学》,2019(5):8。
⑤ Mintrom, M. (1997), "Policy entrepreneurs and the diffusion of innovation," *American Journal of Political Science*, 738-770.

4．我国社会企业政策创新与扩散的动力机制与影响因素

"政策企业家"就是那些公共政策过程中有资源、会用资源、拥有话语地位、积极参与的人。所谓政策企业家，就是指那些能够通过组织、运用集体力量来改变现有公共资源分配方式的人[①]。政策企业家对公共部门的政策创新的提出、引进、转换和执行发挥重要作用，政策企业家广泛存在于政策的形成、议程设置、政策制定和政策实施等政策过程中。政策企业家可能在政府内部或政府外部，学者、社会组织、企业家、利益集团代言人等群体都有可能成为政策企业家，影响着政府创新方向，他们热衷于发现政策的动力，积极提供方案，兜售自己的政策理念并试图让其变成新的为自己服务的政策。

调研中发现，近年来大量的知识精英参与社会企业政策的制定过程，例如学者给中央领导写信、专家学者参与政府决策论证咨询，**以"递折子"的形式建言献策，获得地方领导的关注和肯定，以知识扩散和决策咨询为载体，间接地推动了社会企业政策的快速扩散**。例如2021年2月26日，民建中央发布"关于弘扬社会企业家精神，加快社会企业发展"的提案。该提案指出："社会企业是民营企业家承担社会责任更高阶、更彻底的创新形式，是调动新社会阶层参与经济社会建设的有效途径，是推动经济平衡、高质量发展和构建美好生活的新生力量。"同样地，如上文讨论，北京、成都、广东、安徽等地陆续开始推进社会企业政策进程，直接原因主要是源自专家学者给上级领导递的"折子"或报告等形式。在一个新生事物或新政策还没有明确的、可清晰预见的政策效果时，我们需要这些既懂政府运作体系，又能找准新事物和政府公共

[①] Lewis, Eugene (1980), *Public Entrepreneurship: Toward a Theory of Bureaucratic Political Power*, Bloomington: Indiana University Press, p.9.

价值利益契合点的专家学者，将理论和经验有机结合，引起地方政府关注，进而逐步推进政策制定议程。

其次，其他地区治理经验的示范效应降低了政策创新扩散的风险。 公共政策的学习和移植，是政府创新的重要来源之一。绩效良好的地方政府创新往往可以形成示范效应，使其他地方政府得以学习和借鉴，促进其他地方政府的改革创新行为。而且，在创新本身受到鼓励的情况下，其他地区的治理创新也会刺激地方政府更快、更多地展开创新行为[1]。2018年成都市率先从省级层面构建了从登记、认定、扶持到摘牌的全生命周期政策保障体系，大力推进社会企业在蓉发展。2018—2020年成都市先后认定了三批次共72家社会企业，经济规模约3.5亿元，从业人员1,638人，平均每家社会企业提供26个就业岗位。主要覆盖就业促进与技能教育、社区服务、农村发展、养老助残等领域，解决了很多社会治理相关的新问题和顽疾。成都市近几年挖掘了一批具有极大发展潜力的社区社会企业，实现社区公共空间的合理利用的同时为社区集体创造了丰厚的治理资金，同时还丰富了社区居民的社区生活，创造了和谐美好的邻里关系。此外，成都市还大力推行以社会企业组织形式为载体的信托制物业，发展具有社会企业特征的物业公司转型成为社会企业，政社联动倡导信义精神，推进基层信义治理。2019年在7个居民小区开展信义物业试点，一年后，试点小区物业纠纷同比减少9成以上，物业缴费率普遍提高2成以上，物业服务满意率达90%以上，邻里关系更加融洽，市民满意度明

---

[1] 郁建兴、黄亮：“当代中国地方政府创新的动力：基于制度变迁理论的分析框架”，《学术月刊》，2017(02)：96—105。

显提升[①]，为拆迁安置区物业管理难题以及农集区治理难题提供有效解决方案。这些可观察的政策绩效为其他地方政府提供了可借鉴的经验，形成了一定的示范效应，也在一定程度上降低了其他地方政府学习和模仿的风险，是仿效政府决定推进和采纳政策创新时很重要的政治成本权衡和动力所在。

总的来说，识别社会企业政策创新扩散的动力问题，有助于帮助我们理解地方政府为什么想要开始培育和发展社会企业创新政策，以及是否有足够的积极性来采纳和推进社会企业政策创新。我们的实证研究结果表明，**地方政府推进社会企业政策创新和扩散的主要动力源自问题驱动和精英驱动。地方政府推进社会企业创新政策的目标主要是解决当下社会治理和社会建设的难题；在创新发起和启动的环节，领导干部的改革创新意识起主要作用；上级部门的批示和认可是决定创新能否顺利启动的主要因素；其他地区的改革经验是降低创新的政治风险的主要手段。**

4.3 社会企业的政策创新与扩散的影响因素

我们看到问题驱动和精英驱动是促使地方政府发起和启动社会企业政策创新的主要动力因素，但是创新开始后，保障创新能够可持续推进并顺利扩散到其他地方的因素和机制又有哪些呢？为什么有的政策在某些地方产生很大的影响，并很快得到扩散？为什么有的政策在某些地方却很难推进，昙花一现呢？这是我们需

[①] 江维：《"信托制"物业服务指南》（第一版），2021。

要进一步研究的问题。我们采用朱旭峰等①的政策创新扩散的框架分析,即从创新扩散的背景、主体、客体和媒介这一综合性角度探讨影响政策创新扩散的因素。

4.3.1 创新背景因素

影响创新扩散的背景因素是指推进创新的地方政府所处的背景,一方面包括纵向的全球背景、国家背景、辖区背景,另一方面,每个地方政府所处的不同背景会衍生出不同的影响因素,我们可以将这些影响因素概括为政治、经济、文化、社会和自然五个方面。这些背景因素的变化会让地方政府有启动创新政策的压力,也会影响地方政府对创新政策的采纳时间和采纳方式。我们在调研中发现,不同地方政府在采纳社会企业参与社会治理政策时,主要考虑的背景因素有以下几个方面。

第一,社会治理和社会体制改革为推进社会企业相关政策提供了政策背书。 培育社会企业、参与社会治理的相关政策多数出现在2013年党的十八届三中全会之后(除北京个别政策外)。会议上号召通过创新体制机制逐步建立以公众参与为主的新型社会治理格局。随后2014年国务院又出台了《关于政府向社会力量购买服务的指导意见》,明确要求在公共服务领域更多利用社会力量,加大政府购买服务力度,为社会企业和社会投资发展提供了重要的制度保障。同年7月份在达沃斯论坛上,李克强总理提出的"打造大众创业、万众创新和增加公共产品、公共服务'双引

---

① 朱旭峰、张友浪:"地方政府创新经验推广的难点何在——公共政策创新扩散理论的研究评述",《学术前沿》,2014(17):15。

擎'",为增强社会企业的感召力和吸引力提供了绝佳的政策指引。这一系列"社会创新""社会治理""社会力量"的关键词和背后的政策意涵,都为社会企业和其他社会力量在参与社会建设和社会治理过程中释放了非常有利的政策信号。这是多地推进社会企业政策的背景因素之一。例如顺德社会企业认证工作及顺德社会创新中心主要是在社会体制综合改革的背景之下开启的,为了锐意求新,解决"经济建设腿长,社会治理腿短"的问题,当地政府在这一背景下积极投入了社会企业的扶持和培育工作。成都也是在落实《中共中央国务院关于加强和完善城乡社区治理的意见》的背景下,召开城乡社区治理大会,发布《关于深入推进城乡社区发展治理建设高品质和谐宜居生活社区的意见》,成立社治委,专司城乡社区发展治理工作。这些城市社会企业政策的推进都和宏观政策环境息息相关。

另外,新一波的社会企业政策学习浪潮离不开共同富裕和第三次分配的政策信号。2021年8月17日,中央财经委员会第十次会议强调,要"在高质量发展中促进共同富裕,正确处理效率和公平的关系,构建初次分配、再分配、三次分配协调配套的基础性制度安排"。社会企业是区别于以往企业履行社会责任的创新方式,运用独特的商业模式,以解决社会问题、促进社会公平为目标,天然地与共同富裕的内在要求相契合,并且能够成为制度体系中实现效率与公平兼顾的治理工具。社会企业创造的社会价值不仅契合第三次分配的要求,其解决就业、创造经济价值的同时也贡献了第一次分配的价值。通过政策企业家的游说和沟通作用,社会企业逐渐走入地方政府领导干部的视野,为地方领导干部实施共同富裕、完善第三次分配提供了另外一种创新的解决思路。

第二，经济发展水平影响社会企业政策的采纳和扩散。国家或地区的经济结构与经济发展水平会决定社会发展的阶段，以及政府的战略重点与资源分配，进而影响决策者的政策决定。资源松弛假设认为，松弛的资源状况是组织创新的重要条件[①]。通常来说，在开放性越强的经济体中，地方政府会越倾向于采纳顺应国际发展趋势的政策[②]；经济发展水平越高的地方，地方政府更加倾向于接纳社会企业，扶持社会企业。**一方面从供给侧来看，施行政策创新，需要一定的经济基础条件**。经济发展水平会对政府服务职能产生影响，例如会加大教育的投入、创新的投入等；财政收入相对充足的地方政府更有可能采纳培育发展社会企业的政策。从我们调研的数据来看，率先施行扶持和培育社会企业政策的城市佛山（第17名）、深圳（第3名）、成都（第7名）、北京（第2名）、武汉（第9名）在2021年全国城市GDP排名中都非常靠前，地方财政资源相对比较充足和富裕，为扶持和引导社会企业发展提供了一定的地方财政基础。**另一方面从需求侧来看，公共产品市场的需求也跟当地经济发展水平有关，经济发展水平高的地域对于社会治理的需求才会随之增高**。北上广深等一线城市在发展社会企业上是有一定的土壤和优势的，因为"只有经济发展到一定程度，有一定的实力，社会建设才能提上日程，才能作为一个重要的事情来推动"[③]。而且，不同经济发展水平的地区对社会治理的需求也有差异。在调研中，成都当地政府官员表示："在相对比较偏远的地方，

[①] 杨代福："中国政策创新扩散：一个基本分析框架"，《地方治理研究》，2016(2)：9。

[②] Schmitt, C. (2011), "What drives the diffusion of privatization policy? evidence from the telecommunications sector," *Journal of Public Policy*, 31(1): 95–117.

[③] 引自北京市社工委工作人员访谈内容。

关注更多的还是农业发展和农业增收这块，主要还是提高物质生活。而在中心城区老百姓多，消费需求较高，也愿意去为一些服务付费。中心城区家长就会对儿童教育、财商教育等更关注一些。"①

第三，社会企业政策的顺利扩散离不开当地的社会创新文化和商业创新文化。在调研中我们发现，当地对社会创新的态度和开放程度越高，越有可能接受并采纳社会企业政策。四川省从"十三五"时期便十分注重城乡基层治理，培育了大量社会组织，创新了诸多社区治理工具和方式，同时也积累了居民参与公共事务的社会氛围，尤其是成都市推进的社区总体营造以及社会企业培育等创新举措，更是为新时代社区治理制造了诸多社会创新的经验。商业创新创业氛围的浓厚也会带来对新生事物更加开放包容的环境，一定程度上催生了社会企业的相对较快成长。在访谈顺德经验时，当地官员表示，顺德天然具有非常浓厚的商业氛围和丰富的企业家资源，是否可以利用当地企业文化，引导商业向善，培养更多具有社会企业家精神的领头羊，解决一定的社会问题？这是2014年顺德开展社会体制综合改革时的讨论热点，也是制订社会企业扶持和认定计划的诱因之一。

第四，在社会因素方面，一个地区的技术发展水平、社会分层情况、城乡结构、民族构成及其分布也会影响政府对政策的采纳②。通常越发达的地区越有可能成为政策的先期采纳者，越落后的地区越晚受到政策扩散的影响。

---

① 引自成都市市场监督管理局工作人员访谈内容。
② Teodoro, M. P. (2010), "Contingent professionalism: bureaucratic mobility and the adoption of water conservation rates," *Journal of Public Administration Research and Theory*, 20(2): 437–459.

第五，地理位置和资源禀赋也会影响政府对社会企业政策的选择。以往的政策扩散的研究者反复发现，地理上越接近的政府之间越有可能发生政策扩散①，这也被称为邻近效应。首先，与遥远的地方政府相比，相邻地区存在类似的经济、社会问题，而且环境相似，以致政策行动更有可能产生相似的效果。其次，如果两地区相邻，采纳创设于其他地区的政策的公众压力尤其强大，因为公众更加熟悉和容易见到那个地区的行动。再次，由于多数个人和企业流动性的限制，各地区更加可能与附近的地区而不是与距离遥远的地区相互竞争②。在成都地区的扩散正体现了这种邻近效应。2020年，四川省进一步支持社会企业培育发展。为认真贯彻落实《中共四川省委关于深入贯彻党的十九届四中全会精神推进城乡基层治理制度创新和能力建设的决定》和《四川省市场监督管理局办公室关于在成都市等地探索培育社会企业的通知》（川市监办函〔2020〕40号），进一步推进四川省城乡基层治理制度创新和能力建设，提升社会企业发展水平，2020年4月2日，四川省市场监督管理局召开探索培育社会企业座谈会，邀请省民政厅、省财政厅、省住建厅3个省级部门以及成都、绵阳、宜宾、泸州、内江5个地市州市场监管局参加，随后不久，内江和绵阳相继出台了《内江市社会企业登记管理办法（试行）》（内市监发〔2020〕138号）、《关于大力培育发展社会企业的实施意见（试行）的通知》（绵府办发〔2020〕43号），积极探索社会企业在创新社会管理、参与

---

① Volden, C. (2006), "States as policy laboratories: emulating success in the children's health insurance program," *American Journal of Political Science*, 50(2): 294-312.

② 保罗·萨巴蒂尔：《政策过程理论》，彭宗超、钟开斌等译，生活·读书·新知三联书店2004年版。

社会治理、改善社会服务、提高民生水平、不断满足人民群众美好生活需要等方面的实现路径，着力构建共建、共治、共享的城乡基层治理新格局。

另外，在调研中我们也了解到，顺德区社会企业的发展离不开顺德和香港、澳门地区的地缘关系。由于地缘和业缘的关系，顺德以往经常通过政策学习的方式，学习香港地区的一些社会治理经验，也很早就接触到香港地区社会企业的发展经验、社会企业峰会等概念，因此比较容易进入地方政府官员的视野，较早采纳政策创新。

4.3.2 创新主体因素

影响创新扩散的主体因素，主要是指决定采纳或不采纳某项创新的地方政府及其行政首长，他们直接决定了一项创新的传播程度。政府在财政收支与资金分配、人员流动、制度设计、党派关系，以及政府间网络等方面的特征很大程度上决定着政策能否被采纳、采纳机制以及扩散速度。我们发现，除了上文分析过的地方财政因素，**多部门协作是影响社会企业迅速扩散的重要的主体因素**。我们在分析社会企业政策创新的驱动力时，已经强调了地方领导干部的精英在创新开始环节的驱动作用。地方领导干部对社会企业和社会治理创新的重视，会显著加速社会企业政策的推进和扩散。但是在这个过程中不容忽视的是"操盘手"的协作作用。**"操盘手"的合力推进是社会企业政策创新可持续推进的重要保障因素。**

首先，政府部门间的协作从制度设计上保障了社会企业政策

的顺利推进。在成都调研时我们了解到,成都社会企业能够迅速向下扩散到区县,向外扩散到周边城市,离不开政府多部门的协作。**在制度设计上形成横向和纵向创新,横向部门市场监督管理局和市委社治委互相协作,各司其职**。2017年,成都市委市政府做出了关于深入推进城乡社区发展治理,建设高品质和谐宜居生活社区的决策部署,开展城乡社区发展治理改革。2018年,成都市市场监管局结合职能优势,立足于发挥党委政府的引领作用、支持社会力量创办社会企业、打造支持社会企业发展生态系统、搭建社会企业发展平台等方面,代拟了《关于培育社会企业促进城乡社区发展治理的通知》,并以成都市政府办公厅2018年61号函件名义文件下发。成都市场监管系统对社会企业的政策支持包括企业在名称登记、经营场所登记、经营范围登记以及信用公示方面的政策:经认定的社会企业,可使用"社会企业"字样作为企业名称中的经营特点,向企业登记机关申请名称变更登记;成都信用网建立成都市社会企业名录并做了身份标注,向社会公众予以公示。而市委社治委、各试点区市县社治委依托党建引领在培育发展社区社会企业方面给予支持政策。比如给予认证社会企业一定的资金奖励;依托社区党群服务中心、社区综合体、社区用房等,提供无偿或者低偿场地支持;鼓励各区市县积极稳妥探索发展社区社会企业,促进社会组织转型社会企业;等等。**纵向区县层面,成都市各级区县政府政策陆续跟进,各有创新,百花齐放**。2018年以来武侯区、金牛区、成华区、温江区、简阳市、郫都区、大邑县、新津区、青白江区、崇州市等地均有相关政策出台,各地政策也根据本地特色添加了相关创新举措。如武侯区的扶持措施中,专门提到"信贷支持:对获得'武侯成长贷',且通过成都市工商局认定的武侯区社会企业,按同期人民银行贷款基准利率计算给予贷款利息10%、每户每年总额最高10万元的经费补助"。再如成华区提出的"实施社会企业创始人关心关爱'熊猫计划',实行区级领导联系社会企业创始人制度"。各地均根据自身特色对本地社会企业发展供给政策支持。

其次,"政府+中介组织"的协同治理从合作方式上保障了社会企业政策的顺利推进。协同治理是在一个既定的范围内,政府、经济组织、社会组织和社会公众等以维护和增进公共利益为目标,以既存的法律法规为共同规范,在政府主导下通过广泛参与、平等协商、通力合作和共同行动,共同管理社会公共事务的过程以及这一过程中所采用的各种方式的总和。协同治理已经逐渐成为公共服务供给中的重要治理创新。**政府和中介服务组织协同治理已经慢慢成为社会企业政策实施的重要方式之一**。从公共认知角度来看,社会企业的概念还没有"出圈"。甚至"圈内"学者、社会企业家、支持机构对于社会企业的概念或本质特点都还没达成统一。在调研中我们也发现,社会企业政策在推行之初,许多政策制定者本身都不清楚社会企业究竟是企业还是社会组织,应该怎么扶持,政策怎么落地。社会企业的公共认知程度低,行业基础设施建设差是阻碍社会企业政策顺利推进的重要原因之一。

因此多地地方政府在推进社会企业政策时选择依靠专业的行业组织和平台的力量,采用"政府+中介组织"的合作方式。具体合作方式有以下几种:**第一种是政府委托第三方进行认证、支持、培育以及孵化等工作,扎实稳妥推进社会企业发展**。以北京市为例,北京是党委领导、政府主导、社会认定的工作模式。2018年北京社会企业发展促进会在业务主管单位北京市委社会工委、市民政局的指导下，联合社会企业认定平台（CSECC）、成都共益社会企业认证中心组织开展北京市社会企业认证等相关工作，发布《北京市社会企业认证办法（试行）》，推动北京市各法人单位积极参与社会治理。在合作关系中，相当于北京市委社工委将社会企业认证、培训、交流、验收环节以项目的形式打包委托给北京市社会企业发展促进会，而促进会实际上只能以会员章程制度来监管已经通过认证的社会企业，不具有法律效力。北京市社会企业不因登记注册而产生，而是通过行业认证产生，促进会作为北京市委社工委的法定机构推进社会企业认证，政府起到指导和支持作用。类似地，**顺德区**也是顺德区社工委直接委托顺德区社会创新中心作为法定机构开展社会企业的认证、培训、孵化等服务。**这种模式的优势在于**，政府拥有政策话语权，可以直接将民间探索出的先进经验演化为政府政策，当下很多地方的政府在支持、探索民间性的社会企业认证体系，以降低政府直接认证的潜在风险，比较扎实稳妥。虽然《北京市社会企业认证办法（试行）》和《顺德社会企业培育孵化支援计划（含修订稿）》严格意义上说不是政策，不具有政策效力，仅仅作为行业规范或会员规范来施行，但是两个文件带来的行业影响力和号召力，以及释放的潜在的合法性的信号，有力地推进了社会企业在两个地区的发展，以探索性试点的作用为下一步正式出台社会企业培育扶持政策（官方）提供了非常宝贵的经验。

第二种是政府主导、第三方服务机构助力推进的模式，以成都市为例。成都市社会企业是经企业登记机关登记，并通过评审认定产生的公司制企业。明确社会企业培育发展"323"工作思路，出台了一系列文件，构建了社会企业培育发展、政策支持、监管服务三个体系，建设社会企业综合服务、信用公示两个平台，建立社会企业评审认定、信息公开披露、退出（摘牌）三项制度，全方位多角度服务社会企业发展。在这个过程中，政府在整个流程中都起到主导作用。成都市市场监管局依托企业登记监管职能职责、成都信用网信息公示功能，通过加强政社合作的方式，构建了社会企业登记、评审认定、行政监督、摘牌退出全生命周期制度保障体系。在这个过程中，成都市市场监管局依据社会企业发展的不同阶段对接各界资源，并按阶段、按需求给予社会企业认证后的1+6服务，包括空间孵化、能力建设、治理、传播、产品对接、金融等服务性工作委托给成都市社会企业服务平台以及各区市县社会企业孵化机构、孵化中心。实现了从社创种子企业（项目）到观察社会企业，再到社会第三方机构认证社会企业，最终到成都市认证社会企业这样的金字塔发展体系①。在这个过程中，政府不再是委托者，而是实际操盘者，只是将认证后的服务和支持性工作委托给第三方服务机构。在调研中也了解到，深圳社创星及其他研究机构在成都市2018年政策研讨阶段就已经开始深度参与筹备工作，在政策制定过程中和政府部门协商，探讨政策的落脚点，等等。**这种模式的优势在于**政府和第三方服务机构各司其职、各尽其责。政府作为直接的登记和监管者，给予了社会企业更高的合法性和身份认同，也能从法律上严格监管和引导社会企业的运营，特别是其社会价值的创造。第三方服务机构发挥自身专业优势，在认证走访、培训支持、推广传播中发挥政府所不能及的作用。两部门相互配合，发挥所长，维护和增进公共利益的实现。

---

① 引自成都市市场监管局新经济处钟欣处长2020年9月在聚浪社会企业家精神论坛的讲话。

最后，也有很多研究从政府行政长官的个人特征，例如政策主导者的年龄、教育水平和职业经历等方面入手来分析对政策扩散的影响，也被多次证明是有显著影响的。但是本次调研没有涉及以上因素。但我们相信，创新想法和解决问题新手段的提出需要专业的知识和技能。在我们调研的地区，政策主导者普遍具有非常高的教育水平和更为严谨的思维逻辑，因而更倾向于使用较为复杂和多样的方式方法去解决其面临的社会问题。同样地，政策主导官员的职业经历对于社会企业创新政策的推进也有重要作用。例如在成都访谈时了解到，市场监督管理局新设立的新经济处的大部分工作人员都恰好是原来负责企业注册口的工作人员，相似的工作经验和以往与区县打交道的经验成为社会企业注册监管工作顺利推进的重要原因。

4.3.3　创新客体因素

影响政策创新与扩散的客体因素主要是被采纳、改变或拒绝的创新本身及其属性，包括创新收益、创新的成本与风险，政策的相对优势性、可观察性、议题显著性、复杂性等[1]。实际上我们前文关注了很多议题，例如是否扩散、为什么扩散以及怎样扩散，但是"什么被扩散"，也就是政策本身及其属性，其实也是影响政策扩散的重要因素[2]，可以帮助我们更容易理解"什么样的政策更容易被扩散"。罗杰斯（Everett M. Rogers）较早明确归纳和提

---

[1] Rogers, E. M., *Diffusion of Innovations*, New York: Free Press.
[2] Shipan, C. R., Volden, C. (2008), "The mechanisms of policy diffusion," *American Journal of Political Science*, 52(4): 840–857.

出相对优势性、兼容性、复杂性、可观察性和试用性五种创新属性会影响扩散速度，认为创新属性是被采纳者所感知的，具有强烈主观性[①]。但是罗杰斯指出的五种创新属性并不都适用政策创新[②③④]，创新属性并不等于政策属性，如复杂性和适用性相对较适合于分析技术创新[⑤]。对大多数政策创新而言，相对优势性和兼容性比复杂性、适用性这两种属性的应用更加普遍和重要[⑥]。**我们在对社会企业政策创新与扩散的调研中发现，政策的风险性、激励性和可观察性对于社会企业政策的扩散有重要影响。**

第一，社会企业认知的模糊性和不确定性增加了社会企业政策制定的风险性。虽然社会企业在中国"有实无名"的实践源远流长，"实"甚至可以追溯到中国近代实业家张謇的大生集团[⑦]，但是"社会企业"这个"名"确实是从西方翻译而来。国内对社会企业的认知程度至今都非常低，目前大多数人依然在传统公益慈善组织的层面讨论社会企业，对于社会企业的本质和特征缺乏深刻了解。在我们访谈中，我们询问了一些阻碍当地政府将社会企业提上议程的可能性因素。一些地方政府官员提出了一系列值得

---

① Rogers, E. M., *Diffusion of Innovations*, New York: Free Press.
② Savage, R. L. (1985), "When a policy's time has come: cases of rapid policy diffusion 1983-1984," *The Journal of Federalism*, 15(3): 111-126.
③ 朱亚鹏、丁淑娟:"政策属性与中国社会政策创新的扩散研究",《社会学研究》，2016(5)：26。
④ 魏景容:"政策文本如何影响政策扩散——基于四种类型政策的比较研究",《东北大学学报》(社会科学版)，2021。
⑤ Rogers, E. M. (1995), "Lessons for guidelines from the diffusion of innovations," *The Joint Commission Journal on Quality Improvement*, 21(7): 324-328.
⑥ 朱亚鹏、丁淑娟:"政策属性与中国社会政策创新的扩散研究",《社会学研究》，2016(5)：26。
⑦ 杜洁、潘家恩:"近代中国在地型社会企业的探索与创新——以张謇的'大生集团'与近代南通建设为例",《上海大学学报》(社会科学版)，2018, 35(1)：12。

学者和政策制定者深入研究和思考的问题,例如:社会企业究竟是企业还是社会组织呢?社会企业究竟如何被监管呢?社会企业在发展过程当中会带来什么影响?社会企业在国外好像红红火火,那对于我们作为中国特色社会主义国家,社会企业究竟能够发挥什么作用?在政府、市场、社会的格局当中,它究竟能够起到什么作用,处于一个什么地位?社会企业跟我们党领导国家提供公共服务政策和从政府的角度提供政策支持,究竟是一个什么关系?等等。正是因为目前我们特别缺乏针对社会企业的深度研究和案例研究,很多地方官员都提到"新事物"这个词,而大家普遍认为新生事物的诞生总是伴随一定的政治成本和政治风险,特别是北京作为国家政治、经济、文化、国际交流中心,在制定和实施公共政策时会首先考虑政治安全和国家安全,创新政策实施时会比其他地方政府更加严谨,需要更长时间和更多试点经验的检验。这也是为什么北京社会企业政策创新有很明显的政策试点的特点。总的来说,我们对社会企业的认知非常不充分,对社会企业参与社会治理、提供公共服务的能力、方式、发挥的作用和其他影响了解得不够全面,这些认知的模糊和研究上的缺陷,对省级政府而言落实社会企业直接登记承担了较大的制度生产风险和不确定性,因而会在一定程度上影响社会企业政策推进的时间和进度。

第二,社会企业政策短期实施效果的可观察性会影响社会企业政策扩散的速度。政策的可观察性是指创新结果对于其他人而言的能见度,也就是政策实施的效果,在短期内是否能比较明显地为人所知,为人所观察到。理论上政策的可观察性与政策创新的采纳是正相关的,政策的可观察性越高,政府越倾向于学习这项政策。我们在调研中发现,成都在 2018 年开始实施扶持和培育社会企业后,在社会治理、城乡发展等领域都做出了比较引人瞩目的效果。成都市社会企业在社会问题解决方面持续性发挥着社会与经济价值。根据《成都市首批社会企业社会属性监管与影响力评估报告》披露,2019年,成都市社会企业覆盖的受益人群达20万人,相比2018年的受益人数新增了2.3倍;2018年地方认证的12家社会企业共计提供了474个就业岗位,其中,弱势群体就业人数占58.6%,包括72名下岗再就业工人、39名残疾人和167名失地农民。2019年,成都市认定的12家社会企业共创造出2.17亿元的营业收入,尽管这一经济体量不大,但比2018年的2.16亿元增长0.6%;各项税收附加达336万元,社会贡献总额达4,651万元。2018—2020年成都市先后认定了三批次共72家社会企业,经济规模约3.5亿元,从业人员1,638人,平均每家社会企业提供26个就业岗位。另外,成都市社治委大力推进物业社会企业和社区社会企业,以两者作为抓手和政策契合点,有的放矢。2019年在7个居民小区开展信义物业试点,一年后,试点小区物业纠纷同比减少9成以上,物业缴费率普遍提高2成以上,物业服务满意率达90%以上,邻里关系更加融洽,市民满意度明显提升[①]。这些可见的政策实施效果一方面刺激了上级政府将社会企业纳入顶层设计的进程,另一方面也促进了社会企业政策向周围区县进一步扩散或尝试政策试点。然而,在访谈北京市和顺德区经验时,地方官员普遍表示虽然北京市和顺德区其实是全国较早开展社会企业政策探索的城市和地区,但社会企业的示范效应还没有完全体现。社会企业整体的认知程度偏低,行业共识也未达成。本地社会企业大

---

① 江维:《"信托制"物业服务指南》(第一版),2021。

多为小微企业,缺乏一批标杆型社会企业。当然,这也与北京市和顺德区地方政府的政策推动力度和宣传力度有关。但是一定程度上,政策的可观察性的差异也造成了社会企业政策扩散差异的原因,特别是如上文所说,社会企业本身行业认知不明确,政策实施效果不明确,那么在已经实施培育社会企业政策的城市里,社会企业究竟在短期内做了多大贡献,对于效仿政府来说变得尤为重要。

第三,社会企业政策创新的弱激励性会影响社会企业政策创新扩散的进程。社会企业政策具有明显的社会政策的属性。与扩散研究中广泛讨论的经济政策不同,社会政策被认为是一种消耗当地财政资源或不产生经济效益的政策,亦不是地方政府官员绩效评价的最重要指标,因此地方决策者在采纳社会政策时可能不会具有较高的主动性。海尔曼(Heilmann)也指出[1][2],由于经济发展政策和社会公共产品提供政策对决策者的政治收益方面的激励效应不同,从而影响他们是否积极开展政策学习、推动政策试验和推进政策扩散。政策制定者一方面希望发挥社会企业协助党和政府开展社会治理的功能,强调发展;另一方面又担心其发展失控,影响社会稳定,强调引导和管控。因此,对于很多地方政府而言,普遍的做法是将社会企业作为一类治理主体,纳入到创新社会治理的文件中,而不是专门出台认定、登记、扶持、培育等一系列明确的、有针对性的政策支持。社会企业政策的弱激励性一定程度上也阻碍了社会政策在全国范围内的扩散。

---

[1] Heilmann, S. (2008), "From local experiments to national policy: the origins of China's distinctive policy process," *The China Journal*, 59: 1-30.

[2] Heilmann, S. (2008), "Policy experimentation in China's economic rise," *Studies in Comparative International Development*, 43(1): 1-26.

总的来说,政策属性即政策特征、特点、性质,它可揭示不同政策的差异性,也决定了扩散的速度。我们的实证研究结果表明,地方政府推动的社会企业政策创新具有典型的"中风险弱激励"倾向。社会企业的整体认知偏低,行业认知还未达成统一,这些基本的概念和操作上的模糊性和不确定性,提高了省级政府乃至中央政府全面采纳培育和扶持社会企业政策的风险性。而社会企业政策的短期效果和可观察性也影响了社会企业进一步扩散的进程。总之,社会企业政策从自身属性来看具有较明显的弱激励性,一定程度上影响了地方政府采纳政策创新的主动性和积极性。

4.3.4 媒介因素

推动政府创新扩散的媒介既包括组织,也包括个人。从组织层面看,主要是指新闻媒体、政府间互动的社会网络和拥有自身利益导向的团体;从个人层面看,主要是指那些努力推动政策变化的政策企业家。某种创新之所以得以在各个地方政府之间扩散,除了地方政府决策者的推动,往往也是因为存在新闻媒体的报道和传播,存在一定的网络平台帮助分享知识,存在相关的利益团体在推广,或者存在带有明确诉求的个人在积极倡导[1]。因为政策企业家我们已经在社会企业政策创新与扩散的动力的外部影响因素部分讨论过,在此不做赘述。调研发现,影响社会企业政策创新的媒介力量主要有新闻媒体和利益团体的共同推动。

---

[1] 朱旭峰、张友浪:"地方政府创新经验推广的难点何在——公共政策创新扩散理论的研究评述",《学术前沿》,2014(17):15。

首先，新闻媒体的关注是推动社会企业政策扩散的重要因素。决策者在最初对某项创新并不了解时，往往是媒体让他们对该项创新产生出某种印象。如果媒体营造的印象很好，就会造就某地方政府成为一项创新的先期采纳者和推广者的重要契机[①]。在当下信息技术高速发展、信息传播范围迅速扩大的今天，决策者很容易了解其他政府有哪些优秀的做法。新闻媒体在很大程度上引导了人们面对不同信息时的注意力分配。因而各种新闻媒体对创新扩散的过程都能够产生十分重要的影响。我们在调研中发现，对社会企业的关注目前还局限在"圈子里"，暂时还没有出圈。目前特别关注社会企业的新闻媒体基本都集中在关注社会企业和影响力投资的新闻媒体与研究机构的公众号，或者关注社会组织和社会治理的相关媒体与公众号。以微信公众号为例，目前持续且密切关注社会企业的公众号主要有一些社会组织的官方机构："北京社会企业发展促进会""社创星""成都市社会企业综合服务平台""社会企业与影响力投资论坛""中国扶贫基金会"或一些研究机构、自媒体公众号，例如"公益慈善学园""社会创新与乡村振兴研究""志阳创谈""社企网""社企星球""公益资本论""善达网""社企研究"等。偶尔还有一些学术相关公众号转载有关社会企业的相关研究等等。从上面的新闻媒体名录来看，目前社会企业还没有获得主流媒体的广泛关注（除成都市之外），一定程度上也不利于社会企业走进政策制定者的视野。在访谈中我们也了解到，被访政府普遍认为当下社会企业的公众认知度较低，社会企业和社会创新的氛围不够浓郁。其实新闻媒体的推动和社会企业的发

---

① Valente, T. W. (1996), "Social network thresholds in the diffusion of innovations," *Social Networks*, 18(1): 69-89.

展是一个双向推进的过程,社会企业走进地方领导和中央领导视野后,新闻媒体自然会跟进,而新闻媒体的跟进又会反过来促进社会企业政策的扩散。

其次,多方利益团体的共同推动是社会企业政策扩散的主要力量。利益团体是指任何分享共同的态度,并向社会中其他团体和组织提出特定诉求的团体[①]。利益团体通过与政府决策者和政治机构的互动来实现决策目标。其实无论是在国际还是国内社会中,利益团体的推动作用都不可小觑。在调研中发现,无论是北京还是成都,社会企业政策的实施或者实质性的推进都离不开多方机构的协力。为推动中国社会企业行业基础设施建设,近些年陆续成立了许多行业平台机构,例如南都公益基金会及其他17家机构共同倡导成立的"中国社会企业与影响力投资论坛",友成企业家扶贫基金会及其发起成立的"中国影响力价值投资联盟",北京乐平公益基金会推动的社会企业/B Corps共益企业培育,恩派发起并孵化的"社创之星"创业大赛,还有专门为社会企业认证及后续支持而成立的"社会企业服务平台",等等。除此之外,还有致力于推动社会企业高效发展的多家学术机构,例如清华大学公益慈善研究院、北京大学公民社会研究中心、中国人民大学尤努斯社会事业与微型金融研究中心、电子科技大学经济与管理学院慈善与社会企业研究中心、对外经济贸易大学中日韩社会企业研究中心、华北电力大学社会企业研究中心等。这些机构在推动成都和北京的社会企业政策落地并扩散的过程中发挥学者和平台优势,在政策解读、优秀案例分享、社会企业资源对接与合作机会等领域发挥重要作用。

---

① Truman, D. B. (1951), *The Governmental Process*, New York: Knopf.

4.4 小结

我们的实证研究结果表明,地方政府推动的改革创新具有突出的"低风险取向",社会企业政策创新的动力主要源自当地内部的经济和社会发展的需求,以及地方领导精英的关注和推动。对于地方政府干部来说,培育社会企业的政策创新是否能够突破现状、创新的效果如何、如何平衡社会企业政策创新带来的预期收益与预期风险是他们考虑的首要问题。我国社会企业政策创新的动力主要还是源自内部的需求,而创新是否可持续取决于多重内外部因素,例如地方政府内部的协调程度和推进程度,外部媒介因素推动,等等。**我们认为成都及周边地区社会企业政策获得很快扩散的主要原因在于"有需求、有批示、有协同、有抓手"。**

第一,成都市培育发展社会企业主要基于强烈的城乡社区治理的需求。 成都市城乡治理大会之后,亟需在城乡社区治理和社会建设领域有所创新,以解决其城乡社区发展不充分、居民参与度不高、公共服务需求难以得到满足等社会治理问题。一方面,社会企业在全国范围来看基本都是活跃在城乡社区场域,扎根社区,服务社区,和成都市政府亟须创新社区治理在公共价值的供需找到契合点。另一方面,社会企业因为自身社会属性和商业属性兼顾的本质特征,在解决社会问题上有一定的优势和特殊性,弥补了一些传统商业组织或社会组织顾及不到的社会需求,丰富了社区治理的主体。**第二,成都市发展社会企业获得了地方领导的大力关注和支持。** 在中国的政治语境下,地方领导精英的批示和认可是决定创新能否顺利启动的主要因素。成都市委书记明确将社会企业作为创新城乡社区治理的抓手，在政府内部组织结构职责分配上都做了明确部署和跟进，为社会企业在成都及成都区县自上而下推进建构了制度保障。**第三，成都市社会企业能顺利扩散离不开政府内外多方机构的合力推进**。地方领导精英的关注是创新开始的重要因素，但是政策能否可持续执行下去主要靠各部门、各机构之间的协同推进，特别是第三方中介服务机构及其他利益团体的协力推进和互相支持，发挥协同治理的优势。**第四，也是非常重要的一点，成都市社会企业之所以在全国范围获得很大反响和关注，主要是因为成都城乡社区治理将社会企业作为抓手，社会企业将社区社会企业作为抓手，重点培育与社区治理和社区利益相关的社区社会企业，集中力量优先发展**。成都市社治委和区县社治委依托党建工作，给予社区社会企业各种资金及非资金支持。特别是重点培育了一批旨在解决城市社区物业矛盾、建设和谐宜居社区的物业社会企业，集中力量优先发展一类或少数几类社会企业，更容易看到社会企业政策带来的成效。

总之，我们很难说成都的经验可以很容易复制到其他省市地方政府，政策创新的扩散离不开一定的权力保障、制度保障、人才保障和资金保障。但是我们有理由相信，"高质量发展中促进共同富裕"离不开创新势能，而社会企业在参与"人人有责、人人尽责、人人享有的社会治理共同体"方面具有得天独厚的作用和优势，且不可替代[①]。

[①] 引自2022年北京市委社工委副书记、民政局副局长陈建领接受人民政协网专访讲话。

5. 我国社会企业的营商环境评价

党的十九届五中全会把促进全体人民共同富裕摆在更加重要的位置，强调"扎实推动共同富裕，不断增强人民群众获得感、幸福感、安全感，促进人的全面发展和社会全面进步"。社会企业在中国的发展可谓恰逢其时，社会企业是推动共同富裕的新型组织模式，是解决社会问题，缩小贫富差距、城乡差距、地区差距的理想工具。而社会企业的发展离不开政策的支持与扩散，更离不开好的营商环境。自十八届五中全会提出"完善法治化、国际化、便利化的营商环境"的要求以来，各级政府为改善营商环境推出了诸多富有成效的改革措施。比如，2018年10月29日，国务院办公厅正式印发《关于聚焦企业关切进一步推动优化营商环境政策落实的通知》，以期破解企业投资生产经营中的"堵点"和"痛点"，加快打造市场化、法治化、国际化营商环境，增强企业发展的信心和竞争力。2019年10月，国务院正式公布了中国优化营商环境领域的第一部综合性行政法规——《优化营商环境条例》，为各地区优化营商环境实践提供指导方向与制度保障。

然而，目前，各地区优化营商环境的政策通常依循中央政策出台的相应总体性服务措施，对于细分因素如企业类型多元化导致的营商环境优化问题并未全面考量，而社会企业作为一类兼具经济和社会双重使命的组织类型，在谋求经济可持续和社会目标达成的过程中往往表现出对良好营商环境的更大渴求。因此，考察此类组织的营商环境能够实现两方面的意义：一是从完善营商环境指标体系来说，社会企业作为一种混合型组织类型，其对于营商环境变化的敏感性能够为我们提供更加微观的营商环境改进证据；二是从社会企业发展角度来看，社会企业的发展迫切需要构建良性运转的生态系统，而良性生态系统的构建与营商环境息息相关，探索社会企业营商环境评价指标体系能够为探索社会企业发育提供政策扶持维度。

5.1 社会企业营商环境指标体系构建

良性包容的营商环境是促进社会企业发展的重要基础，科学合理的评价体系攸关社会企业营商环境的持续优化升级。社会企业作为中小企业的典型，国内外诸多前沿研究成果依然停留在从组织内部视角对社会企业成长发育的影响因素进行探讨；随着国内外对于中小企业营商环境改善的重视，从组织外部视角考察社会企业营商环境更有利于社会企业在中国的生长壮大。本部分拟对社会企业营商环境评价指标体系进行初步建构，以回应从营商环境角度切入社会企业发展议题的需求。基于对国内外主流营商环境评价指标体系的系统梳理，致力于构建城市社会企业营商环境评价指标体系，按照"国际共识、创新突破、中国特色"的建构原则，结合"十三五"和"十四五"规划纲要提出的营造一流营商环境指示，同时考虑中国社会企业"慈善基因"，确定"政务环境、市场环境、法治环境、创新环境、慈善环境"五个维度为一级指标,借鉴国内外营商环境评价指标体系以及《优化营商环境条例》确定相应的二级指标,根据指标体系构建的主流定量方法,进而通过相关宏观微观数据库对社会企业营商环境进行评价。

国内外诸多针对社会企业成长发育的前沿研究提到了社会企业生态系统的建设,然而并未论及如何从破题意义上优化社会企业生态系统。我们认为,可以从营商环境入手,为社会企业这一混合型组织的经济可持续以及社会目标可持续找到发展依据,从社会企业的政务环境、市场环境、法治环境、创新环境、慈善环境五个维度对社会企业进行营商环境测度和估算。

5.1.1 政务环境

社会企业的政务环境指的是社会企业的市场运行受到来自政府部门的具体影响,即社会企业在何种政务氛围中运行。传统上,衡量市场组织的政务环境多采用《优化营商环境条例》中的政府廉洁、政府关怀与政府效率三个二级指标。如聂辉华等[①]采用政府廉洁与政府关怀指标衡量政府廉洁度和政府对企业的关心指数,其中,政府廉洁度通过腐败官员比例和腐败新闻数量反映,政府关心指数则从市领导考察和座谈两个方面衡量;李志军[②]则选取政府支出和电子政务水平两项评估内容衡量政府效率。然而从微观上来说,社会企业的政务环境比一般类型的企业组织更为复杂,其复杂性体现在社会企业不仅更大程度地受到来自政府宏观政策的

---

① 聂辉华、韩冬临、马亮、张楠迪扬:"中国城市政商关系排行榜 2018",中国人民大学国家发展与战略研究院政企关系与产业发展研究中心,2019。
② 李志军:《中国城市营商环境评价》,中国发展出版社 2019 年版。

认可影响，还同时受到行业政策领域内社会形势和社会认可的更大影响，社会企业的生存与发展不仅需要关注政策建构的正式层面，还要关注政策建构的社会非正式层面的因素，对于社会企业而言，最紧迫的可能并不是宏观层面的廉洁程度，而可能是微观层面的政策建构。鉴于此，我们选择了政府关怀、政府效率、政策支持三个二级指标进行表征。

政府关怀。政府关怀指标指的是政府对社会企业的认知与关心程度，为充分反映政府部门对社会企业的关心样态，我们采用与以往研究不同的统计路径，即通过对全国2018年GDP前50强城市的政府门户网站进行爬虫抓取关于"社会企业"的词条，计算词条出现频次，进而在事实层面更精确地将政府部门对于社会企业的关怀进行度量。

政府效率。政府效率指标参考了李志军的评估方法[①]，通过政府支出进行衡量和评估。政府支出一般为政府一般预算支出与GDP之比。指标越小，表明政府效率越高。数据来源于《中国城市统计年鉴地级市面板数据》（1999—2018）。

政策支持。政策支持指标主要衡量社会企业政策的完善程度，表达了社会企业在当地的受扶持程度。为全面考量对社会企业的政策支持程度，我们将社会企业的公共政策通过专门性政策和子政策两种形态进行表征，如出台了专门性政策则表示其社会企业政策完整度较高，如以政策条目形式出现则表示其政策支持度不高，如果连政策条目都没有则意味着政策支持度非常低。数据来源于课题组手动收集的各地社会企业政策一览表。

---

① 李志军：《中国城市营商环境评价》，中国发展出版社2019年版。

5.1.2 市场环境

社会企业的市场环境指的是社会企业作为市场主体在一个区域性的经济循环中的可持续发展生态，一定程度而言，社会企业的市场环境不仅决定了社会企业经济目标达成的难易程度，还决定了区域内社会企业生成密集性程度。传统上，衡量经济组织的市场环境，根据《优化营商环境条例》中第三章"市场环境"的具体内容，采用融资、创新、竞争公平、资源获取和市场中介五个二级指标。以往研究对于这些指标的具体内涵都进行了大量论述，如融资指标多借鉴 EIU 营商环境评价体系[1]，关注区域金融机构为企业经营提供资金的情况，计算方法多为市域社会融资规模增量与 GDP 之比；创新指标多采取中国城市营商环境评价体系[2]，衡量省份研发投入与产出；其他指标如竞争公平指标通常利用 ESP 数据库以企业社会固定资产投资占总企业固定投资的比例来衡量。不过，上述指标以及指标的评估方法处于一种宏观约束下的总体性环境评估，对于社会企业的市场环境而言可能并不适合，还需要找到兼顾区域总体情况与区域微观市场环境的若干指标。为找到契合的社会企业市场环境评估指标，我们认为社会企业的市场环境可以通过社会企业的融资可及、双创人才、当地经济发展水平三个指标进行度量。

融资可及指的是社会企业投融资的便利性程度。社会企业的

---

[1] The Economist Intelligence Unit, Business Environment Ranking and Index 2014.

[2] 李志军：《中国城市营商环境评价》，中国发展出版社 2019 年版。

投融资集中体现在商业创投和社会创投的结合上,社会影响力投资以及信托制等新方式也逐步在国内若干城市实践并完善,驱动社会企业的投融资已经开始由民间倡议逐步走向地方政策确立。融资可及主要通过年末金融机构各项贷款余额以及年末金融机构存款余额进行综合度量,数据来源于《中国城市统计年鉴地级市面板数据》(1999—2018)。

双创人才指的是投身于创新创业的人力资本,用来度量社会企业从业者的潜在人力资源丰富程度。在"大众创业,万众创新"的势头影响下,越来越多的社会企业以创新优势解决社会问题汲取社会资源进而成功,社会企业绝大部分是从社会领域中发现社会创业机会而生成的,因此,社会企业更需要创新创业人才。这一指标可以通过普通高等学校在校学生数量以及每万人在校大学生数量综合计算,数据来源于《中国城市统计年鉴地级市面板数据》(1999—2018)。

当地经济发展水平衡量的是社会企业发展的商业发展基础,用当地人均 GDP 衡量。当地经济发展水平指标旨在衡量社会企业是在何种资源密集程度的区域性市场下发展的,数据来源于《中国城市统计年鉴地级市面板数据》(1999—2018)。

5.1.3 法治环境

根据"十四五"规划纲要中提到的"持续优化市场化法治化国际化营商环境",以及《优化营商环境条例》第三条"各级人民政府及其部门应当坚持政务公开透明"的要求,选取政策透明和司法公正作为二级指标。此外,鉴于社会问题的持续解决依赖于社会企业家精神的持续确认,为衡量地域性的社会商业诚信氛围,与一般的商业企业法治环境相比较,社会企业需要格外注重社会声誉以及商业信用的不断积累。在一个良好的社会信用环境中,社会企业的商业模式以及社会问题的解决方式才能更好地发挥效用,故而我们增加了诚实守信评估内容,以全面反映当地社会企业的法治环境总体水平。因此,社会企业的法治环境可以从政策透明、司法公正、诚实守信三个方面进行评估。

政策透明指的是社会企业作为市场主体参与市场活动的公平性。政策透明用政府透明度指数进行衡量,数据来源于《中国政府透明度指数报告》(2018)。

司法公正指的是社会企业作为法人主体在涉及法律事务时的公正性。司法公正用司法文明指数进行衡量,数据来源于《中国司法文明指数报告》(2018)。

诚实守信指的是社会企业作为社会主体的区域性社会经商氛围。诚实守信用城市商业信用进行衡量,数据来源于国家信息中心中经网信用状况简报《城市商业信用指数2019》。

5.1.4 创新环境

创新环境对于市场主体的持续发展是至关重要的,创新环境为组织提供源源不断的新型商业模式以及可供占据的竞争优势。由于敏锐的社会问题"嗅觉"以及能动性较强的资源拼凑"手段",社会企业更是最先感知到创新环境变化的一类组织形态,社会企业的创新环境为其供给了一种社会创新与商用创新相融合的创新特征。为全面衡量当地社会企业的创新环境,我们采用了一种衡量新兴经济的创新环境指标,有针对性地通过城市活力、认证社会企业数量、城市创新创业指数来反映当地社会企业的创新环境。

城市活力指的是当地创新创业的潜力,为全面衡量当地城市活力,我们采用"滴滴城市发展指数"进行衡量,用夜间订单比重和出行用户渗透率两个指标来刻画。数据来源于上海交通大学中国发展研究院、东北财经大学经济与社会发展研究院、滴滴发展研究院共同开发的滴滴城市发展指数(2019)。滴滴城市发展指数对高效宜居城市的评价包括经济发展、社会民生、文化环境和城市空间效率四个一级指标。

认证社会企业数量主要是衡量当地社会企业的基数以及后续创新发展的潜力。认证社会企业数量主要通过深圳市社创星开发的《中国社会企业概览》等报告手动计算。

城市创新创业指数主要是衡量当地整体上的创新动力。数据来源于北京大学企业大数据研究中心2020年发布的《2019年中国区域创新创业指数-城市》[①],中国区域创新创业指数是北京大学企业大数据研究中心主导,北京大学国家发展研究院与龙信数据研究院联合开发,客观反映中国城市层面创新创业活动的一套指数。这套指数的特点有以下三点:第一,考察地区内部企业创新创业的实际产出,而非投入,从而形成更加客观、真实的创新创业评价;第二,采用企业大数据库的"全量"数据,包括全部行业、全部规模的企业,特别是覆盖了创新活跃度高的中小微企业、创业期企业;第三,将原本分散的技术、人、投资等几个领域的数据有

---

① Xiaobo, Zhang, 2019, "China Innovation and Entrepreneurship Index," https://doi.org/10.18170/DVN/PEFDAS, Peking University Open Research Data Platform, V4; 2019年中国区域创新创业指数-城市[2020年发布].xls。

机联系起来,统一用"企业"的角度进行划分,涵盖能够体现创新创业不同侧面的多维度综合评价指标[①]。

5.1.5 慈善环境

社会企业在中国的发展表现为工商登记注册和社会组织登记两种方式,并且有一部分社会企业以双重组织方式存在。由于社会企业的双重目标,导致其发展所需要的支持比企业更多、更复杂,特别是在我国,社会企业在初始阶段还需要依靠慈善资源获取发展机会,因此,慈善环境对于社会企业的发展至关重要。社会企业善于通过"双重注册"方法采用混合逻辑获取关键性制度资源与市场资源,良性的慈善环境为社会企业的社会目标实现提供了资金和人才基础,将公益实践融合进商业模式中从而创造混合绩效。社会企业的慈善环境用2018年中慈联发布的"中国城市公益慈善指数"中的城市公益慈善数据来衡量,主要包含社会捐赠、志愿服务、社会组织、政府支持等指标。社会捐赠用社会捐赠额、增长率等指标进行衡量,志愿服务用注册志愿者人数、志愿服务时长等指标综合估算,社会组织用社会组织数量、年度增长比例等指标计算,政府支持用政府购买社会组织服务资金和彩票公益金购买社会组织服务资金等指标估算。

总的来说,社会企业营商环境的指标体系如表5-1所示。

[①] 北京大学开放研究数据平台:中国区域创新创业指数(描述),https://opendata.pku.edu.cn/dataset.xhtml?persistentId=doi:10.18170/DVN/PEFDAS&version=4.1。

表 5-1 社会企业营商环境指标体系

一级指标	二级指标	评估内容
政务环境	政府关怀	政府对社会企业认知与关心
	政府效率	政府支出（一般公共预算支出/GDP）
	政策支持	是否有专门的社会企业政策； 是否有提及社会企业的政策条目； 社会企业政策的完善程度（从认证创立到退出、支持政策的完善）
市场环境	融资可及	年末金融机构存贷比
	双创人才	每万人高等院校在校人数
	经济发展	当地人均 GDP
法治环境	政策透明	政府透明度指数
	司法公正	司法文明指数
	诚实守信	商业信用环境指数
创新环境	城市活力	城市活力
	创新创业	城市创新能力
	社会创新	历届慈展会认证的社会企业数量
慈善环境	社会捐赠	社会捐赠额、年增长率等
	志愿服务	注册志愿者人数、志愿服务时长等
	社会组织	社会组织数量、年度增长比例等
	财政支持	政府购买社会组织服务资金、彩票公益金购买社会组织服务资金等

通过以上五个部分的营商环境评估维度[1]，社会企业营商环境评估的复杂性和独特性可见一斑。社会企业既受到区域性的政策合法性以及社会向善氛围的整体挑战，更受到来自其所在地域市场运行质效以及资源流动性方面带来的中观桎梏，同时还要面

---

[1] 由于2020年及以后城市慈善环境的数据受疫情影响非常显著，很难反映城市公益慈善环境常态化建设情况，因此本次调研选取了疫情前2018年中慈联公开数据"中国城市公益慈善指数"，而为了保持大部分数据的统一性，除政务环境中个别指标外，社会企业营商环境指标体系中其他维度尽量以2018年数据为主。

对不断变化的创新环境以及人才结构的微观动向。探索社会企业的营商环境能够为地方政府出台更加具有针对性的公共政策提供一种大致方位，还能为政策执行部门培育监管社会企业提供一定的"街头指导"。社会企业在中国的发展需要从营商环境系统视角出发，构造一种基于整体观的组织发展支持体系。

5.2 社会企业营商环境指标体系的权重模型

5.2.1 权重的测算方法

通过设计筛选各项指标，构建起社会企业营商环境指数及其指标体系后，我们需要对各级指标进行权重测算。社会企业营商环境指标体系下各个指标的重要程度有所差异，各个指标的权重可以表现其重要性。关于权重测算有很多种方法，既包含主观赋权法，例如层次分析法、德尔菲法、模糊综合评价法等，也包含客观赋权法，例如因子分析法、主成分分析法、熵值法等。通过主观赋权法确定权重时，主要依靠决策专家对属性自身重要性的判断，比较符合决策者对问题的基本认知，权重的可解释性较强，不足是决策者或专家给出属性重要性关系时一般不考虑属性的实际取值。客观赋权法跟主观赋权法刚好相反，客观权重无法体现属性自身的重要性，权重信息主要是来自于属性的客观数据信息，比较容易受到数据波动的影响，因此客观权重的稳定性和科技呈现会比主观权重差一些。

本项研究采用的是组合赋权法，即综合考虑了主观赋权法和客观赋权法的优劣势，尽量保持主客观权重的稳健性。具体而言，本项研究将层次分析法和熵值法结合进行组合赋权，构建组合权重判定体系，既考虑了属性的可解释性，也兼顾了原始数据指标的客观性，能够相对客观且合理地反映各个指标的重要程度。

5.2.2 层次分析法

层次分析法是将专家对属性的重要性程度、可能性程度与偏好性程度通过标度进行两两比较判断，构建判断矩阵，求取判断矩阵的特征向量，通过一致性检验的特征向量即为权重向量。本项研究设计了《社会企业营商环境指标体系专家调查问卷》，并对相应指标进行详细解释，正确引导被调研者用 Saaty 标度法对同一组指标的重要性进行判断。问卷发放给 8 名来自社会企业领域的专家、学者和社会企业家，他们对社会企业行业有多年深耕经验。问卷对一级指标共计比较 10 次（5 个维度两两比较判断），二级指标共比较 18 次，三级指标 3 次。具体比例标度表见表 5-2，层次分析法的步骤如下：

表 5-2 比例标度表

标度	含义
1/5	表示两个因素相比，后者比前者强烈重要
1/3	表示两个因素相比，后者比前者明显重要
1	表示两个因素相比，具有同等重要性
3	表示两个因素相比，前者比后者明显重要
5	表示两个因素相比，前者比后者强烈重要

首先利用两两比较的标度方法构建判断矩阵后，利用 R 语言

计算得到权重系数；然后对层次进行单排序及一致性检验。具体公式如下：

$$CI = \frac{\lambda_{\max} - n}{n - 1}$$

$$CR = \frac{CI}{RI}$$

其中 $\lambda_{\max}$ 为判断矩阵的最大特征值，通过查找一致性指标 RI，计算一致性比例 CR=0.035。我们认为当 CR<0.10 时，判断矩阵的一致性是可以接受的，否则应对判断矩阵做适当修正。在对所得判断矩阵的权重系数进行一致性检验后，共 4 份有效问卷纳入统计，并最终得到了三级指标的权重模型，见表 5-3。

表 5-3 基于层次分析法的社会企业营商环境指标体系三级指标权重模型

	三级指标评估内容	AHP 层次分析法
c1	政府对社会企业认知与关心	13.79%
c2	政府支出（一般公共预算支出/GDP）	4.04%
c3	是否有专门的社会企业政策	4.07%
c4	是否有提及社会企业的政策条目	3.44%
c5	社会企业政策的完善程度	3.04%
c6	年末金融机构存贷比	5.12%
c7	每万人高等院校在校人数	4.58%
c8	当地人均 GDP	2.34%
c9	政府透明度指数	4.45%
c10	司法文明指数	2.83%
c11	商业信用环境指数	2.38%
c12	城市活力	12.18%
c13	城市创新创业指数	9.31%
c14	社会企业认证数量	6.41%

（续表）

	三级指标评估内容	AHP 层次分析法
c15	社会捐赠额	4.30%
c16	注册志愿者人数	4.30%
c17	社会组织年度增长比例	10.83%
c18	政府购买社会组织服务资金	2.61%

5.2.3 熵值法

熵值法是被管理学和运筹学广泛采用的一种客观赋权法，根据已有客观数据的离散程度来确定各评价指标的权重。熵值是系统无序程度的度量，某项指标的指标值变异程度越大，信息熵越小，该指标提供的信息量越大，该指标的权重也应越大。所以，可以根据各项指标值的变异程度，利用信息熵这个工具，计算出各指标的权重，为多指标综合评价提供参考。熵值法的计算步骤如下：

（1）对数据进行正向化的无量纲化处理。这里我们采用最大最小值法对评价矩阵进行无量纲化处理，具体公式参考：

$$R_{ij} = \frac{X_{ij} - X_{\min}}{X_{\max} - X_{\min}}$$

公式中，X_{ij} 为第 i 个评价对象下，第 j 项指标值；$X_{\min}$ 为第 j 项指标的最小值；$X_{\max}$ 为第 j 项指标的最大值。

（2）计算第 j 个指标下第 i 个方案指标值的比重为

$$P_{ij} = \frac{R_{ij}}{\sum_{i=1}^{n} R_{ij}} \quad (i=1, 2, \ldots m; \ j=1, 2, \ldots n)$$

（3）第 j 个评价指标的熵为

$$e_j = -(\ln m)^{-1} \sum_{i=1}^{m} P_{ij} \ln P_{ij} \quad (0 \leq e_j \leq 1)$$

（4）定义第 j 个指标的信息熵冗余度：$d_j=1-e_j$，d_j 值越大，指标的重要性程度越高；

（5）计算第 j 个评价指标的熵权：

$$W_j = \frac{d_j}{\sum_{j=1}^{n} d_j}$$

（6）通过计算得到基于熵值法的三级指标体系的权重模型，见表 5-4。

表 5-4 基于熵值法的社会企业营商环境指标体系三级指标权重模型

	三级指标评估内容	熵值法
c1	政府对社会企业认知与关心	5.28%
c2	政府支出（一般公共预算支出/GDP）	0.79%
c3	是否有专门的社会企业政策	8.60%
c4	是否有提及社会企业的政策条目	7.27%
c5	社会企业政策的完善程度	6.43%
c6	年末金融机构存贷比	1.67%
c7	每万人高等院校在校人数	7.27%
c8	当地人均 GDP	3.09%
c9	政府透明度指数	3.26%
c10	司法文明指数	3.39%
c11	商业信用环境指数	3.01%
c12	城市活力	3.67%
c13	城市创新创业指数	2.76%
c14	社会企业认证数量	21.47%
c15	社会捐赠额	10.06%
c16	注册志愿者人数	5.42%
c17	社会组织年度增长比例	2.77%
c18	政府购买社会组织服务资金	3.79%

5.2.4 组合赋权法

由于层次分析法赋权主要依靠专家经验,受主观因素影响较大,而熵值法基于挖掘原始数据规律和信息量计算权重,虽相对客观,但也容易受到极端异常值的影响,特别是当观测数据量较少或定性指标较多时,所得权重可能与实际重要程度不符。因此为使评价结果具有客观性且符合实际情况,本项研究进一步将层次分析法和熵值法结合组合赋权,并采用基于权重向量层面的线性加权法确定权重,具体计算公式为:$W_i = \alpha \mu_i + (1-\alpha) \gamma_i$。其中 μ_i 和 γ_i 分别表示第 i 个指标的主观权重和客观权重,W_i 表示第 i 个指标的组合权重。α 为主观偏好系数,$1-\alpha$ 为客观偏好系数,$0 \leqslant \alpha \leqslant 1$。线性加权组合赋权的关键在于确定主客观分配系数 α,这反映了主客观赋权法的相对重要程度。部分学者直接将分配系数设为 0、0.5、1 等数值,缺少理论依据;我们通过主观权重的差异系数来计算主观偏好系数,得出 $\alpha = 0.3328$,$1-\alpha = 0.6672$,因此组合权重的结果如表 5-5 所示:

表 5-5 基于组合赋权法的社会企业营商环境指标体系三级指标权重模型

	三级指标评估内容	AHP 层次分析法	熵值法	组合赋权法
c1	政府对社会企业认知与关心	13.79%	5.28%	8.12%
c2	政府支出(一般公共预算支出/GDP)	4.04%	0.79%	1.87%
c3	是否有专门的社会企业政策	4.07%	8.60%	7.10%
c4	是否有提及社会企业的政策条目	3.44%	7.27%	5.99%
c5	社会企业政策的完善程度	3.04%	6.43%	5.31%

（续表）

	三级指标评估内容	AHP层次分析法	熵值法	组合赋权法
c6	年末金融机构存贷比	5.12%	1.67%	2.82%
c7	每万人高等院校在校人数	4.58%	7.27%	6.38%
c8	当地人均GDP	2.34%	3.09%	2.84%
c9	政府透明度指数	4.45%	3.26%	3.65%
c10	司法文明指数	2.83%	3.39%	3.20%
c11	商业信用环境指数	2.38%	3.01%	2.80%
c12	城市活力	12.18%	3.67%	6.50%
c13	城市创新创业指数	9.31%	2.76%	4.94%
c14	社会企业认证数量	6.41%	21.47%	16.45%
c15	社会捐赠额	4.30%	10.06%	8.14%
c16	注册志愿者人数	4.30%	5.42%	5.05%
c17	社会组织年度增长比例	10.83%	2.77%	5.46%
c18	政府购买社会组织服务资金	2.61%	3.79%	3.40%

我们看到，通过组合赋权法计算得到的指标权重介于层次分析法权重和熵值法权重之间，并达到最优化组合，协调了两类赋权方法的作用和影响，最大程度克服了单一权重的片面性，同时反映了主观意愿和客观度，使得评价更为合理科学，最后得到的结果也较为符合实际情况，具有很好的解释性和说明性。由此我们计算出最终的指标体系的权重模型，详见表5-6。

表5-6 基于组合赋权法的社会企业营商环境指标体系权重模型

一级指标	组合权重	二级指标	组合权重	三级指标评估内容	组合权重
政务环境	28.38%	政府关怀	8.12%	政府对社会企业认知与关心	8.12%
		政府效率	1.87%	政府支出（一般公共预算支出/GDP）	1.87%

（续表）

一级指标	组合权重	二级指标	组合权重	三级指标评估内容	组合权重
政务环境	28.38%	政策支持	18.39%	是否有专门的社会企业政策	7.10%
				是否有提及社会企业的政策条目	5.99%
				社会企业政策的完善程度	5.31%
市场环境	12.04%	融资可及	2.82%	年末金融机构存贷比	2.82%
		双创人才	6.38%	每万人高等院校在校人数	6.38%
		经济发展	2.84%	当地人均GDP	2.84%
法治环境	9.65%	政策透明	3.65%	政府透明度指数	3.65%
		司法公正	3.20%	司法文明指数	3.20%
		诚实守信	2.80%	信用市场建设；商业机构信用意识	2.80%
创新环境	27.89%	城市活力	6.50%	城市活力	6.50%
		创新创业	4.94%	城市创新创业指数	4.94%
		社会创新	16.45%	社会企业认证数量	16.45%
慈善环境	22.04%	慈善捐赠	8.14%	社会捐赠额	8.14%
		志愿服务	5.05%	注册志愿者人数	5.05%
		社会组织	5.46%	社会组织年度增长比例	5.46%
		财政支持	3.40%	政府购买社会组织服务资金	3.40%

5.3 全国50强城市社会企业营商环境指数合成与分析

5.3.1 指数合成

本研究选取了2018年全国GDP 50强城市作为分析样本，比较各个城市的社会企业营商环境，以验证指数的科学性。在完成样本数据采集工作之后，需要对数据进行去量纲化处理，赋予其权重并最终合成指数。

经过正向去量纲化处理后,本研究根据上一节建立的权重模型进行全国前50强城市社会企业营商环境指数的合成。最终指数结果 W 公式如下:

$$W=\sum_{i=1}^{n} Y_i \times G_i$$

其中 Y_i 表示经过标准化处理的数据结果,G_i 表示权重系数结果,社会企业营商环境指标数 $n=18$。经过以上步骤,本研究合成了社会企业营商环境指数,带入实际数据的运行结果见表5-7。

表5-7　社会企业营商环境指数

排名	城市	政务环境	市场环境	法治环境	创新环境	慈善环境	综合指数
1	成都	95.09	45.96	67.58	88.49	62.38	77.47
2	深圳	70.94	40.39	84.20	83.83	81.12	74.38
3	北京	70.91	32.74	91.97	68.07	94.31	72.71
4	武汉	53.17	82.39	56.55	32.48	65.70	54.01
5	上海	30.08	32.78	91.80	46.28	85.75	53.15
6	杭州	30.36	57.32	66.65	48.59	63.87	49.58
7	南京	29.79	82.96	54.29	33.10	75.61	49.58
8	广州	1.27	44.53	85.69	48.45	81.46	45.46
9	佛山	32.52	24.27	56.59	50.41	53.85	43.54
10	苏州	1.15	47.94	70.01	36.46	68.09	38.03
11	长沙	1.59	66.72	44.18	33.38	63.15	35.98
12	青岛	3.15	46.13	75.00	26.62	63.03	35.00
13	宁波	7.01	42.35	62.83	26.47	65.60	34.99
14	厦门	4.19	55.12	66.64	29.82	54.97	34.69
15	济南	2.32	72.22	58.90	24.28	56.46	34.25
16	昆明	2.57	61.15	36.22	29.10	65.27	34.09
17	郑州	3.61	68.61	42.52	26.14	59.46	33.78
18	合肥	2.02	52.72	64.87	22.13	59.99	32.57
19	西安	2.81	66.02	42.05	29.73	47.88	31.65
20	东莞	0.65	37.18	44.78	35.57	56.38	31.33
21	天津	3.63	52.24	52.59	16.80	61.71	30.68
22	无锡	0.64	39.35	44.06	20.46	69.76	30.25
23	重庆	5.40	24.72	47.92	19.85	66.51	29.33

（续表）

排名	城市	政务环境	市场环境	法治环境	创新环境	慈善环境	综合指数
24	南宁	4.39	45.37	53.13	23.82	44.85	28.37
25	泉州	0.29	28.86	38.53	29.73	54.67	27.62
26	福州	5.09	47.74	28.79	27.03	43.89	27.18
27	大连	3.43	42.20	52.12	17.67	50.07	27.05
28	温州	2.61	18.03	55.59	23.20	54.78	26.82
29	南昌	2.48	77.49	20.71	18.55	43.23	26.73
30	南通	11.12	22.81	41.56	17.47	52.89	26.44
31	嘉兴	6.58	26.02	31.80	22.66	53.17	26.11
32	绍兴	6.19	30.65	32.20	17.82	55.52	25.76
33	金华	2.49	18.40	54.93	23.11	48.72	25.41
34	常州	0.42	36.97	19.67	19.24	54.90	23.93
35	长春	25.36	48.31	18.08	12.81	23.08	23.42
36	扬州	1.12	27.96	36.00	13.25	52.31	22.38
37	临沂	2.65	11.34	33.83	12.07	61.43	22.29
38	潍坊	1.62	19.68	50.14	17.45	39.81	21.31
39	石家庄	3.63	27.40	21.64	16.84	44.82	20.99
40	沈阳	3.32	39.51	35.24	19.98	28.46	20.94
41	台州	2.17	18.90	44.06	17.47	38.32	20.46
42	盐城	3.04	16.45	29.71	12.79	46.92	19.62
43	哈尔滨	3.25	47.53	22.77	13.26	30.87	19.35
44	徐州	2.03	16.34	19.34	17.79	43.21	18.89
45	烟台	0.80	27.82	47.80	13.74	28.02	18.20
46	泰州	1.08	23.54	24.36	12.75	40.46	17.96
47	洛阳	1.97	17.14	31.31	13.54	33.02	16.70
48	襄阳	4.38	12.26	32.70	2.29	38.47	14.99
49	漳州	1.25	22.89	39.66	18.39	12.66	14.86
50	唐山	1.20	15.57	2.99	3.62	24.52	8.92

5.3.2 社会企业营商环境综合指数分析

总的来看，2018年全国GDP前50强城市的社会企业营商环境整体水平偏低且差异较大。得分最高的是成都市（77.47分），得分最低的城市是唐山市（8.92分），平均分仅有31.58分，且大致可以分为四个梯队。第1—9名包含成都、深圳、北京、武汉、上海、杭州、南京、广州和佛山。这些城市得分均在40分以上，我们认为属于第一梯队。第10—22名包含苏州、长沙等城市，得分均在30分以上，属于第二梯队。第23—41名例如重庆、南宁等城市，得分均在20分以上，属于第三梯队。第42—50名包含盐城、哈尔滨等城市，得分均在20分以下，我们认为属于第四梯队。还有非常大的空间改善社会企业的营商环境。

从地域分布来看，城市经济发展水平总体上呈现"东强西弱""南高北低"的特点。 综合指数前20城市中绝大多数分布于东部和南部地区，尤其是广东、福建、江苏、浙江一带。这些城市多为我国对外开放与经济发展的桥头堡，普遍具有政府效率高、城市活跃度高、城市影响力大、社会组织发展相对成熟的特点。

下面重点分析综合指数前20强城市的社会企业营商环境。如图5-1所示，成都、深圳和北京在全国社会企业营商环境表现中遥遥领先，得分均在70分以上，基本代表了国内社会企业营商环境的头部水平。这三个城市也是国内较早开始社会企业政策支持的城市，政策环境的支持和友好为社会企业在当地的发展营造了良好的营商基础。具体来说，成都在社会企业的政务环境和创新环境方面表现优异；北京在法治环境和慈善环境上表现突出；深圳在政务环境和创新环境上仅次于成都，且慈善环境表现优异。而武汉在政务环境和市场环境上表现优异，在总排名上甚至优于上海市。上海总体表现不太令人满意，这与其GDP规模不匹配，主要原因是上海目前尚未颁布或讨论对社会企业专门的支持性政策，顶层设计的力度不够。但是作为市场环境和慈善环境非常发达的广州市，由于其政务环境特别是社会企业相关的支持政策的缺失，综合指数得分也没有很高，只有45.3分，社会企业的运营缺乏一定的制度支持环境。

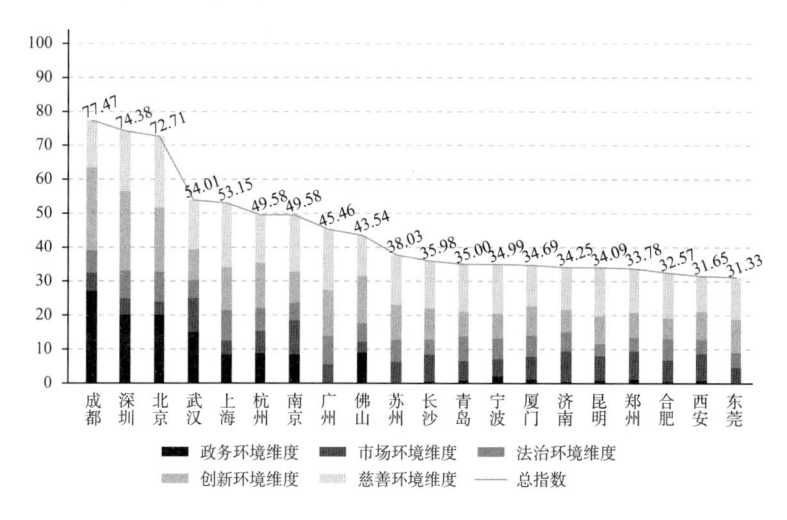

图 5-1 社会企业营商环境综合排名前 20 强城市

从城市群来看，长江中游及长江三角洲城市群表现不俗，武汉、上海、南京、杭州、苏州等城市得分均在全国前列。从表 5-7 也可以看出，这些城市五大维度的综合表现比较均衡，多方位保障了社会企业在当地的落地和发展。而粤港澳湾区城市群整体表现也处在全国第一梯度，特别是其充满活力的城市创新创业环境，为社会企业提供了开放包容的营商环境。**京津冀城市群除了北京以外，其余城市表现一般，明显乏力于长三角和珠三角经济带。**其余的城市大多属于东部沿海城市群或中西部省会核心城市，例如昆明、西安、重庆等，但由于政务环境维度的表现不尽如人意，综合指数得分均在30分左右，也反映了国内社会企业相关政策支持缺位的现状。

从各个维度的得分情况来看,排名在第一梯队的城市基本上在政务环境维度和创新环境维度上均表现非常突出。特别是成都市,是全国社会企业营商环境中政务环境最好的城市。深圳市和北京市的政务环境相差无几,但深圳市的创新环境维度表现优异。广州市虽然处在第一梯队,但是政务环境明显是其短板,其法治环境和慈善环境表现优异。佛山市虽然得分在40分以下,但是也因为其政务环境维度的表现,弥补了部分慈善环境得分的短板。

5.3.3 社会企业营商环境各维度分析

(1) 社会企业政务环境维度分析

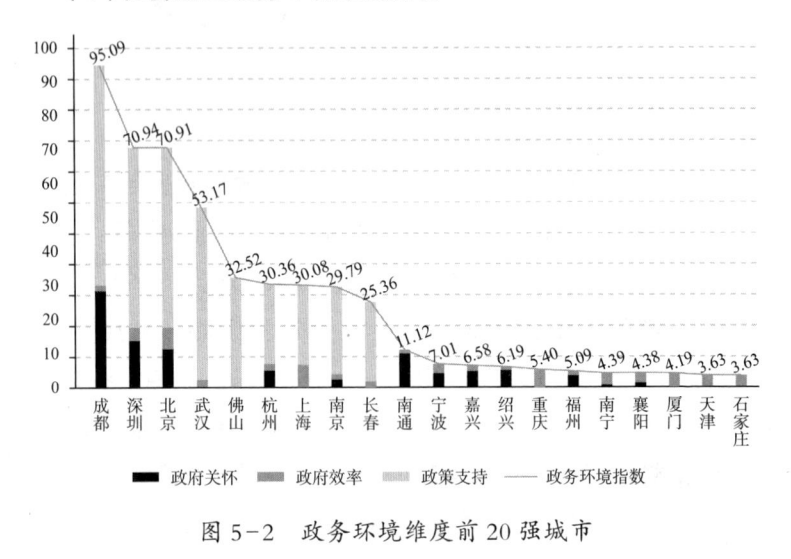

图 5-2 政务环境维度前 20 强城市

政务环境一直是中国营商环境评价的重点,在中国经济转型的情境下,政务环境对于企业家的重要程度远甚于发达国家[①]。

政府部门在支持社会企业发展、促进社会企业生态系统的形成与发展过程中扮演重要角色。政府是社会企业政策的制定者、引导者和规范者。通过颁布合适的政策,政府可以鼓励社会企业创立,规范社会企业行为,营造社会创新氛围。高效的行政效率、完善的政策法规以及持续性的政府关注,能为社会企业营造良好的政务环境,更好地促进社会企业的创立和发展。因此我们用政府对社会企业的关怀程度、行政机构的效率以及对社会企业的政策支持程度来衡量社会企业营商环境中的政务环境。

总的来说,政务环境维度得分差异非常大,且整体水平偏低(见图5-2)。50个城市里在社会企业营商的政务环境维度上表现最好的为成都市,得分95.09分,表现最差的泉州市在这一维度上仅有0.29分,整体平均分11.17分。**从地域分布来看,城市社会企业的政务环境表现优秀的城市大致聚集在"四点一群"**。"四点一群"指的是成都、深圳、北京、武汉以及长江三角洲城市群,其余城市的得分基本在10分以下。成都、深圳、北京和武汉是全国为数不多的,地方政府明确提出支持社会企业发展,且已经制定相应支持性政策的城市,因此政务环境维度得分相对较高。"一群"指长江三角洲城市,特别是上海、杭州和南京等地。这些城市的地方政府大多治理水平高、治理效率高、公信力高。

[①] 聂辉华、阮睿、宋佳义:"地方政府如何面对安全与增长的两难冲突?——来自煤矿关闭的证据",《山东大学学报》(哲学社会科学版),2019(3):11。

① 政府关怀

政府关怀指标用来评估政府对社会企业的认知和关怀程度，主要采用地方政府网站中"社会企业"出现的频次来衡量。总的来说，政府关怀维度差异非常大，在调查的 50 个城市里面，16 个城市频次是 0，频次最高的是成都市（2,039 次），平均频次是 140 次，中位频次仅仅只有 11 次。因此大多数政府在这一维度的得分非常低，所以即便是政务环境维度前 20 的城市，也有 9 个城市在政府关怀指标上得分小于 1，这也是社会企业营商环境水平整体偏低的原因之一。

成都、深圳、北京、杭州、南通、宁波、嘉兴、绍兴等城市在政府关怀维度均表现不错。自 2000 年至今，成都市人民政府网站中出现"社会企业"的频次高达 2,039 次。成都市在政府关心和政策支持维度均表现非常突出，是全国唯一一个从市级层面构建完整的社会企业政策支持体系的城市，从政府层面大力推动社会企业的公众认知，规范社会企业行为，为社会企业在成都的落地创造了良好的政务环境。值得惊喜的是，南通（716 次）、绍兴（368 次）、嘉兴（349 次）、宁波（308 次）这几个城市的政府网站中出现"社会企业"的频次也非常高，内容涉及社会治理、公共服务、文化传播等领域，例如"海宁市社会组织创办嘉兴首家社会企业"（嘉兴市政府，2015 年 2 月），"弘扬张謇精神促进当代中国社会企业发展"（南通市政府，2019 年 12 月）。有的尽管没有出现在标题中，但是正文中有所覆盖，"市特殊人群期待多方助力"（宁波市政府，2012 年 8 月），"创新保障房建设模式实现群众'安居梦'"（绍兴市政府，2016 年 1 月）。并且可以发现，宁波市早在 2012 年，甚至更早的时间就已经在政府网站文件中提及"社会企业"及社会企业的作用，政府对社会企业和社会企业家精神的关注走在全国前列。但是，我们也要考虑到，这也许和浙江省政府网站建设信息公开程度较高有关系；很多地区政府信息不够公开透明，我们无法抓取到相关信息，这也可能导致某些城市在这个指标上得分较低。

② 政府效率

经济新常态下，保证区域市场对资源配置的决定性作用，必须进一步简政放权，减少地方政府运行成本，更好发挥地方政府的资源配置作用，建设高效廉洁的现代化政府，不断提高地方政府效率。从政府效率指标来看，北京、上海、重庆、厦门等地方财政比较充足的地区，政府效率相对较高，更加有利于社会企业的发展。

③ 政策支持

从社会企业政策支持指标来看，这是造成城市间社会企业营商环境差异的最主要原因。这项指标主要从"是否在政策条目中提及社会企业"，"是否颁布有关社会企业的专门性政策"，以及"社会企业政策条目的完整性"这三个指标来考察。从图5-2中可以看出，成都市在政策支持维度上表现非常突出，是全国唯一一个从市级层面构建完整的社会企业政策支持体系的城市，且政策覆盖了成立、发展、退出等步骤，从政府层面大力推动社会企业的公众认知，规范社会企业行为，为社会企业在成都的落地创造了良好的政务环境。**除成都以外，深圳、北京、武汉、佛山、杭州、上海、南京等城市在政策支持维度上表现比较突出。**如前文所述，北京市、深圳市、佛山市虽然没有制定完善的市级层面的政策文件，但是多次出现在政府相关文件和报道中，例如《北京市"十三五"时期社会治理规划》（北京市，2016年11月）、《关于打造社会影响力投资高地的扶持办法》（深圳市福田区，2018年9月）等文件，对社会企业也表现出了较大的关注，积极探索社会企业政策落地的可能性，因此政务环境维度均获得较高评价。值得注意的是，2021年10月13日，上海市浦东新区民政局"探索大城市治理的浦东样板"一文中提出要打造与引领区相匹配的软实力，培育枢纽型慈善组织，探索引导影响力投资，鼓励发展社会企业等"善"经济。这也是上海市首次在政府文件中提及社会企业，也为社会企业在上海的聚集和落地营造了良好的政策氛围。

除了这几个大家熟知的社会企业发展较好的城市之外，武汉市2021年也开始探索政策支持社会企业和社会创新发展。2021年3月20日《中共武汉东湖新技术开发区工作委员会武汉东湖新技术开发区管理委员会印发〈关于加强党建引领创新社区治理的实施意见〉的通知》（武新发〔2021〕25号）中明确提出，大力培育扶持社会企业，充分发挥社会企业在社会发展治理中的积极作用，并开始探索社会企业认证等管理办法。除此之外，早在2017年7月，在武汉市武昌区就成立了湖北省第一家社会创新中心——南湖街社会创新中心，通过孵化社会企业和社会组织、对接资源、培养专业人才、发展项目，搭建社会企业创新平台，致力于输出解决基层社会问题的服务产品。截至2018年1月，已有52家社会企业进驻，涉及教育、养老、互联网科技等领域。

总的来说，政府部门在支持社会企业、促进社会企业良好的生态系统形成与发展过程中扮演重要角色。政府是创业政策的制定者，主要引导、规范和协调社会企业的行为。政府可以颁布合乎社会企业发展的相关政策，并在实施过程中根据不同情况做出相应的调整，以此促进社会企业的发展。有效的政策法规和组织领导，能为社会创业营造良好的环境，更为合理地配置资源。

（2）社会企业市场环境维度分析

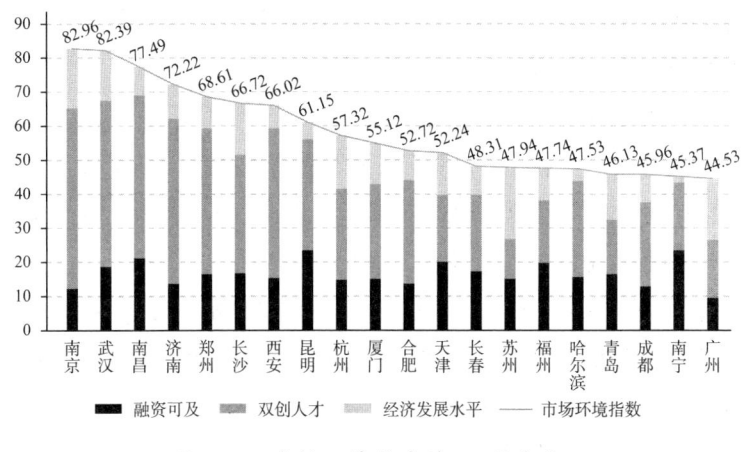

图 5-3　市场环境维度前 20 强城市

社会企业的市场环境考察的是该城市的社会企业面临的一系列经济条件和市场因素，包括当地人力资源、资本资源及当地的经济发展水平，这是保障当地社会企业创立和发展的重要因素。从组织生态学视角来看，在资源丰富的地域创立的社会企业更有机会获得组织生存和发展的各种资源。一方面，经济发展水平对政府服务职能会产生影响，例如会加大教育的投入、科技的投入等；另一方面，从需求侧来看，公共产品市场的需求和市场结构也跟当地经济发展水平和市场环境有关。经济发展水平高、市场环境友好的地域社会创新活动会比较活跃。因此，我们用当地的教育水平（人才智力资源）、融资可及程度以及经济发展水平来衡量支持社会企业发展的市场环境。

从市场环境维度前 20 强城市来看（见图 5-3），南京、武汉、南昌、济南、郑州、长沙、西安、昆明在市场维度表现突出，得分均在 60 分以上，而综合指数排名前 5 的城市，例如成都、深圳、北京、上海等城市的市场环境维度的发展是其明显的短板，我们从各分指标来详细分析。

① 融资可及

从融资可及性来看，由于我国社会影响力投资正处于起步阶段，贷款金额少，统计信息不可及，因此我们用一般金融机构存贷比来衡量该地区的融资难度。存贷比越高的地方，从一般金融机构融资相对容易一些。而北京、上海的数据显示只有 0.44 和 0.59，远远低于国家对于存贷比的要求（0.7）。反而是一些发展速度较快、市场反应灵活的城市，其贷款比例普遍偏高，例如昆明、南昌、福州、南宁等城市。

近年来越来越多的企业开始关注可持续社会价值创新，陆续投资一些创新能力较强的社会企业。例如 2021 年 4 月 19 日，腾讯董事会主席兼首席执行官马化腾携公司代表腾讯集团发布了《推动可持续社会价值创新》的致员工信，宣布了"扎根消费互联网，拥抱产业互联网，推动可持续社会价值创新"的大战略。同时，腾讯宣布将首期投入 500 亿元用于可持续社会价值创新，对基础科学、教育创新、乡村振兴、碳中和、FEW（食物、能源与水）、公众应急、养老科技和公益数字化等领域展开探索。5 月 13 日，星展基金会宣布启动 2021 年社会企业（SE）奖助金计划，奖助金总额增至新币 300 万元，较 2020 年奖助金拨款翻了一番。汇丰银行、渣打银行也在 2021 年陆续推出社会企业支持计划，助力社会企业发展①。虽然这些项目都是针对全国区域的社会企业而设立，但

---

① 根据"社会企业与影响力投资论坛"公众号文章"社会企业 2021 年度热点回顾"整理，2022 年 1 月 28 日。

是我们也期待未来有越来越多的社会影响力投资项目助力社会企业发展，为社会企业发展提供更多的融资渠道。

② 双创人才

从双创人才来看，我们采用每万人在校大学生人数来衡量该指标。高校是进行知识传播和技能培训的重要场所，也是培养双创人才的摇篮。我们普遍认为，人才智力资源是制约社会企业行业发展的一个重要因素，因此这个指标的比重比较大。这个指标表现较好的城市有南京（1,243.7 人）、武汉（1,153.8 人）、济南（1,141 人）、南昌（1,128.7 人）、西安（1,040.8 人）、郑州（1,016.9 人）等，每万人在校大学生人数均在千人以上，为社会企业及其他一般商业企业的运营提供了非常丰富的人力支持。而成都（615.4 人）、北京（441.2 人）、上海（354.6 人）在人才资源的数量比上面较为落后，这跟当地的人口基数水平庞大有很大关系。但是，因为我们无法统计当地高校是否开展创业教育、社会企业通识教育等信息，所以无法获取人才结构上的信息，我们也相信成都、北京、上海等城市在双创人才的结构和质量维度可能会有突出表现。

③ 经济水平

当地经济发展水平衡量的是社会企业发展的商业发展基础，我们考察了当地人均 GDP 水平。这也反映了当地人均资源和社会资源的丰富程度。当地的经济发展水平通常与当地的开放程度、市场化程度、社会组织发展程度等很多因素相关，也跟社会企业发展的经济基础有关。从这个指标来看，苏州（1,737,658 元）、广州（155,491 元）、南京（152,886 元）、杭州（140,180 元）、长沙（136,920 元）等城市表现优异。这些都是东部沿海城市，是传统的 GDP 大省的省会或经济中心城市，各行业相对比较发达。而哈尔滨、西安、成都、昆明等中西部、东北部城市在人均 GDP 水平上较为薄弱。

(3) 社会企业法治环境维度分析

法治环境维度也是衡量一般企业营商环境的重要维度，体现了企业在该地区参与市场活动的公平性，涉及法律事务时的公正性，以及当地城市诚实守信的经商氛围。习近平总书记指出，"法治是最好的营商环境"。这一论断充分体现了以习近平同志为核心的党中央，对法治与市场关系的深刻认识和全面把握。法治既是市场经济的内在要求，也是其良性运行的根本保障。总的来看，大部分城市在这个维度上的表现比较均衡，这也体现了我国法治环境的整体进步和改善。北京、上海、广州、深圳、青岛、苏州等城市在法治环境维度表现较好，指数评价均在 70 分以上，为社会企业在该地区经营提供了公正友好的营商环境（见图 5-4）。而南京、南宁、天津、大连等城市努力提升法治环境，是改善其营商环境的重要举措。

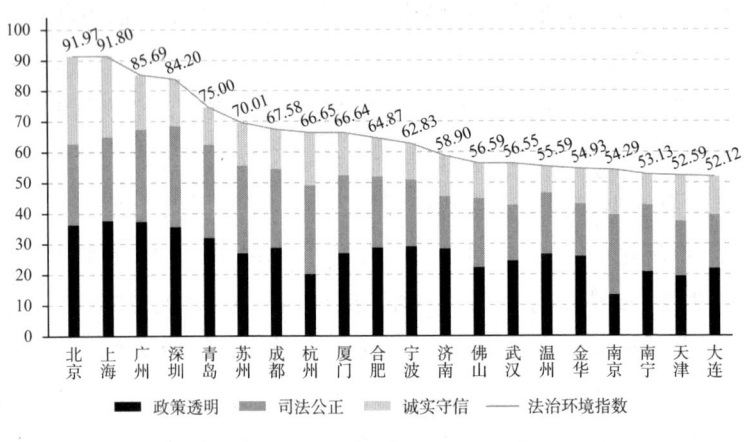

图 5-4　法治环境维度前 20 强城市

① 政策透明

从政策透明指标来看，作为政务公开的重要环节，政府信息公开旨在保障不同市场主体依法获取政府信息的权利，提高政府工作的透明度，是建设法治政府的必然要求。政府信息可为社会企业的经济活动的决策和预期提供重要参考。进一步开放这一公共资源，是政府服务市场经济的基础手段，也是改善营商环境的重要抓手。上海、广州、北京、深圳、青岛等城市的政策透明指数较高，得分均在80分以上，体现了政府信息建设的公开透明。而南京的政策透明度较低，仅有68.52分，这也是未来南京提升营商环境需要重点改善的地方。

② 司法公正

从司法公正指标来看，司法是维护社会公平正义的最后一道防线，良好的营商环境离不开公正、高效的司法环境。在稳定预期、提振信心、激发活力、促进发展方面具有不可替代的独特作用。在这一指标上面，大部分城市表现较为均衡，深圳、苏州、广州、杭州的司法公正水平走在全国前列，得分在760分以上，为社会企业在当地的营商塑造了有力的司法保障。但是济南（692.57）和金华（691.24）的司法公正水平与其他20强城市相比较低，是制约其法治环境维度的一大因素。

③ 诚实守信

从诚实守信指标来看，坚持诚实守信原则，从而消除社会企业在其经营过程中遇到的不必要的繁文缛节，促使其在理性的营商环境中充分利用繁荣和获益的机会，营造更大的创新创造和发展空间。在这一指标上面，北京（87.08）、上海（85.48）、广州（80.18）均有不错表现，商业信用环境指数均在80分以上，但是，温州

（74.14）、南宁（75.14）和成都（76.83）在商业信用环境上的表现不佳，是未来提升法治环境的一个重要维度。

（4）社会企业创新环境维度分析

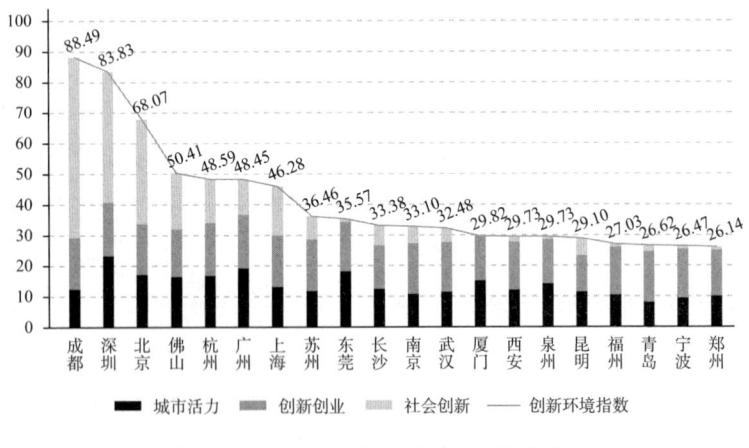

图 5-5　创新环境维度前 20 强城市

创新环境一般体现在思想观念创新、发展模式创新、机制体制创新、对外开放创新、企业管理创新和城市管理创新等方面，对一个城市经济发展方式的转变有重要的作用。当前，中国经济增速持续放缓，正处于新旧动能转换、经济转型升级的关键时期，应充分激发各类经济主体的创新活力，从而实现由规模扩张为主导的粗放式增长向以质量效益为主导的可持续发展模式转变。随着经济社会的发展，城市作为创新资源和人才的重要载体，其创新能力日益成为影响一个区域乃至整个国家经济发展的关键力量[1]。在本项研究中，我们除了传统的城市活力和城市创新创业指数，特

---

[1] 曹勇、曹轩祯、罗楚珺等："我国四大直辖城市创新能力及其影响因素的比较研究"，《中国软科学》，2013(6)：9。

别增加了该城市已通过社会企业认证的社会企业数量作为一个指标,用来衡量该城市社会创新的发展程度。

总的来说,**从地域分布来看,城市社会企业创新环境总体上呈现东部较好,中西部、东北部发展滞后的特点**。社会企业创新环境前20城市中绝大多数分布于一线城市及其所在的东部地区,尤其是广东、福建、江苏、浙江一带,以及部分中西部省会城市。这些城市多为我国对外开放与经济发展的先锋,普遍具有城市年轻有活力、创新创业环境好、社会创新程度高的特点。**另外,从城市群上看,粤港澳大湾区城市群(深圳、广州、佛山)和长三角城市群(杭州、上海、苏州、南京)的社会企业创新环境全国领先**。其中大湾区城市群的城市活力维度表现突出,长三角城市群的创新创业环境维度表现突出。城市群的区域一体化战略,优化了区域间创新资源配置,搭建了全新的创新与交易环境,实现了创新知识和技术的跨区域交流,最终对城市综合创新能力产生促进作用。除此之外,成都因其社会企业认证环境和社会创新环境的友好,带动整个创新环境维度得分也较高,但是成都的城市活力指数和创新创业指数还有很大进步空间。中西部省会城市(长沙、武汉、西安、昆明)表现尚佳,特别是其创新创业环境表现突出(见图5-5)。

① 城市活力

从城市活力指标来看,这一指标主要采用了"夜经济"指标来衡量,夜间经济可以映射出一个城市的商业水平与消费习惯,其繁荣程度是一座城市经济开放度、活跃度的重要标志。"夜经济"已经成为城市经济增长的新亮点,正在点燃城市的新活力。本书使用网约车夜间出行订单占比(以用户渗透率校正)来反映城市"夜经济"的发展程度和城市发展活力。从创新环境维度前20城市的城市活力指标上看，深圳、广州、东莞位列前三，除北京外，"夜经济"发达、城市活力强的均为南方城市。东部沿海城市"夜经济"更发达、城市更具活力，特别是华南、华东沿海城市活力整体优于其他地区。这是因为近年来，长三角、珠三角等发达地区高新产业、新兴产业发展十分突出，人口流入较快，整体经济活力高。例如，东莞市作为非副省级、非省会、非中心城市，其经济发展表现突出，不仅源于其发达的民营经济，还得益于深港产业外溢的影响，新兴经济快速发展（网约车用户渗透率排名第5），人口吸引力不断上升，外来人口逐年增多。中西部地区部分省会城市如南宁、长沙、成都、西安等，"夜经济"发展水平较高。这是因为长江中上游的强省会城市、直辖市近年来集聚高端要素和带动周边发展的能力持续增强，也吸引了大量人才，这些城市的人口流入多，城市的财政实力更为雄厚，有更多的财力投入到城市建设中[1]。

从城市群看，珠三角城市群"夜经济"发达、极具活力。北部湾和海峡西岸城市夜间出行活跃，带动了整体城市活力。值得注意的是，长三角城市虽然社会企业的创新维度整体表现不错，但是城市活力表现平平，除杭州、上海、苏州外，其他城市的城市活力、发展潜力尚待进一步挖掘。京津冀城市群整体在城市活力方面都表现一般，与其他中西部城市群相差无几。位置偏北的城市群如东北地区的辽中南和哈长城市群的城市活力相对要低许多。

另外，从人口年龄结构上来分析，城市活力排名靠前的城市，例如深圳、广州、东莞、杭州、佛山、厦门等城市的15—59岁人口

---

[1] 滴滴发展研究院、上海交通大学中国发展研究院、东北财经大学经济与社会发展研究院，《迈向高效且宜居的城市：滴滴"城市发展指数"报告》，2019。

比重较大,均在 70% 以上①。其中东莞和深圳 65 岁及以上人口占比更是低于 4%,深圳也是目前人口年龄结构最年轻的,65 岁以上人口占比较低。这就意味着这些城市的年轻人口居多,城市有活力,对社会企业等新兴经济的接受程度较高。

② 创新创业

从创新创业环境来看,这个指标反映了国家创新型城市的创新能力评价。这个指标主要从激发创新创业活力最为关键的"人""资本""技术"这三大核心要素进行综合评价,具体从新建企业数量(企业家)、吸引外来投资、吸引风险投资、获得专利授权数量和商标注册数量五个子维度来衡量城市创新创业环境能力②。在区域创新创业指数中,深圳、广州、杭州、成都、上海、苏州、青岛、南京、北京、东莞等城市排名前 10 位,这些城市创新资源丰富、创新生态良好,科技创新有力支撑经济、社会、民生发展,创新成为引领城市发展的第一动力。

从空间布局来看,我国创新创业指数分布呈现明显的"东强西弱""南强北弱"以及"中部崛起"的局面。首先,在创新创业环境前 20 强城市中,西部城市只有成都和西安,东部与中西部俨然已演化成"两极",东部地区绝对优势明显。但是,据相关报告统计,在 1990—2020 年这 30 年间,中部省份创新创业活力逐步增强,呈现出"中部崛起"势头,中西部地区的成都、西安、武汉、合肥、郑州、长沙等城市基本稳定在我国区域创新的前 30 位,"以点带面",促进省域联动,省域创新共同体正在形成,有望成为中西

---

① 根据第七次人口普查数据测算。
② 北京大学开放研究数据平台:中国区域创新创业指数, https://opendata.pku.edu.cn/dataset.xhtml?persistentId=doi:10.18170/DVN/PEFDAS&version=4.1。

部创新突破的新路径,特别是武汉、西安、合肥等城市,其研发经费支出比例增加,万人发明专利拥有量表现突出,呈现明显的科教资源富集优势。而成都、郑州、长沙等城市则是由于其政策环境友好,新增企业数量较多,创新创业非常活跃。

另外,随着中西部地区发展迅速赶超等新趋势的出现,我国区域发展的主要矛盾正在从东部与西部转变为南方与北方,南北差距拉大逐渐成为近年来广泛关注的焦点。2016年,中国北方地区经济规模占全国比重首次下降到40%以下,到2018年,已经下降到38.64%,且这种分化趋势还在加剧。而这一区域差距矛盾变化的趋势也同样体现在区域创新中,在创新创业指数排名前10位的城市中,按南北划分来看,北方城市只有青岛和北京。而前20的城市中,也仅仅多了西安、郑州和济南。这是因为城市经济规模对城市创新能力的提升具有显著正向影响。一方面,城市经济实力强意味着可以为企业、高校和科研院所的合作创新提供更优越的平台;反过来,产学研的有效合作创新活动会更加增强城市的经济实力和创新能力,形成良性循环。

从城市群来看,大湾区城市群、长三角城市群及海峡西岸城市群等南方城市的创新创业能力称雄,京津冀地区表现一般,仅有北京一个城市排在前20位,区域经济协同关系不稳定,协同效应不明显[1]。首先,长江三角洲城市群在创新创业维度上表现突出,杭州、上海、苏州、南京、宁波等城市皆排在前12名。长三角城市群是"一带一路"交会长江经济带的重要区域,其科技创新网络处

---

[1] 苏屹、张亚会:"新常态背景下区域创新系统面临的挑战与保障措施研究",《科技管理研究》,2016,036(006):19—22。

于动态演化中，虽然土地面积只占国土的21.4%，但聚集了全国42.89%的人口，2019年更是创造了46.20%的国内生产总值。除此之外，科教资源的丰富程度也在全国占据着重要地位，普通高等院校数量、研发经费支出以及有效发明专利数占比均超过全国40%，是中国实施创新驱动发展战略的重要地带[1]。而粤港澳大湾区科技创新发展主导因素是科技创新驱动、丰富的社会资源、科技创新平台与载体集聚[2]。随着《京津冀协同发展规划纲要》（2015）、《粤港澳大湾区发展规划纲要》（2019）、《长江三角洲区域一体化发展规划纲要》（2019）三个规划的发布，长三角地区、粤港澳大湾区和京津冀地区一体化发展已经成为国家战略，迫切需要加强全面创新改革，推进基础设施建设，支撑东部区域科技、经济、社会一体化高质量发展。但是京津冀地区事实上构成了以北京为极点的单极核创新空间，其特殊的地域优势体现在资源的吸附与聚合上；并且京津冀地区科技创新水平和能力存在断崖式分布[3]，其科技创新协同的主要影响因素是知识型人力资本、企业科技创新投入密度、自主科技创新和资本开放水平[4]。从创新创业数据上看，北京市虽然在总的创新创业排名第9，但是其新建企业数排名15，远远低于同档位其他城市，这也是跟北京近年来实施严格的企业落地政策有关。

---

[1] 王儒奇、胡绪华："长江经济带一体化战略对城市创新能力的影响"，《华东经济管理》，2021，35(10)：10。
[2] 曹勇、曹轩祯、罗楚珺等："我国四大直辖城市创新能力及其影响因素的比较研究"，《中国软科学》，2013(6)：9。
[3] 张可："市场一体化有利于改善环境质量吗？——来自长三角地区的证据"，《中南财经政法大学学报》，2019(4)：11。
[4] 程开明、王亚丽："城市网络激发技术创新的机理及证据"，《科学学研究》，2013，31(9)：14。

③ 社会创新环境

社会创新环境的适宜程度是社会企业营商环境评价中非常重要的一个指标，也直接反映社会企业这类组织主体在该地区是否有良好的创新创业土壤。本书采用当地已经通过社会企业认证[①]的社会企业数量来衡量当地社会创新环境的适宜程度。在一定时期内社会企业的数量多少反映了当地社会企业的密度。组织生态理论认为，当社会企业密度较低时，新成立的社会企业缺乏合法性。随着社会企业数量的增长，社会企业的合法性会不断强化，也会提高其制度基础和政治权利，从而使社会企业这种新型的组织形式得以传播，也有利于该地区新成立社会企业的存活[②]。另一方面，社会企业在一定地域的聚集也可以带来一定的企业集聚效应和人才集聚效应。

从社会创新环境指数结果来看，成都、深圳、北京、佛山、上海、杭州、广州、苏州、长沙等城市排在全国前10。在这些城市中，特别是成都、深圳、北京、佛山都是社会企业民间认证和官方认证开始较早的城市，社会企业认证的数量都在20个或以上。成都市因为政府层面的大力推动，目前已经有62个社会企业通过成都市社会企业认证，排名全国第一，社会创新环境非常支持社会企业的落地和发展。

从地域格局具体来看，广东省（深圳、佛山）、成都市、长江三角洲城市群、北京市是社会企业认证地域分布最为集中的四大热

[①] 指通过了深圳社创星平台的认证结果（含北京和成都地区认证，截至2021年6月）。

[②] Hannan, M. T., Freeman, J. (1989), *Organizational Ecology*, Harvard University Press.

点区域。根据社会企业认定平台（CSECC）2021年8月份最新统计，全国已完成社会企业（行业）认证的机构有299家，这四大区域的社会企业数量占全部社会企业认证数量的80%以上。一方面，地方政府的政策推行为当地社会企业发展和社会创新环境改善提供了一定的合法性基础和公共认知基础。为进一步优化社会企业的营商环境，营造社会企业发展的良好生态，佛山市顺德区、北京市、成都市、深圳市福田区率先破冰，主动作为，采取多项措施，积极探索社会企业的合法性路径，推进社会企业政策议程，从而进一步推动社会企业在创新管理、参与社会治理、改善社会服务等方面发挥积极作用。另一方面，当地社会经济文化发展水平也为社会企业和社会创业提供了经济基础和市场基础。长江三角洲城市群，特别是上海、杭州、苏州、南京等地目前虽然还没有官方社会企业认证通道，但是由于这些城市有着良好的经济发展水平，市场基础较高，同时社会又具备充分的资源，如稳定的经济保障、活跃的社会力量和高度的文化包容，因此社会企业在这些一线城市和新一线城市发展势头良好。另外，上海、杭州等地活跃着国内特别多的标杆型社会企业，例如专注视障群体社会融入的"黑暗中对话"、专注经济公民教育的"佰特教育"、中国第一个获得B-corp认证的"第一反应"、国内著名的影响力创业者社群"Impact Hub"等。这些非常优秀的社会企业行业标杆，影响了一批社会企业在此聚集，也间接地培养了非常活跃的社会企业社群和影响力投资社群，这也是社会企业在江浙沪地区聚集的重要因素。

尽管中西部地区社会企业的发展明显滞后于东部城市，但是一些中西部省会城市近几年表现优异，特别是长沙、昆明、武汉、洛阳、西安、重庆等地，接连涌现出不少社会企业积极申请并通过认证。我们也很惊喜地看到越来越多来自内蒙古、宁夏、青海、西藏等地的社会企业家开始活跃，逐步融入社会企业社群，这离不开近几年社会企业认证在全国范围的大力传播。但是，除北京以外的其他华北和东北城市整体表现不尽如人意，目前通过社会企业认证的机构仅有5家，分布在青岛、济南、大连和沈阳。除了经济和文化因素，华北和东北地区的社会组织基础相对也比较薄弱，创新创业活动也不活跃，这也许是造成其认证数量较少的原因之一。当然，我们目前也无法排除大量的，实际以社会企业模式运作，但是还未参加认证的"无意识社会企业"。获得社会企业认证，有助于明确社会企业的身份，界定社会企业发展的空间，享受相应的政策支持和资源链接，使社会企业及其运行合法化、规范化。

（5）社会企业慈善环境维度分析

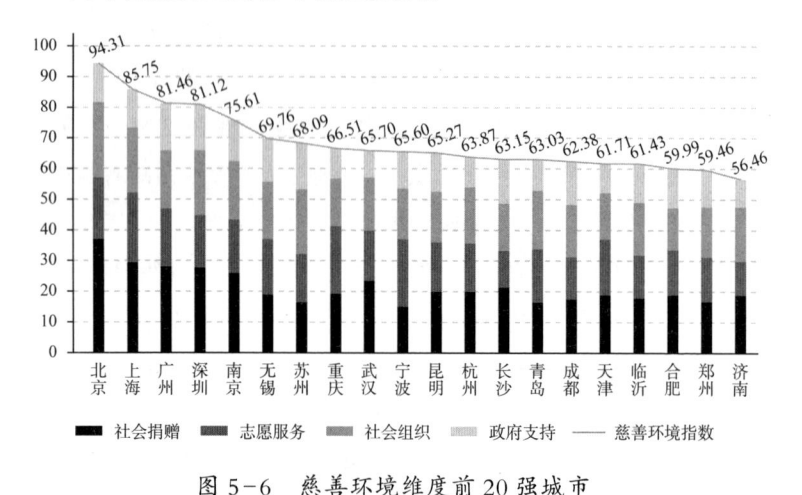

图5-6 慈善环境维度前20强城市

社会企业不同于商业企业的一个重要特点就是它的社会使命优先性，因此国内很多社会企业都是从非营利组织机构转型发展而来。特别是目前我国讨论社会企业的语境和场域大部分都发生在公益慈善行业领域，因此我们在构建指标体系时考虑了该地区城市慈善事业发展的状况，用来评估当地公民参与、商业向善的环境。我们认为，慈善环境友好、志愿精神发达的地方可以从资金、人才、社群建设、文化培育等多方面促进社会企业的发展。慈善环境维度的客观数据主要来自于中国慈善联合会开发的第五届"中国城市公益慈善指数"（2018），结合我们严格的指数测算，最终结果能比较公正客观地反映城市慈善环境维度。

总体来说，城市慈善事业发展良好，**一线城市北京、上海、广州、深圳表现得尤为突出**，得分均在80分以上，当之无愧引领全国城市慈善事业。但是每个城市各有特色，北京市在社会捐赠和社会组织维度表现突出，总得分93.7分。上海市在志愿服务维度表现突出，总得分85.67。广州市在政府支持维度表现突出，总得分80.75。深圳市在社会组织和政府支持维度表现较好，总得分80.06。但总的来说，在慈善环境维度上排名前20的城市在具体的社会捐赠、志愿服务、社会组织和政策支持维度上城市之间的得分差异不大。**从地域分布来看，社会企业营商环境的慈善环境维度呈现出明显的"东强西弱"的特点**。在慈善环境维度排名前20的城市里面，中西部地区只有重庆、武汉、昆明、长沙、成都、合肥、郑州七个城市。而且近年来随着"中部崛起"和中西部城市群的协同发展，南北方差距逐渐扩大，逐渐超过东中西部的差距。**从城市群分布来看，长江三角洲城市群表现远优于其他城市群，主要体现在社会组织和志愿服务维度上**。长三角地区一直是社会组织发育程度较高的区域，培育了大批具有志愿服务精神和社会参与精神的公民，这对社会企业在这个领域的崛起和发展提供了人才和文化支持。大湾区城市群仅在政府支持维度得分较高,在其他三个维度仅有深圳和广州两个城市表现较好。京津冀城市群等其他城市群均未形成协同效应。

① 社会捐赠

虽然社会企业推崇用商业的模式来解决一定的社会问题,创造社会价值,但是社会企业本质上仍然是一种混合型组织,它的收入结构是多元化的,而慈善捐赠也一向被认为是社会企业获得生存发展所需资金的重要来源之一,特别是其早期资金来源[①]。也有研究表明,慈善捐赠为社会企业提供了投资人力资本的灵活性,而不会迫使他们追逐短期财务目标。因此,城市的慈善捐赠水平也反映了社会企业收入来源的可获得性以及财务环境的利好性。

从结果来看,北京、上海、广州、深圳、南京等城市都是社会捐赠较多且增长较快的城市,2018年社会捐赠额均突破10亿元[②],社会企业也更有可能从社会上获得部分捐赠收入。社会捐赠水平和捐赠动机与当地经济、文化、制度、情感等因素有关。北京、上海、广州、深圳、南京等城市都是全国"一线"或"新一线"城市,经济发展水平较高,且城市公益慈善捐赠的文化氛围比较浓厚。如广州市提出创建"慈善之城",北京市提出创建"首善之都",上海市打造"公益之城",深圳市建设"志愿服务之城",南京市建设"博爱之都",成都市推出"尚善之都"等[③],这些都推动了城市居民和企业慈善捐赠水平的提高。

---

① Guan, S., Tian, S., Deng, G. (2021), "Revenue diversification or revenue concentration? Impact on financial health of social enterprises," *Public Management Review*, 23(5): 754-774.

② 中国慈善联合会:"中国城市公益慈善指数",2018。

③ 同上。

② 志愿服务

2021年7月,党中央、国务院印发的《关于加强基层治理体系和治理能力现代化建设的意见》指出,要发展公益慈善事业,完善社会力量参与基层治理激励政策,创新社区与社会组织、社会工作者、社区志愿者、社会慈善资源的联动机制。社区志愿者和社会慈善资源逐渐成为提升基层治理的两股显著的社会力量。志愿服务是现代社会文明程度的重要标志,也是一个区域软实力和文化凝聚力的实际呈现,推动了国家政治、经济、文化、社会、生态建设,也推动了社会治理的转型。对于社会企业而言,作为政府在社会治理创新领域的重要抓手,志愿服务水平的提高无疑会为社会企业在社区治理和社会问题解决领域提供重要人才支持。

总的来说,我国城市志愿服务体系正在逐渐成熟,上海、重庆、宁波、北京、广州、深圳等城市表现突出,注册志愿者数量都在300万以上,且居民占比接近甚至超过20%。据上海市民政局《2021年度上海市志愿服务信息统计报告》[①]统计,上海市注册志愿者达590万余人,注册率达23%,2021年度开展志愿服务的组织(团队)总数为61,067家,开展志愿服务次数1,383,573次,参与志愿服务总人次13,352,892人次,累计志愿服务时长266,445,841.5小时,上海市志愿服务水平走在全国前列。值得注意的是,除了上海,重庆、宁波两地的志愿服务水平表现突出,特别是重庆市全面推进志愿服务发展成效明显。十九大之后,重庆市大力推进志愿服务制度化进程,通过完善政策制度体系、壮大志愿服务主体、整合社会资源、充分发挥服务民生作用、营造良好发

---

① 澎湃新闻:《2021年度上海市志愿服务信息统计报告》,2022年3月,https://m.thepaper.cn/baijiahao_17032388。

展氛围等措施,全市注册志愿者从2014年的80多万增长到2018年的524万,占全市常住人口的16%,共建立各级各类志愿服务组织3.4万个,为推动全市志愿服务持续深入发展打下了坚实的基础。并且推广"社会工作者+志愿者"协作服务、"互联网+志愿服务"的经验做法①,不断提高志愿服务的社会参与度和活动影响力,在精准扶贫、乡村振兴、环境保护等领域发挥了突出作用。

③ 社会组织

由非营利组织转型而来是我国社会企业成立的一个很重要的路径。非营利组织通过向社会企业嬗变,依靠服务收费和经营性收入来弥补资金不足,拓宽收入渠道,实行市场化和商业化的转型。社会企业既能兼顾社会公益目标的实现,又能赚取盈余以维持机构的可持续发展,创新整合资源进行交叉定价,为非营利组织转型提供了范式。在目前国情下,非营利组织向社会企业转型很好地应对了三重失灵问题,实现了公共利益和社会利益的结合,创造了更加可持续的社会价值。需要注意的是,非营利组织转型为社会企业,它的法律形式依然是社会组织,具有非营利性,遵循不分红的原则,以确保其使命不发生漂移。而且在现实中不少非营利组织也存在"一套人马,两套牌子"的现象,在民政系统和工商系统同时注册,便于经营和管理。

从研究结果来看,我国社会组织发展明显呈现东部发展较好、中西部发展较弱的特点,特别是长三角和珠三角城市群表现较好,北京、上海、深圳、苏州、广州、南京等城市的社会组织维度表现非常突出,这体现在这些城市的社会组织数量、增长率以及对社

---

① 中华人民共和国民政部:"重庆市全面推进志愿服务发展成效显著",2019年1月22日,http://www.mca.gov.cn/article/xw/dfdt/201901/20190100014552.shtml。

会的贡献等维度上。这些城市的社会组织平均数量在 11,900 个左右①，其中上海和南京社会组织数量甚至超过 16,000 个②。自 2016 年《慈善法》颁布实施之后，这些城市的慈善组织数量增长也很快，目前上海市慈善组织已超过 500 家。我国社会组织地区发展不平衡主要是由于地区经济发展不平衡、市场化程度不同、传统管理体制束缚、经费资源限制、对外开放水平、公益文化因素等因素的影响③。

④ 财政支持

随着政府公共职能转移和政府购买服务的力度逐渐加大，越来越多的实践者认识到，政府和社会组织逐渐走向合作治理的伙伴关系。越来越多的城市意识到慈善事业的重要性并将其纳入政府顶层设计中。政府对第三部门的支持无疑是促进城市慈善事业发展的重要因素，也对社会企业的发展起到重要的推动作用。

从结果来看，广州、深圳、苏州、长沙、成都、无锡等地在政府支持维度上表现突出。各地政府都在加大对社会组织的扶持力度，并通过资金支持、政策支持、培训支持、场地支持等多方面的扶持，为社会组织创造良好环境，引导更多的社会力量投入到慈善事业中，促进慈善事业的健康发展。特别是，这些地方在公益创投领域也投入大量财政资金扶持社会组织发展。例如，广州市 2018

---

① 根据各地民政局网站政务公开数据统计。例如，北京市社会组织数据来自《二〇二〇年北京市社会建设和民政事业发展统计公报》，http://mzj.beijing.gov.cn/art/2021/7/21/art_659_608658.html。

② 南京市民政局 2020 年 12 月份社会服务业统计报表，https://mzj.nanjing.gov.cn/njsmzj/njsmzj/202104/t20210413_2881346.html。

③ 赖先进、王登礼："社会组织发展影响因素的实证研究——基于 2007 年—2014 年 31 个省级面板数据的分析"，《管理评论》，2017，29(12)：12。

年共投入 2,240 万元支持公益创投项目发展[①]。深圳市福田区2017年年底出台《福田区关于打造社会影响力投资高地的意见》,这是国内第一份支持社会影响力投资的政府文件,它对实现福田金融产业和社会事业跨界融合、创新发展具有里程碑意义;2018年福田区出台《关于打造社会影响力投资高地的扶持办法》及实施细则,为社会影响力投资生态体系中的各类主体给予事后资金扶持。

5.4 社会企业营商环境整体评价

5.4.1 社会企业营商环境建设水平整体较低且发展不均衡

根据指标评估体系,我们从政务环境、市场环境、法治环境、创新环境以及慈善环境五个维度来综合评价 GDP 排名全国前 50 城市的社会企业营商环境。数据显示,我国社会企业的营商环境构建还处在萌芽状态,社会企业生态环境的建设还有很长的一段路要走。50 个城市的社会企业营商环境得分最高的是成都市(77.47 分),得分最低的是唐山市(8.92 分),平均得分仅有 31.58 分,全国社会企业的营商环境整体支持程度较低,且呈现明显的地域间发展不均衡的特点。

首先,社会企业营商环境发展较好的地区以四大城市群为主: 成渝城市群、京津冀城市群、长江三角洲城市群以及粤港澳大湾区

[①] 广州市民政局:"广州今年将投 2,240 万元资助开展社会组织公益创投",2018 年 4 月,http://mzj.gz.gov.cn/dt/mzdt/content/post_3112524.html。

城市群。特别是成都、北京、深圳、上海、武汉等几个领先城市，以点带面促进社会企业种群在当地的发展。这几个城市社会企业的发展主要得益于政府对社会企业的关心程度，特别是社会企业相关政策的制定，以及当地的社会、经济、文化因素。

其次，社会企业营商环境的友好程度基本上呈现了明显的"东强西弱""南高北低"[①]的特点，且南北方之间的差距远远超过东中西部之间的差距。如表5-8所示，在我们调研的50个城市里面，有36个东部城市、10个中部城市以及4个西部城市。尽管从城市分布的数量来看，有13个东部城市进入到前20强，但如果从优秀率[②]来看，有36.11%的东部城市、40.00%的中部城市以及75.00%的西部城市进入到社会企业营商环境评价结果的前20名，且东部城市的优秀率最低。从城市的评价结果来看，东部城市的总体平均分为31.26，中部城市的平均分为30.99，而西部城市的平均分最高，为31.44，超过东部城市。而且东、中、西部城市之间的差距特别小。然而，南北方社会企业营商环境的差距，已经明显超过原来的东西部差距。在调研的50个城市里面，有33个南方城市和17个北方城市，然而进入到前20的有45.45%（15个）南方城市以及29.41%（5个：北京、济南、青岛、郑州、西安）北方城市，并且南方城市的社会企业营商环境平均分有34.25分，而北方城市仅有28.02分，是所有区域划分种类中最低的一类，南北方城市的社会企业营商环境结果相差6.23分之多。南方的城市从结果上看更适宜社会企业的落地发展，经济环境和政策环境以及文

---

① 南北方城市以国内惯例"秦岭—淮河"一线划分。
② 优秀率反映了前20强城市占总体区域城市的比例，计算公式：进入前20强城市数量/总体数量。

化环境更加包容、有活力。

这和我国近几年来的总体经济形势的变化是一致的,南方城市的 GDP 已经远超北方城市,且差距逐年扩大。这也和近些年国家经济转型规划有关,东北、山西、内蒙古等原来依靠重工业发展的省份,如今振兴乏力;而南方新经济发展,互联网产业增速迅猛,成渝城市群产业转移等经济转型的进程,都反映了南北方差距的加大。

表 5-8　社会企业营商环境评价的区域差异

区域划分	总体数量	前 20 城市数量	优秀率	总体平均分
东部城市	36	13	36.11%	31.26
中部城市	10	4	40.00%	30.99
西部城市	4	3	75.00%	31.44
南方城市	33	15	45.45%	34.25
北方城市	17	5	29.41%	28.02

5.4.2　社会企业营商环境呈现差异化和多元化

城市间社会企业发展的营商环境差异巨大,这不仅仅体现在绝对值得分情况,更体现在城市特点上。通过对社会企业营商环境的政务环境、市场环境、法治环境、创新环境以及慈善环境五个维度的分析,**研究发现,城市社会企业营商环境较好的前 20 个城市大致呈现三种类型:基础市场导向型、社会公益主导型以及政策全面引领型**(见图 5-7)。

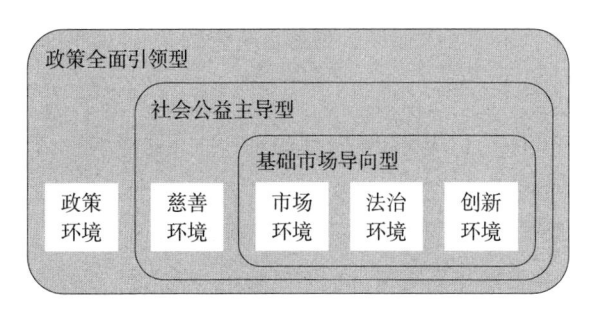

图 5-7 城市社会企业营商环境的类型分析

基础市场导向型的代表城市有济南、厦门、青岛、郑州、西安等。社会企业的营商环境首先要考虑的就是其作为企业的生存环境，只有满足了企业基本的生存和发展条件，才有可能培养可持续和良性发展的社会企业。因此这类城市的代表特征是具有非常完善甚至领先的市场环境、法治环境以及创新环境。当地经济发展水平较高，经济基础和市场基础较好，人力资源相对充沛；法治环境规范成熟，企业在该地区参与市场活动时比较公平，涉及法律事务时能保证公正性，以及拥有高度诚实守信的经商氛围；创新环境充满活力，经济开放程度高，人口流动大，教育资源和技术资源相对充沛，且关注一定的社会创新活动。但是这些城市的公益慈善文化还不够浓厚，公民向善、企业向善的理念还没有很好地推广，各类中介服务机构和平台型组织发展欠缺。更重要的是，缺乏一定的政策支持和政府关心，社会企业的成长和发展缺乏一定的制度合法性和认知合法性，这是当下社会企业的发展最亟须完善的维度。**这类城市下一步需要发展的重点**是继续发扬社会企业家精神，打造高素质社会企业人才团队；大众媒体和官媒都要发挥相应的正面作用，加大社会企业的宣传和公众认知程度，从而提升社企业的影响力和感召力；最后也是最重要的，加大政府扶持力度，进一步探索相关政策支持的方式方法，采取"政府直接认证"或"政府+第三方组织"合作认证的方式，首先从合法性上为社会企业提供基本的制度支持和政策引导。

社会公益主导型的代表城市有南京、杭州、广州、苏州、长沙、宁波、合肥以及昆明等。社会企业最大的特点就是其社会使命优先性。慈善环境友好、志愿精神发达的地方可以从资金、人才、社群建设、文化培育等多方面促进社会企业的发展。这些城市大部分位于长江三角洲，除了有比较发达的经济基础和市场基础，其城市公益慈善环境表现尤其优异，从而从向善文化上带动整个城市更加适宜社会企业的发展。这些城市普遍具有较高的社会捐赠和较多的志愿服务行为，社会组织发展基础很好，形成了城市多元治理、社会服务多元供给的运作模式，为社会企业在这些城市的落地和发展提供了非常重要的文化环境和社会基础。虽然目前这些城市已经在一些大众传媒机构或政府网站中表现了对社会企业和社会创新的初步关注，但是无论从数量上还是从程度上都还远远不够，还未制定相应的政策文件。**这类城市下一步需要发展的重点就是进一步加大对社会企业政策支持的力度，提高社会企业在全市的公众认知度和影响力，为社会企业提供良好的创业氛围和制度环境支持。**特别是广州市，这是一线城市里面唯一一个还未在市级层面推出社会企业相关政策文件的城市。广州市社会组织和公益慈善的氛围发展得非常成熟，且在全国都处于领先地位，但是在社会企业的政策支持领域还比较欠缺，未来有非常大的空间可以全面引领社会企业在全国的发展。

政策全面引领型的代表城市有成都、深圳、北京、武汉、上海

等。**这些城市在五个维度上的评价几乎都处于全国领先梯队，且社会企业相关的政策支持程度高**。这些城市基本上都是国内的一线城市或新一线城市，当地经济发展水平和市场发展水平都处于全国领先地位，这就为社会企业在当地的发展提供了非常坚实的资金、人才、技术、空间和市场基础；这些城市的经济开放程度高，人口流动大，教育资源和技术资源相对充沛，且关注社会创新活动；另外，这些城市在公益慈善文化建设、社会组织发展领域也基本都处于全国领先地位，居民的公众参与程度高，企业向善的理念相对比较普及。这些都为社会企业和社会创新活动在当地的发展提供了良好的发展基础和巨大的潜力。但是这些城市最重要的特征是已经颁布社会企业相关认证办法或其他支持性政策，政务环境的友好程度相对较高，政府关心社会创新和社会创业活动，这为社会企业在当地的认证、注册、监管、发展提供了一系列的制度性支持和合法性支持。值得注意的是，佛山市在市场环境、法治环境、创新环境和慈善环境维度上的表现虽然未达到全国领先地位，但是佛山市顺德区是在国内最早开展社会企业认证实践的地方政府。**这些城市下一步发展的重点**是全方位地完善社会企业的生态系统建设，从政策法规、人力资源、资金、平台建设等维度为社会企业服务，链接资源，搭建平台，对接社会企业需求，打造一批标杆型社会企业，引导社会企业在全市乃至全国的健康发展。另外，我们建议北京、成都、深圳、上海、武汉这些已经开始全方位探索培育社会企业、完善社会治理的城市，**要在下一步发展中体现城市特色和地域特色**，针对城市社会治理凸显的社会问题，探索一种具有地方特色的社会企业发展模式以及政府和社会企业的合作模式，例如成都近两年大力推广的社区社会企业模式和信义制物业模式。

5.4.3 社会企业的发展离不开政府的支持

首先,数据显示,地方政府越来越重视社会企业,将其纳入顶层设计的城市逐渐增多。在 50 个城市中,已经有 5 个城市的政府颁布过专门的社会企业政策文件,仅有 16 个城市的政府网站上完全没有提到过"社会企业"。此外,2021 年以来,越来越多的地方政府已经开始探索社会企业认证或着手培育社会企业。例如 2021 年 3 月 20 日,武汉市东湖区管委会印发《关于加强党建引领创新社区治理的实施意见》,意见的第四条为培育社会组织和社会企业,明确提出大力培育扶持社会企业,充分发挥社会企业在社会发展治理中的积极作用,并开始探索社会企业认证等管理办法。4 月 20 日,"江西省首届社会企业认证推广会议"在经开区南昌人力资源产业园正式举行。江西省召开首届社会企业认证推广会议以解锁社会企业家精神;10 月 13 日,上海市浦东新区人民政府官网发布"探索大城治理的浦东样本",文中谈到要"创新发展慈善事业",并"探索引导影响力投资,鼓励发展社会企业等'善'经济"。

令人鼓舞的是,社会企业也已经逐渐出现在部委层面的文件中,体现了国家对社会企业的重视程度日益增强。2021 年 8 月 18 日,中央统战部印发《关于深入推进新时代光彩事业创新发展的意见》,并发出通知,要求各级党委统战部结合实际认真贯彻落实。文件中提到:"探索实现商业思维、科技力量与公益慈善实践的有机结合,在促进解决社会问题中更好地发挥企业家智慧和才能。支持探索发展慈善信托、社会企业、公益创投、影响力投资等新模式,总结推广典型案例和成功经验。加强民营企业参与公益慈善理论研究和创新,推动中国特色公益慈善理论实践的丰富和发展。"

随着我国向着第二个百年奋斗目标的迈进,开启全面建设社会主义现代化国家新征程,解决人民日益增长的美好生活需要和不平衡不充分的发展之间的矛盾已经成为各级政府在新时代的主要任务。而这需要多元主体的共同参与,也需要不断创新社会治理模式。此外,地方经济的持续发展,公共产品需求量的急剧增加,都有利于社会创新活动的开展,各个领域都需要社会创新去弥补"市场失灵"与"政府失灵"。社会企业已经逐渐走进各级地方政府的视野,在创新社会管理、参与社会治理、改进公共服务等方面发挥着积极作用,这也是地方政府逐渐将社会企业纳入顶层设计的主要原因。

其次,从结果来看,政府关心和政策支持力度大的城市,社会企业发展程度高。从专家研判指标权重来看,普遍认为政务环境中的政策支持(18.39%)和政府关怀(8.12%)维度尤为重要。而且从客观数据来看,政府关心程度高或者已经出台社会企业相关政策的城市普遍综合指数得分也高。如表5-9所示,政务环境维度的排名和综合指数排名高度吻合,政务环境维度得分较高的城市,在综合指数排名中普遍较高,特别是已经颁布社会企业专门政策的几个城市,例如成都、深圳、北京、武汉,在综合指数排名中依然位于全国前列。

表5-9 政务环境维度排名和社会企业营商环境综合指数排名比较

排名	政务环境维度	综合指数
1	成都	成都
2	深圳	深圳
3	北京	北京
4	武汉	武汉

（续表）

排名	政务环境维度	综合指数
5	佛山	上海
6	杭州	南京
7	上海	杭州
8	南京	广州
9	长春	佛山
10	南通	苏州

  这些城市初步构建起社会企业培育、支持、监管政策框架。随着社会企业的发展，在登记便利、认证奖励、孵化支持、人才支持、活动支持、购买服务、资源链接、招新引优等方面均给予大力支持。例如 2021 年 11 月，在《成都市工商行政管理局关于发挥工商行政管理职能培育社会企业发展的实施意见》(成工商发〔2018〕25 号)实施三年后，成都市结合当地社会企业培育发展的制度成果和实践经验，印发了《成都市社会企业培育发展管理办法》(成办发 90 号文)，首次将金融、财税、政府购买、评优创先等支持措施明确写入《办法》，旨在持续优化政策措施，大力营造良好发展环境，促进更多社会企业在成都发展。《办法》可谓是成都社会企业政策的 2.0 升级版本，标志着成都市社会企业走向规范发展，社会企业活力进一步提升。目前经过三年的培育发展，成都市共发展各类认定社会企业 106 家，其中本地认定的成都市社会企业 69 家(不包括已经摘牌的 3 家)，涉及养老服务、就业促进、社区经济等多个社会领域，成为全国认定社会企业数量最多、发展最为活跃的城市①。

---

① 成都市社会企业综合服务平台(公众号)，《成都市社会企业培育发展管理办法》正式印发，"这些变化和利好您要知道！"，2021 年 10 月 28 日。

除了成都的政策实践,早在2011年《中共北京市委关于加强和创新社会管理全面推进社会建设的意见》和《北京市社会建设"十二五"规划》中就提出"积极扶持社会企业发展,大力发展社会服务业",这是全国首个涉及社会企业的省部级文件。2016年《北京市"十三五"时期社会治理规划》更加重视社会企业的作用,"开展专题调研,研究扶持政策,分类开展试点,大力推动以服务民生和开展公益为重点的社会企业发展",并提出了鼓励各类组织向社会企业转型,加大培育支持力度,建立社会企业绩效评估体系等内容。2018年3月北京市社工委推动成立北京社会企业发展促进会,同年8月支持北京社会企业发展促进会、北京社启社会组织建设促进中心发布《北京市社会企业认证办法(试行)》,迈出了扶持社会企业发展的实质性步伐。同样地,在认证办法实施三年后,北京市共发展各类认定社会企业46家,涉及多个公共服务领域,走在全国前列。

总之,社会企业营商环境的构建、社会企业生态系统的完善需要全方位多维度的推进。第一,必须加大政府部门的扶持力度,制定促进社会企业发展的支持政策。完善社会企业培育孵化制度,形成良好的社会企业培育环境。第二,需要进一步完善社会企业营商环境的市场条件,鼓励企业家创办社会企业,支持金融机构投资社会企业,培养一批具有社会企业家精神的企业家,打造一批有影响力的标杆型社会企业。第三,进一步明确社会企业的法律地位,制定专门的社会企业管理规范,为社会企业的发展提供良好的法律环境。第四,明确社会企业的身份,界定社会企业发展的空间,鼓励细化社会企业可以享受的税收政策,使社会企业运行合法化、规范化。第五,政府可以通过财政出资设立专门针对社会企业的投资引导基金，撬动社会资源向处于初创期的社会企业投资，充分发挥财政资金的杠杆作用。

5.5 小结

社会企业的营商环境是一个非常复杂的系统，会受到多种环境和主体的影响，社会企业生态系统的完善需要全方位多维度的推进。本章从系统生态理论出发，从政务环境、市场环境、法治环境、创新环境、慈善环境等一级指标维度展开调研，选取全国 GDP 前 50 强的城市来评估当地针对社会企业的营商环境。调研结果显示，社会企业在我国的发展从地域和水平来说都非常不均衡，并且普遍发展程度较低，距离"社会企业友好型"城市还有很大差距。除了成都、深圳、北京、武汉、上海等几个领头城市以外，多数城市社会企业营商环境还不能很好地契合社会企业和社会创业活动的需要。

从政务环境维度来看，整体水平偏低，且得分差异非常大，政策支持力度是造成如此大差异的主要原因。从地域分布来看，城市社会企业的政务环境表现优秀的城市大致聚集在"四点一群"，即成都、深圳、北京、武汉以及长江三角洲城市群，这也是政策支持社会企业发展环境较好的城市和区域。从市场环境维度来看，中西部省会城市表现突出，在融资可及、双创人才以及人均 GDP 水平上表现优异。然而北京、上海等超大城市由于人口基数较大，在这个维度的指标统计中表现一般。从法治环境维度来看，东部城市表现明显优于中西部地区，为社会企业在该地区经营提供了公正友好的营商环境。从创新环境维度来看，粤港澳大湾区城市群和长三角城市群的社会企业创新环境全国领先。中西部省会城市表现尚佳，特别是其创新创业环境表现突出。社会创新环境的差异也是造成这个维度城市得分差异的重要原因。从慈善环境维度来看，城市公益慈善总体发展趋势不错，各个维度的发展相对比较均衡，但也存在明显的地域差异和政策差异。

对此我们提出如下对策与建议，以促进营商环境更加适宜社会企业的健康发展。

第一，高度重视社会企业的政务环境建设，将社会企业政策纳入战略规划。 在评价中不难看出，政府支持程度高的城市，也是大家普遍公认的社会企业营商环境较好的城市。**首先，建议地方政府将社会企业发展纳入战略规划设计，设立专门机构和专项规划统筹社会企业的发展。** 大力开展政策试点和政策试验，探索最契合当地公共利益的结合点，制定促进社会企业发展的具体的完整的支持政策，形成良好的社会企业培育环境。其次，除了政策支持以外，政府还可以通过设立政府引导基金，撬动社会资本，合力为初创期社会企业提供种子基金，充分发挥财政资金的杠杆作用。进一步探索多样化资金支持方式，例如税收优惠、政府采购等。再次，政府部门要进一步简化社会企业的行政手续，提高办事效率，降低社会企业运营的行政成本。

第二，进一步优化社会企业的市场环境，打造一批标杆型社会企业。 进一步完善社会企业营商环境的市场条件，特别是融资环境的改善，支持金融机构投资有潜力的社会企业。虽然社会企业的本质是要求达到商业可持续的发展，但是任何初创期的企业都需要政府财政资金的支持。建议政府加快建设社会影响力投资市场，明确影响力投资的要素，鼓励引导社会资本投资社会价值目标优先的社会企业；另外，培养一批具有社会企业家精神的企业家，倡导商业向善的理念，充分响应共同富裕和第三次分配的政策号召，鼓励大型企业创办社会企业，充分利用自身商业经营的优势和资源，打造一批有影响力的标杆型社会企业；社会企业内部要积极探索有效的员工培养与训练途径，造就高素质的社会企业团队。

第三，优化公平公正的法治环境，规范引导社会企业运营。社会企业的合法性地位缺失是一直以来掣肘社会企业发展的主要因素。尽管许多学者呼吁尽快立法，解决社会企业身份问题。但是我们的调研显示，全国GDP前50的城市营商环境尚且不尽如人意，社会企业的行业基础建设亟须完善，许多根本性分歧还需更多的试验和实践。也许从中央层面立法还需更多时间的探索和更多试点的经验。就像我国第三部门的发展经历了近20年的探索才有了《慈善法》的出台，社会企业作为"新生事物"，还需要地方层面进一步的完善和推动。建议地方政府规范性政策先行，从社会企业认证扶持制度开始，全面探索社会企业解决社会治理问题的可能性。在规范性政策中，做到加强政府监管，规范引导社会企业良性发展，完善社会企业的法治建设。

第四，鼓励社会创新，扩大社会企业宣传，激发城市创新创业活力。大力发挥官媒和大众媒体机构的正面宣传作用。政策先行，宣传跟进，提升社会企业和社会创新的公众认知度和影响力，助力社会企业获取公众认可和信任。

第五，倡导城市向善文化，构建公众参与社会治理的氛围。公益慈善环境的发展对于社会企业的发展举足轻重，为其提供了良好的文化环境和公共基础。尽管我们认为社会企业的本质应该是企业，应该更广泛地在市场和商业的语境下讨论如何发展社会企业，但是我们的调研结果也显示，慈善环境友好的城市，普遍具有较高的社会捐赠额和较多的志愿服务行为，社会组织发展基础很好，形成了浓郁的城市多元治理、社会服务多元供给的氛围，为社会企业提供了资金、人力、文化等维度的支持。另外，我们的调研也表明，中国有近一半的社会企业是由传统的社会组织转型而来，第三部门是否发育成熟，会直接影响到社会企业的发展程度。因此建议地方政府进一步倡导城市向善文化，培育居民主体意识，从文化层面营造社会企业的发展环境。

其实，无论是市场环境、法治环境、创新环境还是慈善环境，终其根本都是要求政府进一步投入相应政策和配套资源，加大政府的扶持力度。中国政府应该尽快认识到社会企业的价值，并认可社会企业的价值。社会企业在解决社会治理问题的各个领域都发挥了重要作用，但是地方政府应该积极探索契合当地发展需求的社会企业行业或类型，制定社会企业发展的各项措施，扶持和规范社会企业的发展，使社会企业获得良好的发展环境和自身能力的提高，并逐渐发展成为能够承担起相应的社会职能的一股不可替代的社会力量。

6. 结论与建议

6.1 主要结论

第一，2021年，在中央财经委员会第十次会议上，习近平总书记强调共同富裕是社会主义的本质要求，是中国式现代化的重要特征。会议指出，要坚持以人民为中心的发展思想，在高质量发展中促进共同富裕，正确处理效率和公平的关系，构建初次分配、再分配、三次分配协调配套的基础性制度安排①。第三次分配是促进共同富裕目标实现的基础性制度安排之一，包括鼓励高收入人群和企业更多回报社会。不过，高收入人群和企业回报社会，除了传统的慈善捐赠方式之外，另外一种创新模式就是创办社会企业。2022年，北京市社会建设工作领导小组颁布的《关于促进社会企业发展的意见》明确指出，"鼓励大中型企业特别是国有大中型企业履行社会责任创设社会企业。引导具有一定市场经营能力和稳定市场活动空间的社会服务机构转型为社会企业，鼓励其做大做强实现良性发展"。由于社会企业以解决社会问题为首要目标，市场经营只是实现目标的手段，因此，有条件的企业创设社会企业，一方面可以解决社会问题，帮助企业更好履行社区责任，另一方

---

① 理论网，"习近平主持召开中央财经委员会第十次会议"，http://www.cntheory.com/zycjwyhlchy/zycjwyhhy/202110/t20211008_20156.html。

面，又可以通过社会企业的自我造血，适度减少企业持续捐赠的负担。而社会组织创办社会企业或转型为社会企业，也可以减轻对慈善捐赠的过度依赖。总之，为弱势群体服务、促进社会公平正义是社会企业存在的意义和价值所在，也是社会企业成立的使命和愿景。从这个角度而言，社会企业从成立伊始，其组织基因就与共同富裕密切相关，是实现共同富裕目标的一种非常创新的组织方式，也是未来我国可以重点鼓励发展的方向。

第二，社会企业发展面临的难题之一是有关概念的界定问题。社会企业是一个新生事物，各国根据自己的国情和认知，对社会企业的定义有很大差异。例如，一些欧洲国家强调社会企业的雇员应当有一部分是劳动力市场上的弱势群体或长期失业者；而美国一些学者特别强调社会企业家精神，强调社会企业的创新性；还有一些学者强调社会企业的利润分配比例，等等。不过，尽管人们关于社会企业的定义千差万别，但对于社会企业的本质属性，还是有较高的共识：一是社会企业成立的初衷是为了解决社会问题，而非为了营利。当然，为了确保社会企业使命不发生漂移，需要有制度的保障。例如，在组织的章程中明确组织的公益目标，再比如，社会企业的股权结构中，公益组织的股权比例足以保证组织的使命不发生漂移。二是社会企业必须采用市场方式运营，能够为社会提供市场认可和需要的产品或服务，其收入主要来自市场，而非捐赠或政府资助。唯其如此，社会企业才能具备自我造血的能力，能够实现财务的可持续性。

第三，自20世纪90年代末以来，全球兴起了一股社会企业发展的浪潮。经过20余年的发展，社会企业在一些国家的社会福利、弱势群体帮扶、教育卫生、城乡社区发展、能源环境等领域的作用日益显现。近年来,我国提出了乡村振兴、碳达峰与碳中和、健康中国、共同富裕等国家战略,从国内外经验看,社会企业在这些领域有非常独特的作用。以乡村振兴为例,如果工商资本下乡,企业以纯商业目的在乡村发展产业,可能有助于乡村产业的发展,但不一定有助于乡村的生态环境保护和乡风文明建设,甚至会破坏乡村环境和乡村文化建设,引发社会矛盾与冲突。而公益慈善组织或企业以慈善捐赠方式参与乡村振兴,往往又会面临财务难以持续的风险。理论上,作为兼具公益逻辑和市场逻辑的混合型组织,社会企业既可以促进产业发展,又有助于保护乡村生态环境和乡土文化,是一种比较理想的组织方式。

第四,自2006年社会企业的概念在我国传播以来,我国一些城市陆续出现了社会企业的热潮。调研表明,我国有自觉意识的社会企业,即自己知道自己属于社会企业,同时同行也认为它们属于社会企业(例如,通过社会企业认证的社会企业),但这种"自觉意识"的社会企业数量非常少,估计只有数千家。不过,如果包括大量"无意识"的民办非企业和合作社的话,我国社会企业的数量可能高达200万家。总体而言,中国的社会企业还处于起步阶段,不过,在2021年中央财经委员会提出构建初次分配、再分配、三次分配协调配套的基础性制度安排,鼓励高收入群体和企业回报社会之后,相信我国社会企业将迎来新一轮发展的高峰。正是由于社会企业不仅有助于发挥第三次分配的作用,缩小城乡差距、地区差距,而且在第一次分配过程中,社会企业更可能善待员工,缩小群体间收入差距,与国家扎实推进共同富裕的目标相一致,因此,可以预计,随着媒体、企业、公众等社会各界对社会企业认知程度的不断提升和政府的政策激励,社会企业在我国具有巨大的发展潜力，甚至可以成为全球社会企业与社会创新发展的新引擎。

第五，从我国社会企业的成长路径来看，主要包括二类：一类是从原有的非营利组织、商业企业或者公益类事业单位向社会企业转型而来；一类是自发性的社会创业，主要是一批具有社会企业家精神的人选择以社会企业的方式创新创业。无论是哪种生成方式，社会企业的可持续发展都离不开外部环境与内部自身建设。从本书的案例研究可以看出，地方政府的政策创新与培育扶持是社会企业发展的重要因素，而创始人的社会企业家精神、组织使命的坚守、商业运营能力与信息科技手段的应用等要素则是影响社会企业健康发展的内部要素。

第六，在我国，社会企业还属于新生事物，迄今为止，无论是学术界、实务界，还是政府官员，对社会企业还缺乏认知，更谈不上共识，这注定了社会企业在我国的发展需要经历一个较长的过程。从中国改革开放的成功经验看，地方先行先试，积累经验之后再在更大范围推广是一条可行的路径。相信我国社会企业的发展可能也需要经历这样一个过程。事实上，成都、北京、深圳福田区、佛山顺德区已经在先行先试，但各地社会企业政策的扩散程度却存在较大差距。课题组的实证研究表明，地方政府的社会企业政策创新的动力主要源自当地社会治理创新的需求以及地方领导干部的认知和关注，而政策扩散则取决于政策创新的背景、主体、客体和媒介等复合因素。从背景角度看，无论是社会治理创新，还是第三次分配与共同富裕等时代命题的提出，都为社会企业的政策扩散提供了良好的环境和新的机遇。从主体角度看，课题组发现，除了地方政府领导干部对社会企业的认知度和首创精神、地方财政支付能力等因素外，各个相关主体之间的协作程度（包括政府相关部门之间、政府与社会企业之间、社会企业与研究机构之间等）也是影响社会企业政策扩散的重要因素；从客体角度看，由于社会企业的政策创新具有成本高、风险大的特点，而且社会企业政策的效果需要经过较长时间才能显现，其绩效的可测量性或者说可观察性较弱，这些特征会直接影响社会企业政策的示范效应和扩散速度；从媒介角度看，目前我国社会企业的关注范围还局限在"圈子里"，还没有出圈，还没有引起外界的广泛关注和主流媒体的报道，这也影响了地方社会企业政策在更大范围的扩散。总之，到目前为止，我国少数城市社会企业的政策创新尚没有得到有效的扩散。虽然近年来我国地方政府出台文件或政策支持和培育社会企业发展的数量有所增加，但也出现了一些创新政策不可持续、不可扩散的问题。例如，有的地方社会企业的政策支持只局限于一地而缺乏普适性，或"昙花一现"，或"人走政息"，或"原地踏步"，形成了独特的"孤岛"现象、"烟花"现象。地方政府有关社会企业的政策创新如何进一步扩散，如何上升为中央层面的政策，还需要进一步深入研究。

第七，社会企业的营商环境是一个非常复杂的系统，会受到多种环境和主体的影响，社会企业生态系统的完善需要全方位多维度推进。本书从系统生态理论出发，从政务环境、市场环境、法治环境、创新环境、慈善环境等一级指标维度展开调研，选取全国前50强的城市来评估当地针对社会企业的营商环境。调研结果显示，社会企业在我国的发展从地域和水平来说都非常不均衡，并且普遍发展程度较低，距离"社会企业友好型"城市还有很大差距。除了北京、成都、深圳、上海等几个领头城市以外，多数城市社会企业营商环境还不能很好地契合社会企业发展的需要。可见，社会企业在我国的发展仍然任重道远,还需要各界共同推进。

6.2 政策建议

根据课题研究的发现,我们的主要政策建议如下。

第一,当前,国内各界对社会企业的认知度与接受度还非常低,即便行业内部也缺乏共识,这已经成为我国社会企业发展的主要障碍之一。与许多名称术语一样,要形成一个为绝大多数人所认同的定义,并不是一件容易的事情,社会企业的概念也同样如此。其中,争议较大的几点是:社会企业是否可以分红?分红比例多少?社会企业的收入结构中来自商业收入的比例多少?社会企业的自治性如何?社会企业是否需要具备创新性?等等。社会企业的概念共识是推动行业发展的基础,为此,建议各方摒弃争议,抓住社会企业的核心要素,即只要其满足两个最基本条件,就可以基本认定为社会企业:其一是组织以解决社会问题为目标,并且通过章程或通过股权结构确保组织的使命不发生漂移;其二是在当前的情况下,组织收入的30%以上来自市场运营。当然,在这两个基本标准之外,各个地方可以根据实际情况补充各自所需的标准。

第二,党的十九大报告提出了到21世纪中叶"全体人民共同富裕基本实现"的宏伟目标,党的十九届四中全会的决议提出"重视发挥第三次分配作用,发展慈善等社会公益事业",2021年,中央财经委员会第十次会议进一步提出构建初次分配、再分配、三次分配协调配套的基础性制度安排,鼓励高收入人群和企业回报社会。鉴于社会企业以公益为目标,更可能善待员工和缩小一次分配的差距,同时与企业履行社会责任相比,社会企业更是将组织的大多数利润继续投入社会问题的解决,积极回报社会,促进第三次分配。可以说,社会企业是实现共同富裕目标的一种比较理想的组织方式。从国内外经验看,社会企业在社会福利、弱势群体帮扶、教育卫生、城乡社区治理、能源环境等领域的作用明显,而这与我国乡村振兴、碳达峰与碳中和、健康中国、共同富裕等国家战略目标非常契合。为此,建议政府应该高度重视社会企业在这些国家战略中的独特作用,将社会企业的发展纳入政府的规划之中,制定社会企业发展的扶持政策和优惠措施,为社会企业的发展提供良好的制度环境。

第三,鉴于社会企业在全球都属于新生事物,各国并没有特别成熟有效的法律,建议国家层面不一定要匆忙出台社会企业方面的法律,但可以采取分领域、分地区分步试点和推广的策略。例如,在成都、深圳福田区、佛山顺德区、北京等地之外,再在东、中和西部地区分别选择一些具有代表性的城市进行社会企业试点,在取得成功之后,逐步在更大范围推广;另外,国家也可以在乡村振兴领域、社区治理领域、生态环境领域、养老与残障领域进行试点,制定分领域的社会企业发展政策。从调研情况看,政策层面,首先需要加强倡导宣传,提高公众认知,创造良好的社会企业营商环境。各地在加强营商环境赋能、营商环境建设的同时,也要将社会企业的营商环境纳入评价的标准。其次,社会企业的发展,最关键还是要有一大批具有社会企业家精神的人。因此,需要加大高校对社会企业人才的培养力度,开设社会企业与社会创新方面的课程,培养一大批具有社会企业家精神的高层次人才。再次,研究发现,实力强的大企业和社会组织发起成立的社会企业,比社会自发成立的社会企业,成功的概率更高,这是因为实力强的企业或社会组织可以为所创设的社会企业注入成熟的管理运营模式、丰富的关系网络和社会资源,对于初始阶段的社会企业发展具有很大的帮助,因此,国家应该鼓励大型国有企业、民营企业以创设社会企业的方式履行社会责任,可持续回报社会。最后,由于社会企业在激烈的市场竞争中,还需要应对社会问题的挑战,包括为弱势群体提供就业机会,也就是说,社会企业的生产成本会高于市场的平均成本。从各国的经验看,在社会企业发展的初始阶段,尚难以完全依靠市场获得收入,还需要各界给予一定程度的帮扶,既包括政府的政策扶持,如购买社会企业产品与服务的力度,也包括社会各界对社会企业的捐赠或志愿参与。为此,建议相关政策能够明确规定,慈善组织给予社会企业的捐赠可以计入慈善支出,这样就可以打通个人、企业通过慈善机构给社会企业进行捐赠的渠道。

后记

最早在英文文献中看到社会企业的概念,觉得离我们还很遥远,并没想到要去研究这一新生事物。没想到2006年《如何改变世界》一书被翻译成中文,社会企业的概念不仅破圈,而且引起了社会的广泛关注。于是我趁在美国印第安纳大学访学期间,选修了"社会企业家精神"这门课,从此与社会企业和社会创新结下了不解之缘。回国之后,我开始关注中国的社会企业,并到国内几家知名的社会企业进行了调研,2013年出版了《社会创新案例精选》一书。同时,为了让社会企业、社会创新的知识得以在更大范围传播,培养更多具有社会企业家精神的人才,我也开设了"公共管理前沿——社会企业家精神"的课程。2016年,在清华大学和乐平公益基金会的支持下,这门课做成了慕课,在学堂在线播放。2018年,受南都公益基金会的委托,我撰写了《中国社会企业与社会投资行业扫描——调研报告总报告》,首次将我国的社会企业区分为圈子内"有意识"的社会企业和圈子外"无意识"的社会企业,并对我国"有意识"的社会企业和"无意识"的社会企业的数量、资金规模、员工规模进行了估算。同年,在韶关乡村振兴公益基金会的资助下,我们成立了清华大学公共管理学院社会创新与乡村振兴研究中心,中心的研究特色主要是致力于推动社会力量以创新的方式参与乡村振兴,而其中最重要的一种组织创新就是社会企业。我们认为,工商资本下乡,会存在市场逻辑的局限,容易导致破坏环境或有损公平的行为;而慈善组织或企业以履行社会责任的方式参与乡村振兴,又会面临公益逻辑的局限。毕竟乡村振兴持续的时间长、范围广、内容丰富,需要投入的资金与人力巨大,会面临财务的可持续性压力。因此,我国的乡村振兴需要创新组织方式,而社会企业恰恰就是这样一种新生力量。因此,中心的研究重点之一就是如何推动社会企业有效参与乡村振兴,如何为社会企业参与乡村振兴创造更好的制度环境。

2021年年初,在一次与中国乡村发展基金会(原中国扶贫基金会)执行副理事长刘文奎先生的聊天中,他提到基金会创办了中和农信和善品公社两家社会企业,尽管取得了很大成绩,但过程非常艰辛。因此,希望能够举办一些座谈、沙龙,推动一些研究,提高人们对社会企业的认知,为社会企业在中国的健康发展创造更好的环境。这正与我的想法不谋而合,双方一拍即合,这就是本书的由来。

尽管到目前为止,国家层面尚未出台有关促进社会企业发展的政策文件,但地方层面有不少创新探索。早在2011年,《中共北京市委关于加强和创新社会管理,全面推进社会建设的意见》和《北京市社会建设"十二五"规划》中就提出"积极扶持社会企业发展",使北京成为全国最早在市委市政府文件中提出鼓励社会企业发展的省份。2022年,北京市社会建设工作领导小组印发了《关于促进社会企业发展的意见》,成为我国第一个省级层面鼓励社会企业发展的政策文件。除北京市之外,成都市在探索培育发展社会企业方面也进行了很多积极的探索。2018年4月,成都市政府办公厅下发《关于培育社会企业促进社区发展治理的意见》,

初步构建起社会企业培育、支持、监管政策框架,并将社会企业发展及社会企业项目运行纳入各区(市)县政府年度目标管理体系进行绩效考核。2018年6月,成都市工商局出台《关于发挥工商行政管理职能培育社会企业发展的实施意见》,首创经认定的社会企业可以在企业名称中使用"社会企业"字样。而深圳市、佛山市在培育发展社会企业或社会影响力投资方面也进行了一些有益的探索。总体而言,我国一些地方政府在促进社会企业的发展方面进行了政策创新,这些政策创新也得到了一定范围的政策扩散,非常值得总结和推广,为此,我们团队经过讨论,最终将书名确定为《社会企业的政策创新与扩散》,希望借助本书的出版,能够逐步增进人们对于社会企业的认知,能够推动地方的政策创新在更大范围得到扩散,并最终能够推动国家层面出台促进社会企业发展的意见。

本书的具体分工是:

第一章:邓国胜(清华大学公共管理学院教授)、成鸿庚(中央民族大学管理学院博士生)

第二章理论部分:关珊珊(北京工业大学文法学部讲师)、王猛(青岛大学政治与公共管理学院副教授)、李彦铎(中华全国供销合作总社管理干部学院助理研究员)

第二章案例部分:案例1:徐彩云(中央民族大学管理学院博士生);案例2:翟璐(中央民族大学管理学院硕士生);案例3:董天美(中国科学院大学马克思主义学院讲师);案例4:董天美;案例5:李怀瑞(中国政法大学社会学院讲师);案例6:翟璐;案例7:关珊珊。

第三章:成鸿庚、关珊珊

第四章：关珊珊

第五章：关珊珊、成鸿庚、邓国胜

第六章：邓国胜

最后，全书由邓国胜统稿。

本书的出版得到了商务印书馆的大力支持。没有商务编辑认真负责与高效的工作，本书很难如期与读者见面，在此表示衷心感谢！

由于时间仓促，在写作过程中还存在很多疏漏之处，恳请读者批评指正。

邓国胜

2022 年 7 月 18 日